中国教育管理文库

·管理实务系列·

校长管理智慧

褚宏启　刘传沛◎主编
程向红　冯能兴　赵　茜◎副主编

教育科学出版社
·北　京·

《中国教育管理文库》
编委会

《校长管理智慧》编委会

《中国教育管理文库》总序

改善中国教育管理的知识状况

国家竞争是人才的竞争，也是管理的竞争、制度的竞争。管理落后存在于中国社会各个层面，严重制约着中国的发展，也严重制约着中国教育的发展。改革开放30多年来，中国教育成就多多，但也存在一些问题，现在中国教育的发展站在一个转折点上，教育发展模式由外延扩张为主转向内涵发展为主，提高质量、促进公平成为今后中国教育改革与发展的核心目标。当前我国的教育管理状况尚不能适应教育发展模式转变的需要，不能适应提高质量、促进公平的要求，教育管理的理念、体制、机制、模式、方法等亟待改变。

管理实践对理论研究提出了严峻挑战。尽管改革开放以来我国教育管理的知识状况有了较大改观，国外知识大量引入，知识总量不断增加，研究方法不断改善，但总体而言，研究范式和研究方法依然滞后，高水平的基础理论研究和应用研究凤毛麟角，理论知识对实践变革的贡献并不显彰，远远不能满足管理实践的需要。中国教育管理的知识状况与国际学术前沿相比有很大差距，与中国教育管理实践的客观要求有很大差距，与中国的教育大国地位很不相称，亟待改善。

《中国教育管理文库》就是为改善中国教育管理的知识状况而搭建的一个知识平台，由教育科学出版社与我国教育管理研究者鼎力合作打造。作为一个知识平台，其直接目标是知识贡献，而其间接目标是用知识的力量来提升中国教育管理的实践水准。《中国教育管理文库》的宗旨是：改善中国教育管理的知识状况，提升中国教育管理的实践水准。

与以往的教育管理类丛书、译丛、系列教材、集刊等知识平台不同，《中国教育管理文库》力图搭建的是一个综合性的、更高水平的知识平台，力求在教育管理知识的生产、转化、传播方面实现新突破，更加强调教育管理研究方法的规范性，更加强调教育管理理论研究的原创性，更加强调教育管理知识对于改进实践的针对性，更加强调教育管理课程建设的基础性和优质化。

《中国教育管理文库》分为学术前沿、管理实务、精品教材三个系列，定位各有侧重。

学术前沿系列侧重教育管理知识的生产，尤其强调知识生产的创新性。力图呈现我国教育管理研究的最新成果，传播教育管理的新理论和新方法，尤其注重教育管理研究方法的突破。学术前沿系列以教育管理各分支学科的基础研究和专题研究为主，选题范围涉及教育管理基本理论、教育管理研究方法、教育政策、教育战略规划、教育法学、教育行政、学校管理、教育督导、教育评价、教育管理史等诸多方向。

管理实务系列侧重教育管理知识的转化，强调知识服务于实践的针对性和实效性，目的是改进教育管理实践。管理实务系列以各级各类教育机构的管理实务为主要内容，选题范围涉及幼儿园管理、小学管理、初中学校管理、高中学校管理、职业学校管理、高等学校管理等内容，也涉及更加细分的内容如幼儿园安全管理、小学班级管理、青春期学生管理、高中课程改革、职业学校文化建设等。

精品教材系列侧重教育管理知识在大学的传播，强调教育管理知识的基础性和优质化，目的是为学生未来从事教育管理理论研究或者实践改进奠定扎实的知识基础，完善学生的知识结构，提高学生发现、分析、解决教育管理问题的能力。选题范围以高等学校本科生和研究生所开设的主要课程为基础予以确定。

三个系列涉及的知识类型各有差异，学术前沿系列侧重学术性知识，管理实务系列侧重实践性知识，而精品教材系列侧重基础性知识。教育管理知识应该走出混沌状态，予以分化、分层、分类，这样才更有利于知识的生产、转化与传播，提高知识的生产效率和使用效益。在此意义上，《中国教育管理文库》也是一个对教育管理知识进行分类管理的知识管理平台。

该文库之所以冠以“中国”之名，是为了凸显中国教育管理研究的主体性。文库具有鲜明的“中国”意识，它扎根于也服务于中国的教育管理理论与实践，它重视研究的国际视野，强调国际间的学术交流与合作，但其最终目的是为我所用，移植是为了借鉴，国际化服从于本土化。随着国外教育管理著述的大量译介，我国教育管理知识总量中，国外知识占了不小比重，甚至出现了“过度移植”、“食洋不化”的现象，但同时，教育管理学界对本土的传统资源和实践智慧却关注不足，对中国传统管理思想的继承吸收不够，对管理实践的提炼概括不够，中国的教育管理研究必须承传统、接“地气”，否则难以发展出中国特色、中国风格、中国气派的教育管理理论，难以对国际教育管理大家庭作出自己独特的贡献，难以获取国际地位并获得国际尊重。以国际先进的研究方法解释中国的教育管理现象、解决中国的教育管理问题，概括总结中国传统的管理思想和现实的管理经验，发展出具有鲜明中国特色、中国风格、中国气派的教育管理理论，是中国教育管理研究实现突破的不二法门，也是中国教育管理研究走向世界的基本路径。

教育管理研究和教育管理实践不是价值无涉、价值中立的，教育管理的目的服从于教育的目的。实现人的全面发展和社会全面进步，是现代教育的根本目的。培养现代人，建设现代社会，是现代教育的根本追求。中国教育管理的基本目的就是为现代教育服务，为培养现代人服务，为建设现代社会和现代国家服务。中国教育管理的研究和实践必须坚守现代精神，即坚守科学精神、民主精神、法治精神，只有如此才能造就具有科学精神、民主精神、法治精神的现代教育、现代人、现代社会和现代国家。

科学精神、民主精神、法治精神等现代精神也是《中国教育管理文库》坚守的价值精神。每一个作者的心灵深处、每一本著作的字里行间都应充盈着现代情怀。知识就是力量，而充盈着现代精神的知识则是改造中国教育管理现实的强大精神武器。

《中国教育管理文库》将始终坚持开放性，摈弃学科本位主义和学科孤立主义，多方寻求教育管理研究的知识资源和实践资源，尤其注重从其他学科汲取丰富的知识营养。也只有坚持这种开放性，才能深刻认识和把握教育管理这种复杂的社会现象。

《中国教育管理文库》是一项大工程，需集结全国精锐同心协力方能完成。文库向每一位有志于改善中国教育管理知识状况的人士开放，欢迎向文库编委会投稿，欢迎为文库的高质量出版建言。

文库能够顺利面世，得益于多方的支持与协作。感谢教育科学出版社社长所广一先生、总编辑李东先生和学术著作编辑部刘明堂主任的大力支持，感谢文库编委会成员所奉献的智慧，感谢出版社的编辑人员所付出的辛勤劳动。

褚宏启

2010 年 9 月 8 日

前　言

1994年我博士毕业后，留在北京师范大学教育管理学院任教，当时的学院不仅是北京师范大学的一个教学科研实体，要承担研究生培养、科学研究的任务，同时也是教育部重点建设的两个国家级校长培训机构之一，每年都承担很多在职校长的培训任务。由于经常给校长们上课，深感校长们急需对他们的管理工作有指导作用的教育管理知识，所以一直想给他们编写一本书，一本实用性、针对性很强的手册性著作。这本书不仅要内容切合实际，语言通俗易懂，而且能吸收教育管理研究的新成果，能反映教育改革与发展的新要求。

刘传沛同志是中山市教育局局长，长期从事教育行政工作，是一位资深的教育专家，他非常重视校长队伍建设和校长专业发展，非常了解中小学校长需要什么样的教育管理知识。2007年我和刘传沛局长深谈后，决定联手为中小学校长编写一本有用且好用的书。此书的编写定位大致是：只要一书在手，校长就能够系统把握学校各个方面的工作，知道自己该做什么，该怎么做。简言之，此书能帮助校长比较有成效地管理一所学校，能提高校长的专业化水平。

尽管改革开放以来，我国教育管理知识快速增长，西方教育管理知识的译介也非常迅捷，出版的教育管理著作也有很多，但真正适合一线校长使用的、能帮助他们切实提升管理水平的书却凤毛麟角，校长们迫切需要最有价值的教育管理知识。我和刘传沛同志深知此书的重要价值，所以把此书的编写作为北京师范大学教育管理学院与中山市教育局三年科研合作的重点内容。

编写一本对校长而言有用且好用的书，谈何容易！编写的过程非常艰辛，难度远远超出写一本专著。从作者构成和编写过程看，教育实践工作者尤其是校长占有重要地位。书是写给校长们看的，如果只是学者们闭门造车，不考虑校长们的需求，不征求校长们的意见，必定会南辕北辙。因此，我们在编写过程中，每一个环节都严格把关。

首先是提纲关。提纲是一本书的骨架，决定着一本书的基本内容。提纲四易其稿，每一稿都有几万字。编写组多次向在北师大学习的来自全国各地的校长征求意见，还专程到中山市与当期的校长们多次专题研讨，在对提纲多次修改并在校长们满意后，才开始正文的写作。

其次是正文关。初稿完成后，多次征求校长们的修改建议，并根据建议进行多次修改，前后总计六易其稿，许多章节与初稿相比已经面目全非，个别章节甚至是完全推倒重写。写作过程的艰辛，非亲身经历者很难体会。

最后是文字关。正文基本完成后，编写组邀请《中小学管理》杂志编辑部孙金鑫主任对于文字进行了深度加工，以使本书更加符合校长们的阅读习惯。书稿送交出版社后，出版社又组织专家对内容进行了修改，责任编辑又进一步对文字进行了加工。

所以，本书显然不是急就篇，而是历时三年多打造出来的。慢工出细活，时间服从于质量。尽管如此，书中必定还有一些不足，希望读者提出修改意见和建议，以使该书再版时更臻完善。

本书由褚宏启和刘传沛任主编，由程向红、冯能兴、赵茜任副主编，由吴子干、吕碧华、欧阳文君、王刚、范魁元、孙金鑫任编委。各章具体分工是：第一章：赵茜、褚宏启；第二章：杨海燕、冯能兴；第三章：范魁元、刘传沛；第四章：潘睿、江雪梅；第五章：王刚、欧阳文君；第六章：刘玲、贾继娥、江雪梅；第七章：曲正伟、吕碧华；第八章：蔡芸、高莉；第九章：林存银、孙金鑫；第十章：曹原、高莉。

感谢每一位作者对于本书的贡献，感谢全国各地的校长们尤其是中山市的校长们所提出的宝贵意见，感谢教育科学出版社所给予的支持！

褚宏启

2011 年 11 月 1 日

目　　录

第一章
校长专业发展

做一个学校校长，谈何容易！说得小些，他关系千百人的学业前途；说得大些，他关系国家与学术之兴衰。

——陶行知

校长是学校管理的灵魂，是学校实现教育使命的关键。纷繁复杂的社会变革和日新月异的教育发展对校长提出了越来越高的要求。在学校管理实践中，校长究竟应该做好哪些工作、应该具备哪些素养，如何进行自我评估和改进，从而实现持续的专业发展和事业上的持久卓越？在这本书开篇之际，我们将和您一起来探讨这些问题。

第一节　校长职业定位

校长是谁？校长应该是谁？由于我国大部分校长是教师出身，所以很多人包括许多校长自己都认为，校长仅仅是教师中稍有些特殊的一员，是教师系列职位中的一个。实际上，校长和教师虽同属教育工作者，但其职业定位却不尽相同，有着与一般教师不同的工作内容和职责。

一、校长是一个独立的职业

在世界各国，校长都是一个被明确界定的职业，在我国也是如此。在

《中华人民共和国职业分类大典》中，中小学校长被列为一个独立的职业，具体描述为：中小学校长是在中学、小学担任领导职务并具有决策、管理权的人员。①

1. 校长应是专业性职业

随着社会的发展，各种职业的专业化范围在不断扩大，越来越多的社会职业加入专业化进程。专业化已经成为社会职业发展的重要趋势。一般认为，根据专业发展程度的不同，社会职业可分为三类：专业性职业，如医生、律师、会计师等；半（准）专业性职业，如护士、图书管理员等；非专业性职业，如售货员、流水线工人等。从中小学校长的职业现状看，校长职业还没有达到专业性职业的水准，尚处于准专业阶段。

校长职业需要专业化，我们通常可以从两种意义上理解校长专业化。从群体的角度看，校长专业化是指校长职业由准专业阶段向专业阶段不断发展的过程，亦即在整个职业层面上逐渐达到专业标准的过程。从校长个体的角度看，校长专业化是指校长的内在专业结构如专业精神、专业知识、专业能力，不断更新、演进和丰富的过程。

任何一种职业要成为一种专业，通常需要具备八个主要特征。相应的，校长职业成为专业后也应具有这八个主要特征，它们包括：① 有过长期的专业训练；② 有完善的知识体系；③ 建立起系统的伦理规范以约束其管理行为；④ 有明确的从业标准和要求；⑤ 有严格的资格限制；⑥ 具有专业上的自主性；⑦ 拥有较高的社会声誉和经济地位；⑧ 拥有成熟的校长专业组织。

校长职业的专业化会给校长发展带来哪些有益影响？我们为什么要推动和追求校长专业化？首先，校长专业化对校长自身有直接和明显的益处。从校长专业的八项特征来考察，前五项是一个人要成为校长的专业准备，第六项和第七项则明确地表明校长专业化给校长个体带来的优势。校长们目前所追求的专业自主权，获取更高的社会声誉和经济地位的愿望都是校长职业专业性的基本特征。其次，校长专业化有益于整个教育事业的高水平发展。校长专业化的目的不是“为专业化而专业化”，专业化只是一个手段。提升校长职业的社会地位、提高校长个体的职业素养都不是校长专业化的根本目的，其根本目的是最终促进学生的发展，这是校长专业化对整个教育事业的好处。

---

① 国家职业分类大典和职业资格工作委员会．中华人民共和国职业分类大典［M］．北京：中国劳动社会保障出版社，1999.

总的来看，校长职业只有走入专业化进程，才能顺应社会职业走向专业化的大趋势，才能提升自身职业的社会地位，才能提升校长群体的职业素养，才能提高教育管理水平和学校办学质量，才能满足社会变革和教育发展的需要。

正是基于这些认识，许多国家自 20 世纪 80 年代中期以来，纷纷改进校长培训模式，建立校长专业标准，完善校长管理制度，极力推进校长的专业化进程。所以，校长专业化并不是纯粹的理论构想，它已经成为世界范围内一种重要的教育实践活动。①

2. 校长专业标准

世界上很多国家已经建立了校长专业标准，这是校长职业成为专业的一项重要特征，我国也在积极探讨建立中国校长专业标准。校长专业标准的建立，对于每位校长都有重要的参考价值。在这里，我们仅以美国学校领导者的专业标准为例进行分析和探讨。

美国州际学校领导者资格认证协会通过对学校和学区有效领导者的整体分析，综合借鉴不同国家组织、专业协会、改革委员会的行政人员标准，并经过 24 个州行政人员与领导者的深入讨论，制定了美国学校领导者专业标准。

该标准的制定遵循了以下几个原则：① 标准应该反映以学生学习为中心的原则。② 标准应该反映学校领导者角色的变迁。③ 标准应该考虑到学校领导的合作性质。④ 标准应该具有较高定位，以提升学校领导者的专业素养。⑤ 标准应该具有内在一致性。⑥ 标准应该具有有效性和可行性，要保证社区所有成员都有机会和权利参与学校管理。

具体来讲，美国学校领导者专业标准共由六项标准纲目组成。

标准 1：学校领导者是通过制定、表达、执行、保持能让整个学校团队共享和支持的学习愿景来促使所有学生成功的教育领导者。

标准 2：学校领导者是通过倡导、培育和保持有助于学生学习和教职工专业发展的学校文化和教学计划来促使所有学生成功的教育领导者。

标准 3：学校领导者是通过对学校组织、运作、资源的有效管理，保证一种安全、有效的学习环境来促使所有学生成功的教育领导者。

标准 4：学校领导者是通过与家庭和社区成员的合作，对社区多样化的利益与需要作出有效反应，调动社区资源来促使学生成功的教育领导者。

标准 5：学校领导者是通过正直、公正的行为并以符合伦理的态度来促使

---

① 褚宏启，杨海燕，等．走向校长专业化［M］．上海：上海教育出版社，2009：44－45.

所有学生成功的教育领导者。

标准6：学校领导者是通过了解、回应并影响政治、经济、社会、法律、文化大环境，来促使所有学生成功的教育领导者。

在这六项标准之下，每一项又可分为知识、态度及绩效要求三部分，每一部分又可分为不同的具体指标。这六大项，各三大部分，共有43项知识指标、43项态度指标、96项绩效要求指标，共计182项指标。

后来，美国全国教育管理政策委员会在此基础上又增加了第七项标准：学校领导者是通过在由高校和学区等共同计划和指导的学校情境中帮助学生实践真正的、持续的、高标准的体验，获得毕业证书，来促使学生成功的教育领导者。①

美国校长专业标准与英国、新西兰等校长专业化进程比较迅速的几个国家的专业标准有很多共同之处。其理念非常值得我国校长借鉴，主要有如下几个方面。

第一，突出强调“面向每一个学生，并保证每位学生成功”的理念。

标准中的每一条都是以“学校领导者是……促进所有学生成功的教育领导者”来组织语言，凸显了以“学生为中心”的管理理念。它摒弃了文化、种族、家庭背景的差异，强调对所有学生的发展负责。尤其可贵的是，这些标准不仅仅提出了明确的管理理念，而且每条标准都对如何落实这些理念提出了具体的要求，如“要公开公正地对待所有的学生”，“对学生的成绩要给予充分肯定和认可”，“相关学生及家庭的人口统计学数据能够用来形成学校的使命和目标”，“学生的安置要满足学生本人和家庭的需要”，“坚信所有学生都能成功”，“利用多种技术评估学生”，“学校的一切组织和机构都是为了学生学习成功”等。

第二，突出强调校长作为教学领导者的职责。

构建有效学校领导核心是该套标准的重点，它始终关注的问题是学习、教学以及如何为学生创造一个有利的学习环境，整个标准的描述中无处不带有“教学领导”的烙印。标准1和标准2对校长如何塑造学习愿景和领导教学进行了重点强调，如“熟悉学生的成长和发展理论”“懂得有效教学的原理”“学习是学校教育活动的基本宗旨”“鼓励和倡导终身学习”“营造安全和支持性的学习环境”等。

第三，强调校长与社区之间的互动。

学校管理面临的内外环境日益复杂，校长应该代表学校寻求外部的伙伴关

---

① 梁伟．美国中小学校长专业标准及其启示［J］．教学与管理，2006（25）：75－76.

系，以更好地实现学校的全部目标。在标准 4 和标准 6 中，强调了学校管理者要“发展并培育与社区领导的关系”“经常与不同的企业、宗教团体、政党及服务机构接触”“与企业、高等教育机构和社区团体等建立伙伴关系”“与家庭进行合作和交流”“积极参与到与政治和政策制定相关的活动中去”“与其他影响教育的决策者对话”，几乎涵盖了所有与学校有关的社会领域。①

3. 校长工作内容

在分析了校长专业化的背景和趋势、国外的优秀校长标准之后，我们回到校长职业最基本的工作内容上来，具体分析校长的工作包括哪些方面。自从校长从教师工作中分离出来，并以管理学校为主要工作内容之后，校长的职能定位便相对稳定下来，中外校长的工作内容基本上是一致的。但在不同的历史时期和不同国家，校长工作的侧重点和要求存在一定的差异。

我国在政策法律层面明确提出了校长的工作职责和岗位要求。1991 年国家教委颁发的《全国中小学校长任职条件和岗位要求（试行）》中指出校长的主要职责包括以下几个方面。

（一）全面贯彻执行党和国家的教育方针、政策、法规，自觉抵制各种违反教育方针、政策、法规的倾向。坚持社会主义办学方向，努力培养德、智、体全面发展的社会主义事业的建设者和接班人。按教育规律办学，不断提高教育质量。

（二）认真执行党的知识分子政策和干部政策，团结、依靠教职员工。组织教师学习政治与钻研业务，使之不断提高政治思想、职业道德、文化业务水平及教育教学能力，注意培养班主任、中青年教师和业务骨干，努力建设又红又专的教师队伍。依靠党组织，积极做好教师和职工的思想政治工作。自觉接受党组织的监督。充分发扬民主，重视教职工代表大会在学校管理中的重要作用，注意发挥广大教师和职工工作的主动性、积极性和创造性。

（三）全面主持学校工作

1. 领导和组织德育工作。把德育放在首位，坚持教书育人、管理育人、服务育人、环境育人的工作方针，制定德育工作计划，建设德育工作骨干队伍，采取切实措施，坚持不懈地加强对学生的思想、政治、品德教育。

2. 领导和组织教学工作。坚持学校工作以教学为主，按照国家规定的教学计划、教学大纲，开齐各门课程，不偏科。遵循教学规律组织教学，建立和

---

① 褚宏启，杨海燕，等. 走向校长专业化［M］. 上海：上海教育出版社，2009：44－45.

完善教学管理制度，搞好教学常规管理。深入教学第一线，正确指导教师进行教学活动，努力提高教学质量。

3. 领导和组织体育、卫生、美育、劳动教育工作及课外教育活动。确保学校体育、卫生、美育、劳动教育工作及课外教育活动生动活泼、有成效地开展。努力开展勤工俭学活动。建好学生劳动教育及劳动技术教育基地。

4. 领导和组织总务工作。贯彻勤俭办学原则，坚持总务工作为教书育人和教职工服务的方向。严格管理校产和财务。搞好校园建设。关心学生和教职工的生活，保护他们的健康。逐步改善办学条件和群众福利。

5. 配合党组织，支持和指导群众组织开展工作。充分发挥工会、共青团、少先队等群众组织在办学育人各项工作中的积极作用。

（四）发挥学校教育的主导作用，努力促进学校教育、家庭教育、社会教育的协调一致、相互配合，形成良好的育人环境。

上述规定虽然出台时间较早，但其主旨同样强调校长对教育教学的领导与管理，强调促进教师专业发展，与当今时代的要求和其他国家对校长的工作要求并无太多本质区别。实践中，我国校长也仍然遵照该条例开展工作。

为了更加清楚地了解目前校长工作的现状，我们对校长工作内容进行了实证分析，研究结果显示，校长工作分为七个维度，分别是战略管理、组织与制度建设、教师队伍建设、教学领导、资源管理、公共关系管理、自我评估与改进。依此，我们在表 1－1 中把校长的工作内容进行了罗列和归纳，列出了目前我国校长工作的基本内容。

本书根据校长工作的重点内容进行编写，围绕校长工作的七个维度，挑选校长工作的重要方面并提出相应的注意事项和工作建议。

表 1－1　校长工作内容

工作维度	工作任务	具体内容
战略管理	规划制订与实施	制订体现自身特色的、可行的学校发展战略与规划，并得到教职工的认同和相关部门的认可；把学校发展规划转化为学校年度或学期工作计划，并切实贯彻实施。
	规范办学行为	坚持依法办学，在招生、考试、编班、收费、学生课业负担等方面符合相关政策规定。
	建设学校文化	明确学校价值体系，形成良好的校风、教风、学风；形成民主、平等、和谐、互助的人际关系；校园整洁美观，校园环境和校园活动有益于学生身心健康成长。

续表

工作维度	工作任务	具体内容
组织与制度建设	组织建设	机构设置合理，实行岗位责任制；各部门人员职责明确，工作效率高；管理人员办事公道，关心教职工，在群众中有较高威信，与教职工之间关系融洽。
	制度建设	规章制度健全、可行，并能够得到落实；坚持校务公开；定期召开教职工代表大会。
教师队伍建设	师德建设	让教师熟悉并遵守《中小学教师职业道德规范》，关心和支持学校发展；校长以身作则，为人表率。
	教师培养	关心教师的专业发展，开展多种形式的学习和培训，促进教师专业成长；以提高课堂教学质量为重点，开展有效校本教研活动。
	教师激励	尊重教师，关心教师的工作感受和生活状态，定期开展教职工体检和体育健身等活动；教师参与学校管理、反映自身诉求的渠道畅通；建立能提升教师工作积极性的有效激励机制。
教学领导	全员育人	坚持德育为先的育人原则；把课堂教学作为德育主渠道，把思想品德教育与课堂教学有机融合；开展符合学生生理和心理特点的专题教育活动；开发德育资源，建设学校、家庭、社会三结合德育网络，形成德育合力。
	课程开设	按国家课程方案开齐开足课程，不随意增减课时；执行“两课”“两操”的规定，确保学生每日1小时体育锻炼。
	课堂教学	课堂教学目标明确，符合课程标准和学生实际；教学设计合理，重点突出，方法得当；面向全体学生，关注学生差异，调动学生学习的积极性和主动性；建立符合素质教育要求的课堂教学评估标准。
	教学常规	建立和实施符合要求的备课、上课、作业布置与批改、教学反思、考试、评估等方面的教学常规；建立常规检查、流程监控和重点分析相结合的质量管理系统。

续表

工作维度	工作任务	具体内容
资源管理	安全管理	重视师生安全，有严格的安全保卫制度和措施；有突发事件应急预案；定期进行安全检查、安全教育；无重大安全事故发生。
	后勤服务	人事、财务、财产、档案、信息制度健全，管理规范；各种教育设施设备使用合理，管理严格，维修及时；后勤服务能满足教育教学特别是学生全面发展的需要，师生满意度高。
	办学资源开发与利用	严格财务制度，实行民主理财，经费预算和使用合理，资金使用效益明显；场馆、实验、图书等设备设施的使用率高，能满足教育教学和师生的需求。
公共关系管理	家校合作	通过家长学校、家访等多种方式建立学校与家长的联系，重视对家庭教育的引导；开发利用家长资源，积极听取和吸纳家长意见，调动家长参与学校教育的积极性。
	与社区的联系	与社区联系密切，创造良好的校园周边环境；争取社区支持，利用社会资源，组织学生参加社会实践、社区服务活动；学校资源向社区开放，积极宣传学校的办学理念和成果。
	与上级教育行政部门的联系	完成上级教育行政部门交办的任务，遵守相关规定；把学校办学的成绩和困难及时反馈给教育行政部门，争取教育行政部门的支持。
	与其他学校的联系	通过资源共享等多种方式与其他学校建立联系，实现教育教学资源的扩充和共享。
自我评估与改进	学校自我评估与改进	参照学校督导方案或学校发展规划，定期对学校整体或重点工作进行检查、诊断和评估，并形成学校自我评估报告。对自我评估和上级督导中提出的问题有改进措施，改进效果明显。

二、校长最重要的角色是领导者

校长的工作是多方面的，与这些工作相对应的角色也是多样的。对于校长究竟是“管理者”还是“领导者”，在理论界已经形成一定共识：校长最重要的角色是领导者。但在学校管理实践中，校长往往陷于具体的事务性工作中，对于学校工作的整体把握和“灵魂”作用的发挥不够充分，更多时候扮演的是管理者的角色。[①] 校长应该向领导者转变。

1. 中小学校长角色转变的前提和背景

中小学校长的角色由管理者向领导者转变，是应对近10年来校长群体所面临的诸多严峻挑战的必然要求。

（1）教育新使命和新课程改革的必然要求

纵观中国教育的发展历程，无论是1978年以前的“教育为政治服务”，还是1978年以后的“教育为经济建设服务”，所秉持的都是典型的社会本位论观念，把教育看成政治或者经济的工具，看重的是教育的社会价值，但对教育促进人的全面发展的价值关注不够。进入20世纪90年代，随着“应试教育”所导致的人的片面发展现象的加剧，人的全面发展受到关注，素质教育逐渐成为教育的主导政策。人本主义精神成为教育政策的主导价值观，以往教育政策中的“社会本位论”色彩相对减弱和淡化。

上述宏观教育政策的变化要求校长必须转变片面追求升学率的办学方式，把促进全体学生的全面发展（简称“两全”）、促进社会全面进步作为自己的工作宗旨，秉持更高的“人的发展”和“社会发展”的理想，不断提升教育的境界。校长应该不断提升自己的课程领导力、教学领导力，以有效提升课堂教学质量，有效促进教师专业发展。

（2）国家教育行政管理改革的必然要求

教育行政改革一直是中国教育改革与发展的重要主题。长期以来，受计划经济体制的影响，政府在行使教育行政职能过程中，对学校的管理过于直接和微观，“不该管”的事管得多，“该管”的事却没有管好。1985年，《中共中央关于教育体制改革的决定》指出，在教育事业管理权限的划分上，政府有关部门对学校“统得过死，使学校缺乏应有的活力；而政府应

---

① 赵茜．校长教学领导力模型及应用［D］．北京：北京师范大学，2009.

该加以管理的事情，又没有很好地管起来”。1993 年，《国务院关于〈中国教育改革和发展纲要〉的实施意见》要求“政府要切实转变职能，改善对学校的宏观管理”“属于学校的权限，坚决下放给学校”。《国家中长期教育改革和发展规划纲要（2010—2020 年）》明确提出：“以简政放权和转变政府职能为重点，深化教育管理体制改革，提高公共教育服务水平。推进中央向地方放权、政府向学校放权，明确各级政府责任，规范学校办学行为。”

政府放权不仅仅意味着下放权力，也意味着下放责任。在这一背景下，校长对于学校的长远发展要承担起更多的责任，提升自己的战略管理和规划能力，提高自己的变革领导力。

（3）现代学校管理的必然要求

现代精神是现代教育的灵魂。教育管理必须具有现代精神和现代品格，校长要用现代精神引领学校发展。在学校管理上，现代精神具体体现为科学管理、民主管理、依法管理。

科学管理是指管理的理性化，与管理的主观性、随意性相对立，以科学精神、理性精神开展管理活动。校长在管理中应该以事实为依据，深入了解实际情况，不瞎指挥，提高管理权力理性化的程度，简言之，就是要“实事求是”。

民主管理是科学管理的制度保障。近年来，我国中小学管理的民主化进展很大，但发展并不平衡。不少学校没有建立起民主管理制度，缺乏对校长和管理人员的监督，重要校务尚未公开，教师参与、家长参与、学生参与严重不足。实行民主管理是现代社会的必然要求，是建立现代学校制度的核心追求。

依法管理要求校长以法治取代“人治”，以规则为依据，依法办学，依法治校，遵守国家法律法规，建立健全学校各项规章制度。治理学校时要依据规则，尊重程序，避免长官意志、个人专断所带来的随意性和危害性。当前，建设现代学校制度、运用制度手段管理学校是法治精神的具体体现。

2. 中小学校长应该转变为有效领导者

沃伦·贝内斯（Warren Bennis）和波特·南斯（Burt Nanus）指出：“一个管理者是使事情正确，而一个领导者则做正确的事。”管理者关注的是组织结构和过程的形成，以产生期望的结果；而领导者对组织有一个承诺或图景，使人们团结在他们周围。[①] 校长应该是学校的领导者，其重要职责就是促进学生和教师的发展。

根据彼得·德鲁克的观点，有效的领导者并不是自己作出所有的决策，他们关注的是那些重要的决策以及那些对组织有较大影响的决策。他们往往从更一般性和战略性的角度思考问题，而不是解决日常问题或做“救火队员”。他们设法作出的是居于最高水平上的极少数重要的决策。有效的领导者在组织决策上倾向于分权和决策分享，前者是指把责任和职权下放给中层管理者，后者是指决策由委员会或小组作出，这样，有效的领导者把组织内外的人都作为团队的一部分。[②] 好的领导就是要满足个体的自我实现的需求，“领导就是服务”。作为一个领导者，校长要做到：

第一，给周围的人树立长远的目标，这个目标要足以激励每个人都为之全力以赴。

第二，颠覆传统的管理思维模式，激发出周围的人的能量、激情和才能。

第三，精心挑选和培养团队领袖，营造有益于团队成员发展的团队氛围。

第四，教给团队领袖做一名服务型领导者的原则和方法，帮助他们应对挑战。再由这些服务型领导者培养出新的服务型领导者，把领导力的影响一级一级地传递下去。

第五，张扬每个团队成员的优势，让最合适的人做最合适的事。[③]

3. 有效领导者要提升四种领导力

（1）变革领导力（transformational leadership）

在领导力研究领域，对于变革的强调一直没有停止，伯恩斯（Burns）将领导力划分为互相对立的变革型领导力（transforming leadership）和交易型领导力（transactional leadership）。巴斯（Bass）把伯恩斯的概念引入商业性组织中，指出变革型领导力和交易型领导力是两种有区别但并不是完全互相对立的领导力。变革型领导力主要通过让员工知觉到工作任务的重要意义，激发员工高层次的需要，激励员工为组织和团队牺牲自己的利益，超标准完成工作任

---

① 伦恩伯格，奥斯坦．教育管理学：理论与实践［M］．孙志军，等，译．北京：中国轻工业出版社，2003：99.

② 同①。

③ 肯·詹宁斯，约翰·斯塔尔沃特．服务型领导［M］．温旻，译．北京：机械工业出版社，2006：151－152.

务。大量的研究发现，变革型领导力与领导有效性和组织绩效呈正相关关系。①

变革总是一种“创造性的破坏”②。变革是领导力提升的驱动力，是学校发展的驱动力。虽然学校工作中常规工作占绝大部分，但是变革仍然是发展的动力。校长的变革领导力就是让教师感受到工作的重要意义，激发教师更高层次的需要，激励教师为学校发展服务，更高标准地进行教学工作。

我们强调校长在学校变革中的作用，强调校长的变革领导力，这种变革主要是由制度的变革引发的。制度变革只是手段，并不是目的，如果离开了教育的根本进行制度的变革，追求制度的创新，那么这种变革不过是偏离了方向的哗众取宠。如果脱离促进学生全面和可持续发展的目的，而追求升学率，则是手段和目的的混淆。

（2）教学领导力（instructional leadership）

校长教学领导力就是校长通过对教学活动和教学主体的领导，促进学生发展和教师发展的能力。

我们对我国校长教学领导力进行研究后认为：我国校长的教学领导力是由四个层面的行为构成的（见表1－2）。指导教学组织、策划教学活动、提供教学条件三个层面的行为，是由内而外、层层相连的，指导教学组织是其中最重要的核心行为。监控教学情况贯穿于前三种行为之中。

表1－2　校长教学领导力标准

领导力层面	行为表现	标准描述
指导教学组织	促进教师关系	校长从学校的教师发展、教学组织、教学制度方面进行引导和服务，并且为教学创设良好的环境，对教学组织进行指导。
	教学组织管理	
	教学制度管理	
	教学工作协调	
策划教学活动	课程设置引领	校长在策划教学活动时，从教学内容、教学目标、教学目的（促进学生发展）方面进行理念和方法上的引领，在教学常规活动中也要起到引领和提升的作用。
	教学目标管理	
	学生发展指导	
	教学常规引领	

① 李超平，时勘．变革型领导和交易型领导的研究趋势［C］//中国心理学会．第九届全国心理学学术会议文摘选集，广州：［出版者不详］，2001：334－335.

② 赫尔曼·西蒙．思考力［M］．郑璐，等，译．北京：中国人民大学出版社，2008：46.

续表

领导力层面	行为表现	标 准 描 述
提供教学条件	教师人力资源规划	校长对教师的生涯规划提供指引，为教师发展提供资源保障，为教学活动提供硬件和资金保障，并从宏观方面创设教学环境，为教学提供优良条件。
	教师发展资源提供	
	教学硬件资金保障	
	教学环境创设	
监控教学情况	兼课	校长通过兼课、听课、巡堂、召开会议、直接与教师和学生交流等方式，监控学校教学情况。
	听课	
	巡堂	

同时，还要注意，校长教学领导行为很少直接指向学生，但所有行为都要紧紧围绕学生发展这个永恒的中心。校长发挥教学领导力的两个重要方面就是对教学的引领和服务：一方面是促进性的，另一方面是保障性的。校长的教学领导思想是否符合素质教育的要求，是否能够引领学校教学遵循素质教育的理念运行，能否提供和创设师生发展的硬件条件和环境，这些都是学校发展的重要条件。①

（3）道德领导力（moral leadership）

学者们认为，如果组织成功地建立了基于道德和价值观的领导，那么它们就能够像单一的有机体一样自主运转，同时达到自身的和谐以及对环境的适应。② 校长角色转变时，要遵循道德领导的依据和要求。对校长道德水准的考量应该放在第一位，校长必须是一个价值观与行动相一致的、诚信的人；同时，校长要有同情心，要真诚地关心教职工的生活，让教职工感到他值得托付。③

作为道德领导，校长首先要高于潜在追随者的道德和价值层次，激发追随者追求更高、更一般、更全面的价值观念，关注追随者更根本、更持久的需要。其次，他要能帮助追随者认识到价值结构内部的冲突和张力，通过让追随者意识到价值观念与行为中的矛盾或差异，来主动传递其价值诉求。④

---

① 赵茜，刘景．我国校长教学领导力模型研究［J］．中小学管理，2010（3）：12.

② 沃伦·本尼斯，琼·戈德史密斯．成为领导者［M］．姜文波，译．北京：中国人民大学出版社，2008：150，4.

③ 同②。

④ 詹姆斯．麦格雷戈．伯恩斯．领导论［M］．常健，孙海云，等，译．北京：中国人民大学出版社，2006：36－37.

（4）分布式领导力（distributed leadership）

在分权与放权逐渐成为世界范围内教育改革趋势的背景下，我国教育领域的分权和放权改革也逐渐深入。如今教师不仅要进行教学活动，与家长联系、参与学校决策等也逐渐成为其重要的工作内容。以前是校长从事的一些活动，逐渐向教师工作中转移。此时，校长在学校中的角色也应该发生变化。

教学是一项“复杂的、不断变化的、交互性的智力活动……（不是一项能够）描述或标准化的活动”。为了满足学生不断变化的发展需要，校长必须给予教师一定的自主权以作出恰当的教学决定，因为教师才是真正的教学专家。分布式领导也就意味着学校的领导者是分布于学校的各个层级的，从教师到学校中层是不同的领导者。校长就是要成为领导者们的领导，要在教师中鼓励和发展领导者及其领导力。

三、正确认识校长作为领导者的权力

领导是一种关系，是两个人或更多人之间的关系。校长作为领导者的权力来源有以下几个方面：① 合法型权力，即职位所授予的权力。② 奖赏型权力，即校长所控制的比如晋升工资、职位提升等权力。③ 强制型权力，即校长所控制的比如降职、减薪等惩罚的能力和权力。④ 专家型权力，即校长所拥有的并且是组织需要的专业能力和（或）知识。⑤ 感召型权力，即通过校长个性的力量影响追随者的能力。[①] 前三种是正式权力，是组织赋予的权力，而后两种是非正式权力，依赖于个人魅力。校长的权力和影响力是两类权力的结合。

校长掌握的实际权力的大小是有差异的。会用权的校长不只是用正式的权力，还要用非正式的权力；善用权的校长更多地依靠非正式权力。从这里我们就可以明白为什么有些校长深感自己的权力太小，而同时该校教师又说校长权力太大，甚至独断专行。这可能是因为校长只强调正式的权力，忽视非正式权力的必然结果。在学校管理实践中，校长用权既是一门科学，也是一门艺术，会使用权力的校长能使自己的权力增大，不会用的则会使其权力变小。

从时间和效果的角度讲，正式权力可能会在短期内树立校长的权威，让师生的行动一致、秩序良好；但是从长远来看，非正式的权力所发挥的作用更大、更持久，并且，师生的行为是在内化了学校规章制度的基础上表现出的一

---

① 伦恩伯格，奥斯坦．教育管理学：理论与实践［M］．孙志军，等，译．北京：中国轻工业出版社，2003：99.

种文化倾向性。这样，权力的强制性与惩罚性成分就是隐性的，管理的效果才是积极的。[①] 巴纳德指出，仅仅在同时具备以下四个条件时，一个人才会而且愿意接受一个命令：① 他能够理解这一命令；② 在决策时，他相信这一命令与组织的目标一致；③ 在决策时，他相信这一命令从整体上看与自己的利益一致；④ 他从内心和行动上遵从这一命令。

因此，校长应该着重提升自己的非正式权力，努力发展专家型权力和感召型权力，这就要求校长要努力提高自身素质，增强个人魅力，这正是校长专业发展的核心。

第二节　校长专业发展

一般而言，校长职业发展是有时序性的，校长的从业年限不同，其职业的成熟度往往是不同的。校长专业发展也是随着职业生涯发展的阶段进行的。本节从分析校长职业生涯发展阶段出发，介绍与校长专业精神、专业知识和能力提升相关的理念和策略。

一、校长专业发展的几个阶段

职业是随着时间进程逐步发展的，理解这一点对校长而言是很重要的。这会帮助校长更好地规划自己的职业。学者们提出了很多职业阶段模式，其中，道尔顿（Dalton）和汤普森（Paul Thompson）提出的四个职业阶段理论值得关注。[②]

（1）第一阶段：新手阶段

这一阶段开始于一个人的职业开端。新手们在这一阶段最重要的活动是展示他们的才能，包括学习和接受并按指示去做事的能力。

新手们本来期望他们的工作会提供给他们更自主的权力，然而他们发现自

① 张振改，吴淑爱．影响我国中小学校长权力的因素分析［J］．教学与管理，2005（3）：8.

② 伦恩伯格，奥斯坦．教育管理学：理论与实践［M］．孙志军，等，译．北京：中国轻工业出版社，2003：497－501.

己仍然需要指导，或者因没有得到指导而无所适从。成功而有效地处理与指导者之间的关系，并且完成被指派的任务，对于新手获得任职权力乃至最终成长为一个成功的校长是非常关键的。

（2）第二阶段：独立工作者阶段

这一阶段也被称为称职期，是以校长获得更大的独立性为特征的。这一阶段的校长可以独立工作，并且见到工作成效，并展示自身的技术能力。

该阶段对于校长的职业发展非常重要。有的校长在从新手阶段进入这一阶段时失败了，在考核时被评为不称职。之所以如此，是因为他们缺乏必要的管理技能来独立完成工作，或者是因为缺乏必备的自信心来建立一个合格管理者的形象。

一些校长在整个职业生涯中都停留在这一阶段，他们只是一个能够独立工作的校长，难以取得更大的成就，而更多的校长则将其发展的重点放在下一阶段。

（3）第三阶段：顾问者阶段

在这一阶段，校长更多从事的是指导教师和管理者的活动，这种指导性工作更多是属于观念性，而非技术性的活动。此时，他们更多地与学校之外的人进行合作。

在前面的阶段，校长更多地对自己的工作负责，而现在他所关心的是他人的工作。这需要校长进行更多的心理调节。难以有效指导和协助他人的校长，可能会返回到第二阶段的心理状态；那些看到别人的进步也可以获得满足感的校长可以保持这一阶段的状态；其他校长则继续进入下一阶段。

（4）第四阶段：发起者阶段

并不是所有校长都会进入这一阶段。在这一阶段，他们指导学校的发展方向，并且与教育行政机关及学校其他利益相关群体建立广泛联系，争取更多的办学资源。他们需要完成三种角色任务：经理、企业家和理想的革新者。经理制定政策，拓展并实施广泛的计划；企业家对组织的未来发展有很强的控制指导感；理想的革新者通过自己的专业成就和著述赢得组织之外的声誉。这一阶段的校长成为人们通常所说的“教育家”。这一阶段，校长必须学会用更间接的方式去影响他人，如组织结构设计的变化、项目的变动等。

校长在每一阶段的成长年限往往存在很大的个体差异。有的学者认为，第一阶段需2—4年，第二阶段需3—5年。[①] 其实并不是所有的校长都经历第一

---

① 李瑞福．校长成长“三步曲”［N］．中国教育报，2007-07-31（6）．

阶段到第四阶段，当校长进入一个新的成长阶段时，往往会因为自己的成长而感到兴奋，也会因工作不熟悉、具有挑战性而迷茫。当他们掌握了一些基本的应对技能后，如不继续扩大探索的领域和模式，那么，停滞不前的现象就可能会随之产生，这种停顿现象也被称为“高原现象”，或者叫“不成长现象”。这是所有校长成长过程中都有可能出现的现象。

校长成长的路径实际上并不是单一的。校长聘任制的实施，有可能使得相当一部分校长还没有走到第二阶段就会被淘汰出局；另一方面，由于经济社会以及教育的迅速发展，校长自身因素的局限，加重了校长成长的压力，有可能使原本“适应”的校长变得不再适应，原本“称职”的校长变得不再称职，原本“成熟”的校长变得不再成熟。这是所有的校长都有可能出现的成长过程中的倒退现象，或者叫“负成长现象”。

第二阶段是校长成长的敏感期。从教师职业生命周期和中小学校长成长阶段的对应比较来看，中小学校长成长的称职期和成熟期刚好处在教师职业生命周期的“平静与保守期”及“退出教职期”的前期。教师可能会因自身的经验及资历而自以为是，也可能因职称到顶而不思进取；校长可能会因对岗位工作的熟悉而故步自封，也可能会因自己在“小环境”中的成就（职务上是校长，职称上是高级）而骄傲自满。双重专业角色潜在的不良行为交织在一起，对中小学校长的专业发展来说无疑是一个危险因素。校长在这一阶段需要更加注意自我发展和心理调节。

校长突破职业生涯发展瓶颈的最有效方法之一，是制订校长的职业生涯规划，对自己在校长岗位上的职业发展进行设计和决策，实现校长在不同职业生涯阶段的持续专业发展。

二、校长专业发展的主要内容

1991年，国家教委颁发的《全国中小学校长任职条件和岗位要求（试行)》中规定的校长岗位要求，是校长专业发展的一个基本要求和准则。这一教育规章规定，校长的岗位要求主要包括如下几个方面。

（一）基本政治素养

1. 坚持四项基本原则与改革开放，把坚定正确的政治方向放在首位。

2. 具有一定的马克思主义理论修养，能努力运用马克思主义的立场、观点和方法指导学校工作。

3. 热爱社会主义教育事业，热爱学校，热爱学生，尊重、团结、依靠教职工。

4. 实事求是，勤奋学习，作风民主，联系群众，顾全大局，公正廉洁，艰苦奋斗，严于律己。

5. 对待工作认真负责，一丝不苟。

6. 具有勇于进取及改革创新精神。

（二）岗位知识要求

1. 政治理论、国情知识：具有马克思主义基本理论和建设有中国特色的社会主义基本理论知识。具有中国近现代史和国情基本知识。

2. 教育政策法规知识：在实践中领会、掌握党和国家的教育方针、政策的基本精神与中小学教育法规的基本内容。初步掌握与教育有关法规的基本知识。

3. 学校管理知识：联系实际掌握学校管理的基本规律和方法，以及与学校管理相关的基本知识、技术和手段。

4. 教育学科知识：学习马克思主义关于教育的论述，了解社会主义教育的基本特点和规律，具有教育学科基本知识。熟悉主要课程教学大纲及有关学科的教材教法。具有中国教育史常识，了解中小学教育发展与改革的动态。

5. 其他相关知识：掌握与中小学教育有关的自然科学、社会科学基础知识，了解本地的历史、自然环境、经济与社会发展的基本情况以及民族与宗教政策等。

（三）岗位能力要求

1. 能根据党和国家的有关方针、政策、法规，制定学校发展规划和工作计划。

2. 善于做教职工和学生的思想政治工作及开展品德教育。能从实际出发，采取有效措施，促进学生全面发展。

3. 具有听课、评课及指导教学、教研、课外活动等工作的能力。具有指导教师提高业务水平和改进教学的能力。

4. 善于发挥群众团体的作用。能协调好学校内外各方面的关系，发挥社会、家长对搞好学校工作的积极作用。

5. 能以育人为中心，研究学校教育的新情况、新问题，并从实际出发，开展教育教学实验活动，总结经验，不断提高教育教学质量。

6. 有一定文字能力，能起草学校工作报告、计划、总结等。会讲普通话。具有较好的口头表达能力。

《全国中小学校长任职条件和岗位要求（试行）》主要从“基本政治素养”“岗位知识要求”“岗位能力要求”三方面规定了校长岗位对校长的要求。

这与国内外校长专业化研究中提出的校长专业发展的三个维度——知识、技能和专业精神相一致。也就是说，在不同的发展时期，校长专业发展的内容可能要求不同，但其维度是保持不变的，校长要从三个方面入手不断提升其专业素养。

1. 校长的专业知识

中小学校长作为学校管理专业人员，获得系统而明确的专业理论知识是专业发展的一个重要维度。学校管理的教育性、综合性与复杂性，要求校长更应具有符合自己工作角色要求的知识结构。如前文所言，校长至少应具备政治理论知识和国情知识、教育政策法规知识、学校管理知识、教育学科知识，以及与中小学教育有关的自然科学、人文社会科学等基础知识。在21世纪的今天，我们尤其强调校长还应具备一些与全球化、信息化、新技术和新产业相关的知识，才能满足不断变化的时代前进、教育改革和学生发展的需要。

2. 校长的专业能力

校长的专业能力主要指校长有效地开展学校管理工作所必备的一种个性心理特征和实际技能。除了我国政策文件中的相关规定，我们还可以关注其他国家或地区的一些规定。

例如，香港教育署提出，21世纪校长必须具备下列领导能力：

(1) 领导策划的能力：定出抱负、使命、计划和价值观，深信所有学生皆有学习的能力，并具备引领改革及处理变革的能力。

(2) 领导教学工作的能力：提高学与教和课程的质素，加强教职员的持续专业发展和问责精神，以及善于根据数据作出决策的能力。

(3) 领导组织的能力：重视人际关系、文化建立、分权问责、团队协作、沟通、资源规划和管理的能力。

(4) 协调社区关系的能力：了解学校在社会所发挥的作用，与家长和其他社区人士保持紧密联系，善用社区资源，培养学生成为具国际视野的良好公民的能力。

同时，香港教育署还将校长的领导才能归纳为以下六个范畴：

(1) 策略方向及政策环境：校长须筹划未来，并确保校内人士参与筹划的工作。在筹划如何进一步发展学校和提升学生水平时，校长须有策略地制订配合社会、教育和政治环境的相关政策。

(2) 学与教及课程：校长须协调学校的发展工作，以便校内各级的课程和学与教互相配合。校长须与校内人士协作，确保全体学生可通过正规、非正规和非正式课程接受全面均衡和适切的学习。

(3) 教师的专业成长及发展：校长须推动自身和教师持续专业发展，交流最新的专业知识和成功的实践经验，务求能与时俱进并照顾学生的不同需要，以期提高学生和学校的表现水平。

(4) 员工及资源管理：校长须创建协作的团队管理精神，尽量调动员工的工作积极性、善用物力和财政资源，以促进学校和学生的发展。

(5) 质素保证和问责：校长须与校内人士共同建立质素保证和问责制度，让学生、教师和其他教职员得知自己的表现，从而改善学校的整体表现。这些制度亦方便学校向外界提供有关学校表现的资料。

(6) 对外沟通及联系：校长须建立学校与社区、国家乃至全球的联系，使校内人士能为社会和有关的发展作出贡献。①

掌握和提高这些方面的知识和能力是提升校长专家型权力的核心。总体看来，校长应该有过硬的学科教学能力与岗位业务本领，知人善任、善与人同。校长专业知识与能力应满足校长职责的需求，应服务于校长的实践工作，并在校长的工作过程中不断提升。

3. 专业精神

如果说专业知识、专业能力解决的是“会不会”“能不能”的问题，那么专业精神强调的则是“愿不愿”的问题。普金斯（Pekins）说，“态度是知识的灵魂，没有它知识几乎没有作用”。② 一个“能干”的校长，只有加上“肯干”这个精神，才能实现事业上的成功。这里所说的“肯干”就是校长的专业精神。

随着社会的不断发展，人们对校长专业精神的理解也不断深入。校长除应具备 1991 年《全国中小学校长任职条件和岗位要求（试行）》中提出的校长的政治素养外，还要有科学精神、民主精神、法治精神和民族精神，这些理念决定着校长办学思想和办学行为的高度和深度。

科学精神就是实事求是的精神，是探索的研究精神。科学精神要求校长以科研兴校。科研并非仅是课题、论文，中小学教育科研的实质更多地应是

---

① 香港教育署．校长持续专业发展指引．香港教育署，2002：9.

② CCSSO. Interstate school leader licensure consortium: Standards for school leaders [M]. Washington, D. C.: Council of Chief State School Officers, 1996.

“一种理性的教育实践活动”，脱离了实践、行动和应用，中小学教育科研剩下的就只是形式了。研究来自实践，来自问题，校长不要过多地考虑是否“立项”或是否“够档次”。学校的研究要研究学生、研究教师。对于学校而言，真正的科研是为了让学校更好，让教育更有价值，让师生更加快乐地成长。

民主精神就是以人为本的精神。民主意味着尊重，意味着更多的选择。校长的管理和领导并不意味着统治，校长的管理应该是民主的管理，要给予教师和学生更多的选择权，让他们更多地参与学校管理；给予教师和学生更多的空间，增强他们对学校的认同感；要增强批判反思，加强分享合作，增进关怀和参与。

法治精神就是要求校长依法治校。简单地说，法治精神就是按规矩办事。依法治校是学校发展的基础，离开这项基石，学校的发展就是偏离轨道的。依法治校有两个最基本的作用：一个表现在“治”上，即管理上，使学校管理自治化、规范化，使管理工作更有秩序、更有效率，使“规矩”成为一种有效的管理手段；另一个表现在“护”上，即保护学校、教师和学生的合法权益，使学校、教师和学生的合法权益不受侵害，或者当合法权益受到侵害时能及时通过法定程序得到救助。

民族精神是指民族传统文化中维系、协调、指导、推动民族生存和发展的精神。国际化的潮水不断地涌向我们，冲击着我们的思想和行为。继承和发扬民族精神是中国能够继续发展、能够屹立在世界民族之林的根本。校长应该站在更高远的立场上，承担起向学生传扬中华民族精神的伟大使命。

三、校长专业发展的途径

通过了解和掌握专业知识，实现专业技能的提升，推动专业精神的升华，是实现校长专业发展的重要路径。通过这一路径实现校长专业发展，最直接的外部推动就是培训。这种培训是一种成人学习，尽管传递的是知识但亦有其特殊性，所以我们首先来剖析校长所拥有和所需要的知识是什么样的，与这些知识相适应的培训方式（学习方式）又应该如何。

1. 依据知识理论，优化学习方式

知识可以分为显性知识（explicit knowledge）和隐性知识（tacit knowledge）两类。显性知识是容易获得、容易理解和容易交流的知识，一般以文字、图

像、符号形式表述，以印刷或电子方式记载，可供人们交流，是有形的结构化的知识，具有公共性，存储在图书馆、局域网或数据库中。① 隐性知识是未能用符号编码的、高度个人化的、难以言传的知识。日本学者野中郁次郎认为，“隐性知识”是高度个人化的知识，有其自身的特殊含义，因此很难规范化也不易传递给他人。他认为，隐性知识不仅隐含在个人经验中，同时也涉及个人信念、世界观、价值体系等因素。② 人的经验就是典型的隐性知识。校长尤其是优秀校长所拥有的隐性知识，对于校长群体的专业化而言是一笔宝贵的财富，应该将之纳入到校长专业化的知识基础当中，通过一些有效的策略使这些优质的隐性知识能被他人分享。

根据野中郁次郎等人的观点③，知识间的转化有联合化、内在化、外在化和社会化四种模式。实际上，这四种模式对应着四种学习方式，昭示着校长的学习方式或者专业发展方式的变革（见表 1－3）。

表 1－3　知识转化模式与校长学习方式

知识转化模式	知识变化	校长的学习方式
联合化	显性知识到显性知识	习得性：学习书面知识，读书、听课等
内在化	显性知识到隐性知识	应用性：应用习得的书面知识改进实践
外在化	隐性知识到显性知识	反思性：反思、总结实践经验，行动研究
社会化	隐性知识到隐性知识	交流性：拜有经验的校长为师，挂职锻炼

联合化（combination）是将孤立的、零散的显性知识聚合到更复杂和更系统的显性知识系统中的过程。一个校长学习书面知识、完善知识结构的过程，就是联合化的过程；某个机构或者组织梳理、筛选已有的教育管理知识，为校长群体编写培训教材，也是一个联合化的过程。这个过程相对于其他三种模式，是最容易做到的。

内在化（internalization）是将显性知识转化为隐性知识的过程，即将获得的理论知识内化为自己的“血肉”，内化为自己精神世界的有机组成部分，并转变个体的管理行为，改进实践，而不是单纯记忆这些知识装点门面。对于校长而言，把学到的理论应用于实践并改进实践，本质上就是一个内在化的

① 李华伟，董小英，左美云．知识管理的理论与实践［M］．北京：华艺出版社，2002：90.

② 张庆普，李志超．企业隐性知识的特征与管理［J］．经济理论与经济管理，2002（11）：47.

③ 野中郁次郎，等．组织知识创新的理论：了解知识创新的能动过程［M］//迈诺尔夫·迪尔克斯．组织学习与知识创新．上海：上海人民出版社，2001.

过程。

外在化（externalization）是将隐性知识转化为显性知识的过程。通过这个过程，模糊的、未被意识到的知识变得明晰起来，这是一个从具体到抽象、从直接经验向间接经验转化的过程。要求校长反思、总结个人的实践经验，就是一个外在化的过程。

社会化（socialization）是从隐性知识到隐性知识的过程，即通过面对面地直接接触，实现隐性知识在不同主体间的流动和转移。在野中等人看来，知识分享不单单要等待显性化之后才可以完成，停留在隐性知识水平的知识内容，也可以被分享。学徒制就是在隐性知识水平的直接分享过程。让一些校长或者后备校长到其他学校跟随名校长挂职锻炼，就是一种学徒制。实践证明，这是一种卓有成效的校长专业发展的模式。

校长们自身已有的知识之间的共享通过上述四种方式实现，而技能和专业精神的提升更普遍地通过培训实现。

2. 熟悉培训模式，提高学习效率①

校长们都参加过各种培训，从形式上看，有讲座式的，有参观式的，有师传式的；从更广泛角度看，可以归为案例研究模式、同伴互助模式以及问题中心模式几种主要模式。培训模式亦是学习模式，校长事先对要参加的培训的主要模式有所了解，既有利于提高参训的学习效率，也可用于自觉自发的专业发展中。

（1）案例研究模式

案例研究并非是培训者单纯地对现有案例进行直接讲授，而是要求参训校长撰写和提供案例，一起讨论和剖析。案例研究并不轻松，需要校长全身心投入对案例的收集、思索、讨论、撰写中，才能有效提高专业素养。校长应该掌握一些案例收集方法，如从学校的关键事件中、从个人发展的关键事件中，寻找经典案例；在案例讨论的过程中，校长应关注培训者和同伴的分析视角、掌握分析工具，从中汲取有益的知识、经验和分析方法；在撰写案例分析报告时，校长应查阅相关文献，提升报告的理论高度和实践指导性。

（2）同伴互助模式

许多研究表明，校长很少反思自己的行为，彼此之间也很少联系。校长角色固有的不确定性和模棱两可性，使得校长们难以认清自己的行为类型，很少

---

① 吕蕾．中小学校长培训课程与培训模式研究［D］．北京：北京师范大学，2008.

反思事件的全过程和自己行为的意图。[①] 因此，同伴互助模式旨在为校长提供一个机会，回顾检验自己的日常行为，思考行为与意图是否一致。校长通过地位相当的同伴的帮助和支援，进行知识和技能学习。同伴互助包括同伴指导、同伴示范、同伴教育、同伴咨询、同伴监督与同伴评估等多种方式。

同伴互助式校长培训（Peer-Assisted Leadership，简称 PAL 模式）模式是由美国旧金山远西实验室（Far West Laboratory）的教学管理研究所（Instructional Management Program，IMP）创设的。培训者通过让参培校长间互相沟通与学习，减少他们的孤立感，帮助校长更深刻地分析反思自己的领导行为，促进管理和领导行为改正。该模式包括三个重要因素：观察、反思式访谈和学校领导结构框架，并为校长提供机会批判性地检验自己和其他校长的行为。

培训时，校长们以两人为一组，互相观察、反馈对方的行为。整个过程包含了 6 次间断的集会（3 次是全天，3 次是半天，分 6 周完成），每次集会都有 2 名培训者参与。集会期间，校长们学习收集分析信息所必需的技能，在每两次集会的间隔，他们运用这些技能观察同伴并进行访谈。校长培训中可以使用此种模式，在校长平时交流中也可以“结对子”，采用此方法进行自我提高。

同伴互助模式的操作流程如下。校长们可以参考并据此进行几人一组的实践。

① 第一次集会：概括介绍和观察。培训者向参培校长介绍观察的过程以及学校领导结构框架（见图 1－1），在指导观察时，主要强调如何准确客观地记录、呈现同伴的态度；观察记录典型事件、记录练习和培训教师的反馈。校长们在第二次集会前完成第一次观察，并把观察结果送到培训者手中以获得指导。

② 第二次集会：反思式访谈。在此阶段，校长们得到第一次观察记录的反馈信息，并学习如何在第一次观察记录的基础上，确定反思式访谈的问题。校长们使用模仿、指导式练习、个别化反馈等方法，学习如何提问并记录那些能阐明同伴行为意图和意义的问题。校长们被期望在此集会期间完成第一次反思式访谈，随后他们将在第三次集会前完成第二次观察。

③ 第三次集会：高级的反思式访谈和主题确定。运用第一次观察和访谈所收集的信息，校长们通过对各项信息提问，学习增强反思式访谈的技能，重

---

① Ward Sybouts，Frederick C. Wendel. The Trining and Development of School Principals：a Handbook [M]. London：Greenwood Press，1994.

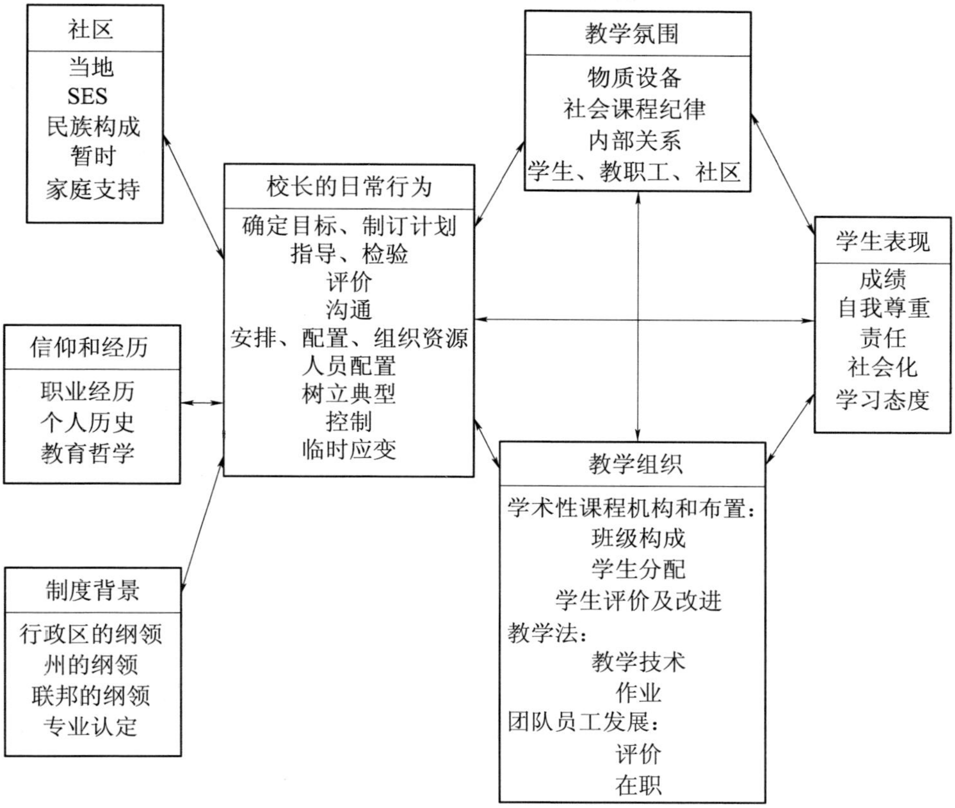

图1－1　学校领导结构框架

资料来源：Joseph Murphy, Philip Hallinger (editors). *Approaches to Administrative Traning In Education.* Albany: State University of New York, 1987: 134.

点放在学校领导结构框架中所强调的那些因素。此外，校长们还开始鉴别同伴学校中出现的重要事件主题，再次运用模仿、指导式练习、个别反馈等方法，在培训者的帮助下形成合适而有效的“高级问题”和主题。在第四次集会前还必须完成另一次观察和访谈。

④ 第四次集会：初步建立模式。校长们学会了围绕前一次集会所确定的主题，分析他们在观察和访谈中得到的信息。培训者运用模仿和指导式练习帮助校长，为每一主题收集相关信息，并制成图表显现各信息间的联系。在下次集会之前，校长们要完成未制完的图表，并进行再次观察和访谈来完成信息收集工作。

⑤ 第五次集会：形成最终模式。在校长们完成最终模式过程中，培训教

师帮助校长概括、分析他们的主题图表，校长们开始建立最后的模式，从培训者处得到反馈信息，并学会如何在最后一次集会上将自己的模式向他人作口头汇报。在两次集会的间隔期间，校长们应完成模式建立并准备进行10—15分钟的口头汇报。

⑥ 第六次集会：模式阐释。作为一年活动的总结，校长们口头汇报同伴的行为模式，阐明出现的主题，比较、对照这些模式和主题，并对此加以分析。讨论主要集中在校长领导行为上，最后，校长们交流、分享通过培训获得的收获以及在将来工作中可用的观点和知识。

同伴互助模式具有如下优点：① 在行动前，先阐明理论、技能或策略，并将所需的技能模式化并加以清楚阐释，有利于指导参培校长将理论运用于实践。② 通过观摩其他校长的领导和管理行为，及时修正自己的行为，有助于参培校长在工作环境中利用所学的技能。③ 提供结构化、有始有终的反馈，这种及时反馈有利于校长们了解自己的学习进展、改进不足之处。④ 有利于校长们相互学习、交流工作中遇到的共同问题，丰富相关的工作经验。

（3）问题中心模式

学校中的问题往往是复杂的，不是单一式的问题，校长专业发展上专业技能的提升实际是问题解决能力的提升。问题中心模式强调在复杂的、有意义的问题情境中，校长通过合作解决现实的问题，同时学习隐含于问题背后的管理理论，形成解决问题的技能和自主研究的能力。

问题可以简单地分为结构优良和结构不良两类。真实问题往往是结构不良的，问题的起点、目标、途径和方法可能都不明确。“问题中心”是让校长解决一些结构不良的真实问题而进行的一种有针对性的、实践性的学习，校长不仅要动脑还要动手，在实际问题情境中学习，把所学知识和实际工作联系起来。

四、改善校长的思维品质和工作方式

校长的专业化和自我发展，其实质就是改进思维方式和工作方式的过程。校长要通过对如下问题的不断追问，提升其思维品质和工作质量。

第一，问题是什么？

在大量的校长所写的论文中，往往只有正面经验，对问题却遮遮掩掩。虽然写文章和实际的学校管理不尽相同，但这也反映了许多校长在学校管理实践中对问题的掩盖和回避倾向。很多问题不能回避，也回避不了，校长只有在研究问题和解决问题的过程中才能成长和发展。因此，校长应该从关注真实、具体的问题开始，改善自己的思维方式。

提出一个真实的问题作为思维的刺激物，这是对问题的初步锁定。

第二，问题到底是什么？

校长要对初步锁定的问题予以明确化和具体化。例如，一个校长通过自己的观察、通过中层干部的汇报、通过一些研讨会上专家及同行的发言，认识到“青年教师的教学素质差”是一个严重问题，他就会选择“本校青年教师的专业发展”作为重点思考的问题。

但是，自己观察到的、中层干部汇报的是否符合实际情况？本校青年教师的哪些教学素质差？有什么具体表现？差到什么地步？哪些方面的素质缺失对教学质量影响最大？青年教师在教学素养方面有没有优势？青年教师在教学素养方面有没有性别差异和城乡差异（农村出生的与城市出生的教师有什么素质差异）？如果校长的工作作风是实事求是、扎扎实实的，那么，他就应该对上述问题进行调研与解答。这个过程就是问题的具体化和明确化的过程。

第三，到底为什么？

校长还要学会问“到底为什么”，分析产生问题的原因。一些校长的论文常常这样写：我要解决什么问题，然后直接是解决的措施，在“是什么”和“怎么办”之间没有“为什么”。这非常直接地表现出校长的工作方式缺乏科学性，理性化程度不够。需要引起注意的是，调研并不仅仅是为了发现问题、明确问题，寻找产生问题的原因也需要调查研究。校长不能主观臆断，主观臆断在思维上是不理性的，在工作中会导致武断和随意。

第四，应该怎么办？

校长根据问题产生的原因，设想解决问题的各种可能的策略、办法和措施。如何解决存在的问题，找到解决问题的办法，也需要调研，校长不能主观决策。这要求校长应更多地征求教师和中层干部的意见。因此，校长的调研要贯穿问题是什么、产生问题的原因是什么以及如何解决问题这三个环节的全过程。

第五，到底怎么样？

解决问题的策略、办法和措施是否合理有效，需要通过实践进行检验。校长不仅要在工作中运用新策略、新办法、新措施，还要进一步研究这些新策略、新办法、新措施都解决了什么问题，有哪些老问题还没有解决，又带来了什么新问题，又该怎么解决这些新问题。这样，就形成了一个螺旋上升的问题链。校长的思维和思路决定了问题的解决方式和解决思路，校长的成长、学校的发展就是在不断解决这些问题的过程中向前推进的。

现在我们常常要求教育工作者进行“反思”，但反思不是随意的。反思是一种仔细观察、详加分析、充分考察、积极预见的过程。反思一般有两种方式，一是在写作中反思，一是在做事中反思。校长在日常工作中，每天都在反思，但这种反思通常是零散、肤浅、无序的。而通过写作反思，则具有系统、深刻、有序等特点，可以学会有效地思考和研究，能够改变思维方式，进而改变工作方式。校长要求教师写教学的教案，其实校长也应该写“管理教案”。教师写不写教案，上课的效果是不一样的；同样的道理，校长写不写“管理教案”，工作的效果也是不一样的。

上述步骤就是科学思维的一般步骤，也是行动研究的一般步骤。校长要学会研究，并通过研究改进工作，这个过程是一种科学的思维方法，也是科学的工作方法。

第三节　学校评估与校长评估

在明确了校长的角色定位和专业发展的基本理念后，该如何评估校长的工作？校长的工作与学校的发展息息相关，但学校的发展是一个渐进的过程，有时校长的努力未必能够在短时期内立刻显现出来。因此，评估校长的工作，既要看到学校的现实发展状况，也要看到校长在这个过程中所付出的努力。基于此，在评估校长工作时，我们分别介绍学校自我评估和校长自我评估的理念和方法。

一、为什么要进行学校自我评估

评估是促进学校改进的重要手段。学校改进是对于学校组织的全面变革，涉及学校办学的各个方面。因此，在广度上，学校改进不是局部变革，而是组织变革，是学校整体的系统改革。学校改进方式有自上而下的政府推动，由外向内的市场推动，自下而上、由内向外的自我调节三种模式。学校改进的艰巨性和复杂性决定了对学校改进的条件、过程和结果进行系统评估的重要性。

校长要学会通过学校自我评估来改进学校工作。评估的方式可以简单地分为自评和他评两类。与对学校的自上而下的政府控制和由外向内的市场控制相对应的评估，在本质上都属于外部评估；即使政府委托专业的中介组织对学校进行独立评估，本质上也是外部评估，是政府评估的变种。对学校最常见的外部评估是学校督导评估。长期以来，督导评估为强调其权威性，一直要求把评估结果和学校、校长甚至教师的各种利益挂钩。因此，学校只能选择千方百计地掩盖问题的办法来应对。

在强大的外部评估和问责的压力下，学校、校长和教师被压得喘不过气来，学校自我评估沦为督导评估的附庸。实践证明，学校自我评估应该在学校改进中发挥越来越大的作用，其内在价值应该愈加凸显。一些国家的政策实践尤其是欧洲一些国家教育督导评估政策的变化，鲜明地显示出对学校自我评估的重视。

就我国而言，目前强调学校自我评估有以下几个原因。

其一，目前我国尚未建立科学合理的评估体系。由于我国社会中介评估机构尚很稀少，学校自我评估因困难重重而无法真正开展，所以学校评估实质上仍以政府督导评估为主，由政府督导评估“一统天下”，但“一枝独秀”的政府督导评估在促进学校有效改进和内涵发展方面成效不明显。因此，强调学校自我评估是完善评估体系、克服外部督导评估弊端的需要。

其二，开展学校自我评估是学校进行校本管理的内在要求。1985 年中共中央颁布《关于教育体制改革的决定》，开启了至今未停的教育管理体制改革的进程，转变政府职能，给学校下放更多的办学自主权，推进校本管理、自主管理，成为改革的基本诉求。真正的校本管理，必须以自我评估为基础和手段。

其三，强调学校自我评估是学校内涵发展、科学发展的客观要求。当前，我国教育进入了由规模扩张转为质量提升的新的历史阶段，对学校质量和内涵发展提出了更高的要求，在发展模式上对于理性发展、科学发展也提出了更高的要求，学校更加需要系统的、深刻的、基础性的改进。

学校自我评估属于典型的发展性评估，其目的纯粹是为了有效的学校改进，不是为了应对外部的问责，学校不用担心来自外部的压力，无须弄虚作假，文过饰非。相反，学校可以直面存在的问题，以解决问题为直接目标。

在学校自我评估的初期探索阶段，应该将自我评估与外部评估有效结合起来，使二者相得益彰，共同促进学校发展。综合化的学校评估模式有利于学校有效改进，也有利于促进学校自我评估的日渐完善，从而促使学校自我评估在学校改进中发挥更大作用。

二、学校评估的内容

学校自我评估是对学校工作的系统检视。北京师范大学课题组开发了一套学校督导评估的指标体系，可以作为学校自我评估参照的指标体系。

表 1－4 学校督导评估指标体系

一级指标	二级指标	三级指标
A1 学生发展	B1 身心发展	C1 身体素质
		C2 健康意识和习惯
		C3 情感态度
		C4 交流与合作
	B2 品行表现	C5 道德品质
		C6 行为习惯
	B3 学业表现	C7 学业成绩
		C8 学科共通能力
		C9 艺术素养
	B4 生活技能与实践能力	C10 生活技能
		C11 社会实践
A2 教育教学	B5 德育工作	C12 全员育人
		C13 德育活动
	B6 课程开设	C14 课程设置与执行
		C15 校本课程开发
	B7 教学工作	C16 教学常规
		C17 课堂教学
A3 教师队伍	B8 教师培养	C18 师德建设
		C19 教学研究和教师培训
		C20 骨干教师培养
		C21 班主任培养
	B9 教师考核与激励	C22 教师考核
		C23 教师激励

续表

一级指标	二级指标	三级指标
A3 教师队伍	B10 教师表现	C24 师生关系
		C25 良好风气
		C26 教师表现和成就
A4 领导与管理	B11 依法规范办学	C27 办学宗旨和目标
		C28 发展规划与措施
		C29 规范办学行为
	B12 管理队伍建设	C30 管理机构
		C31 管理队伍
		C32 干群关系
	B13 常规管理	C33 管理制度
		C34 安全管理
		C35 后勤服务
	B14 学校文化建设	C36 和谐校园
		C37 班集体建设
		C38 为有特殊需要的学生提供支持
	B15 办学资源开发与利用	C39 经费使用
		C40 设施设备使用率
		C41 争取多方支持
	B16 与家庭及校外的联系	C42 家校沟通
		C43 与社会（社区）的联系
		C44 校际合作
	B17 自我评估与改进	C45 自我评估
		C46 改进和发展

促进学生的全面发展是学校教育的根本宗旨。评估指标体系把学生发展作为衡量学校发展的重要一级指标，置于指标体系的首要位置，有利于强化学校管理者和教师的目标意识及学生发展本位取向。该体系旨在改变以往学校评估片面强调学生考试成绩和获奖证书的做法，既关注学生的学习成绩，又重视学生的学习态度、品行表现、艺术表现、健康生活意识及习惯等方面的发展。

专栏

成功学校的特征

(1) 以学生为中心。

(2) 提供丰富的学业计划。

(3) 提供能促进学生学习的教学。

(4) 有一种积极的学校氛围。

(5) 促进同事间的互动。

(6) 教职员有广泛的发展空间。

(7) 实行分布式领导。

(8) 培育创造性解决问题的能力。

(9) 让家长和社区参与学校工作。

资料来源：托马斯·J. 萨乔万尼. 校长学：一种反思性实践观 [M]. 张虹，译. 上海：上海教育出版社，2004：202－205.

三、怎样进行学校自我评估

自我评估需要一定的程序和技术手段，要求尽量通过证据说话，运用证据界定问题、分析问题、解决问题，以数据为基础促进学校的改进。实质上是要求学校改革与改进的理性化、程序化，反对随意性、情绪化的学校改进。

自我评估的核心是发现问题、分析问题和解决问题。英国教育标准局曾于2005 年对学校自我评估的步骤提出了指导性意见，认为自我评估是学校向自己提出一系列问题的过程，这些问题从不同方面关注学校改进。学校进行自我评估时要回答三个问题：我们的学校怎么样？我们如何了解我们做得怎么样？下一步我们需要做怎么样的改进？第一个问题是对学校现状进行诊断，而诊断需要一个指标体系以保证诊断的全面性和系统性，在英国，这个指标体系与外部督导评估的指标体系是一致的。第二个问题关注的是数据的搜集方式和技术。第三个问题关注的是学校改进的具体策略。

学校自我评估的主体是内部人，这是自我评估最具魅力之处。学校自我评估绝对不是校长一个人的事情，全体教师参与学校自我评估是一个基本要求。这种参与好处很多："通过参与评估，每个成员独立发现问题与解决问题的能力能够得到提高，从而达到能够在工作中自我决定的程度，达到激发组织学习，提高内部发展的动力的最终目的。学校自我评估通过评估手段的有效运用促进组织和成员的自我认知，促进学校教育活动价值增值，促进组织目标实现。在这个意义上，学校及其成员开展自我评估的能力是学校自组织能力的重要标志，是学校实现自主发展的基本条件。”① 可见，学校自我评估对学校组织改进的意义并不只是表现在改进的直观结果上，更重要的是对于学校组织文化的改善和学校变革能力的提升。作为系统变革的学校改进对于学校能力建设提出了更高的要求，而学校自我评估能同时满足这两个要求。

当然，学校的改进不能仅仅依靠学校的自我评估，更应该是多种评估方式的结合，如采用学校自我评估、专家到校指导和外部督导相结合的模式（简称 SVI 模式）。

在实践中，学校自我评估实践的最大问题是专业水平低，质量堪忧；外部督导评估的最大问题是学校弄虚作假，掩饰问题。导致前者的原因是学校缺乏评估的专业知识和技能，导致后者的原因是学校面临问责评级的压力，而同行到校指导可以有效地同时解决这两个问题。同行是指兄弟学校经验丰富的管理人员和教师，他们能对学校各项工作提出具体、有效的建议，切实推进学校改进。在到校指导中，同行会让受访学校分享本校的改进经验，同时学习到受访学校的好的做法，这种方式能够大大促进学校间的经验交流与学习，拓展学习型组织的边界，把某个区域内的学校联结为一个更大的学习共同体。同行到校指导是督导前的一个环节，并不对学校评级分等，只是提供建议和帮助，同行的定位是说真话的、真诚的“诤友”。另外，还应该把专家也纳入诤友的范围内。

学校自我评估可以参照下列步骤。

1. 自我评估的准备

（1）建立自我评估领导小组

由校长、副校长和教师代表组成，校长任组长，负责领导学校自评工作。设专人（评估员）具体负责制订计划、组织实施、统计数据、汇集资料、管理档案等日常工作。

（2）制定发展性评估指标

自评领导小组结合学校发展的实际，研究制定评估要素和评估要点，形成《学校“自主发展”评估指标体系》。

（3）分解指标

组织专项自评小组，依据评估指标体系（包括规范性评估指标和发展性

---

① 骈茂林．学校自我评估：意义、问题及其改进［J］．当代教育科学，2006（2）：58.

评估指标)，结合学校各部门分工和管理目标，将指标进行分解，组织若干专项自评小组，负责对所分工的指标和要素，按要求开展自评工作。

(4) 制订自评计划

自评领导小组结合学校工作计划，制订自评工作计划。各专项自评小组结合本部门职责，制订专项自评工作安排，并及时将自评工作计划报送区教育督导室。

(5) 组织动员和培训

自评领导小组动员全体教职工，明确自评的目的、意义，宣讲《评估方案》，布置学校自评计划。重点组织好自评领导小组成员和专项自评小组负责人的培训，掌握评估内容、实施步骤和操作方法。

(6) 编制自评工具

编制自评所需要的调查提纲、问卷、测试题、统计表、量表等。

2. 自我评估的实施

(1) 诊断性自评

每学年开学前，对照《评估方案》进行诊断性自评。自评领导小组联系学校实际，分析判断各项指标和要素的基础情况，为制订本学年学校工作计划提供依据。

(2) 形成性自评

自评过程和工作过程紧密结合，对照《评估方案》进行形成性自评。各专项自评小组结合本部门职责和日常工作，对所负责的指标和要素，及时收集信息，及时反馈调节，及时改进工作，并记录自评结果，积累自评资料。

第一学期末，结合学期工作总结，在经常的形成性自评的基础上，各专项自评小组进行小结，经自评领导小组归纳、综合、分析、判断，提出形成性自评意见。针对存在问题，采取调控、矫正措施，并为学校修订第二学期工作计划提供依据。

(3) 终结性自评

每学年末，结合学年工作总结，学校对照《评估方案》进行终结性自评。

各专项自评小组在形成性自评基础上，对所负责的指标和要素采取多种方法，全面收集整理信息和资料，进行定性分析和定量测评，撰写终结性自评报告，填写专项自评量表。自评领导小组归纳、综合各专项自评小组终结性自评分报告和专项自评量表，依据《评估方案》的指标和要素，对本学年学校实施素质教育工作进行全面分析，肯定成绩，总结经验，找准问题，提出改进措施。

并采取一定形式，广泛听取教职工意见，进行定性分析和定量测评。在此基础上，撰写学校终结性自评报告，填写自评量表，并经教代会或教职工大会审定。

3. 自我评估的总结

发挥自评导向、激励、调控、鉴定功能，将本学年自评结果作为学校总结工作、推广经验、表彰先进和制订下一学年学校工作计划、修订发展性评估指标的重要依据。

自评领导小组认真总结本学年自评工作，并召开干部、教师、学生代表参加的座谈会，听取意见。在此基础上，召开学校自评工作会，肯定成绩，总结和交流经验，表彰先进，提出今后加强和改进自评工作的意见。

最后，应将学校本学年自评报告和自评量表，于每学年末报送区教育督导室作为督导评估的基础。①

四、校长的自我评估与改进

校长自我评估是促进校长专业成长、促使校长更好地评估自身工作、推进学校改进的重要方式之一。校长要时刻保持清醒的自我意识，同时可以借助一些成熟的工具进行自评自测。

1. 校长要保持清醒的自我意识

北京某区教委送给校长的十句箴言，值得校长在自我评估与改进时借鉴。① 永远真诚对待他人，就像他们真诚对待你。② 要经常表扬师生出色地完成了任务，不要指责他们的失败。③ 不要以为自己与师生关系密切会失去尊严。④ 永远不要以为你的主意无懈可击。⑤ 同一内容不要反复讲。⑥ 讲话语速要适中。喋喋不休会令人糊涂，慢条斯理会令人厌烦。⑦ 不要指望别人能做好你也不知道怎么做的事。⑧ 认真组织好每次活动，不做组织方法的奴隶。⑨ 不要有“宁可守旧无错，也不创新犯错”的思想。⑩ 不要长时间空洞说教，要学会 10 分钟目标管理。

2. 校长自我评估的技术和工具

校长们可以寻找很多评估工具进行自评。下面列举三种自我评估的技术和

---

① 北京市西城区教委．校长工作手册．2007．未出版．

工具。第一种是校长激励因素自评量表；第二种是校长能力自评的维度；第三种是校长解决问题的框架。

（1）校长激励因素自评量表

校长可以根据下面的量表，了解到自我的需求，选择能够满足自我需求的工作方式和领导风格。

什么能够激励你

对下面的15句话，每一个都圈出和你的感觉最接近的数字，“5”是最符合的情况。结合你现在的工作或过去的工作经历思考一下你的答案。

1. 我非常努力地改善我以前的工作以提高工作绩效。	1	2	3	4	5
2. 我喜欢竞争和获胜。	1	2	3	4	5
3. 我常常发现自己在和周围的人谈论与工作无关的事情。	1	2	3	4	5
4. 我喜欢有难度、有挑战性的工作。	1	2	3	4	5
5. 我喜欢承担责任。	1	2	3	4	5
6. 我想让其他人喜欢我。	1	2	3	4	5
7. 我想知道在我完成任务时是如何进步的。	1	2	3	4	5
8. 我能够面对与我意见不一致的人。	1	2	3	4	5
9. 我愿意和同事建立亲密的关系。	1	2	3	4	5
10. 我喜欢设置并实现比较现实的目标。	1	2	3	4	5
11. 我喜欢影响其他人以形成我自己的方式。	1	2	3	4	5
12. 我喜欢属于一个群体或组织。	1	2	3	4	5
13. 我喜欢完成一项困难任务后的满足感。	1	2	3	4	5
14. 我经常为了获得更多的对周围事情的控制权而工作。	1	2	3	4	5
15. 我更喜欢和其他人一起工作而不是一个人。	1	2	3	4	5

为了确定你的主导需要，即什么能够激励你，将你的答案的得分分别填入对应的题目标号后面。

成就	权力	关系
1 ________	2 ________	3 ________
4 ________	5 ________	6 ________
7 ________	8 ________	9 ________
10 ________	11 ________	12 ________
13 ________	14 ________	15 ________
总分________	________	________

把每一栏的得分汇总，每一项最终得分会落在5—25分之间，得分最高的那项便是你的主导需要。

（2）校长能力自评的维度

表1－5 NASSP校长中心评估的11种技能维度①

管理技能 1. 分析问题的能力。寻找相关数据的能力，判断问题的能力，搜集信息的能力。 2. 判断能力。推断结论的能力，根据有用的信息作出高质量决策的能力，鉴别教育需求设置优先权的能力，对书面材料进行评估的能力。 3. 组织能力。制订计划、安排时间、调控别人工作的能力，在最理想的状态下利用资源的能力，在一定时间内处理一堆急需文件的能力。
人际交往技能 4. 领导能力。吸收下属参与解决问题的能力，判断一个群体决策时机的能力，与群体进行有效互动的能力。 5. 敏感度。感受下属的需要、忧虑和个人问题的能力。解决冲突的能力，与具有不同背景的人相处的能力，与下属进行有效情感交流的能力，对交流内容和交流对象的把握能力。 6. 对压力的承受力。在遭受巨大压力和众人反对的情况下进行工作的能力，独立思考的能力。
沟通技巧 7. 口头沟通能力。能够清楚地表达事实和想法的能力。 8. 书面沟通能力。清楚表达想法的写作能力。根据不同的阅读对象——学生、教师、父母和其他人进行写作的能力。
其他维度 9. 兴趣范围。讨论各种主题的能力——教育、政治、时事、经济等。对事务积极参与的态度。 10. 个人动机。对成就感的需要，在个人满意度中工作的重要性，自我管理的能力。 11. 教育价值观。合理的教育哲学，对新思想和变革的接受性。

（3）解决问题的评价框架

校长在面对一些问题时，可以通过对下列问题的回答，找到解决问题的

① 阮来民．评价中心：欧美国家选择校长的一种有价值的方法［J］．外国中小学教育，2004(8)．

方式。

第一组：与决定是否参与问题情境有关的评价框架。

① 问题是什么？

② 问题的原因？

③ 问题的参与者是谁，他们如何参与？

④ 谁应对此事负责，责任多大？

⑤ 问题的详细情况？

⑥ 问题主体是谁？主体本身如何？

⑦ 问题中主体的主次轻重？

⑧ 如果问题继续存在，那么可能产生的结果是什么？

⑨ 如果问题继续存在，那么它的可控性如何？

第二组：与区分问题解决的轻重缓急有关的评价框架。

① 可供选择的解决办法有哪些？

② 每种解决办法中潜在的主体是谁，他们的能力如何？

③ 解决问题的主体的主次轻重？

④ 每一种解决方案可能产生的结果是什么？

⑤ 每一种解决方案的费用各是多少？

第三组：与选定并实施一种解决方案有关的评价框架。

① 实施过程是怎样的？

② 这一过程会产生哪些影响？

③ 这一过程的可管理性如何？

④ 这一过程的费用是多少？

⑤ 这一过程的主体是谁，他们能力如何？

第四组：与选择并实施监控问题解决实施方案有关的评价框架。

① 对问题解决的监控所需的费用。

② 对问题解决过程实行监控所产生的潜在影响。[①]

推荐阅读

1. 里肯．校长的平衡艺术：做人本校园的“独裁者”［M］．金洪芹，译．上海：华东师范大学出版社，2008.

---

① 曹素芬．校长评价的一个新视角——对校长解决问题的能力的评价［J］．中小学管理，1997（5）：45－46.

2. 明茨伯格．管理工作的本质［M］．方海萍，译．北京：中国人民大学出版社，2007.
3. 彼得·德鲁克．管理的实践［M］．齐若兰，译．北京：机械工业出版社，2006.
4. 斯蒂芬·柯维．高效能人士的七个习惯［M］．顾淑馨，常青，译．北京：中国青年出版社，2002.
5. 约翰·古得莱得．一个称作学校的地方［M］．苏智欣，等，译．上海：华东师范大学出版社，2006.

第二章
战略管理

没有战略的组织就像一艘没有舵的船一样只会在原地转圈，又像个流浪汉一样无家可归。

——乔尔·罗斯和迈克尔·卡米

战略管理是校长必须具备的基本素养之一。学校的未来发展状况如何，该如何根据学校的历史、现状制订和实施学校的发展规划，如何将规划的制订和实施与学校文化建设相结合，如何打造学校特色并创建特色学校……这些都是校长必须面对的战略问题。

本章将帮助校长学会制订和实施学校发展规划，掌握学校文化建设和特色建设的基本知识与技能，在实践中成功创建学校特色和学校文化，不断提升学校的综合实力。

第一节　学校发展规划

受传统的政治和经济模式的影响，长期以来，我国多数学校制订和实施的规划不是来自上级指令，就是由学校领导根据上级的精神撰写，多数学校的规划仅仅体现在文本上，有的甚至一经印制便被束之高阁，规划的内容不为教师和学生所知，规划的目标更是难以实现。这种现象被人们形象地概括为："规划规划，纸上画画，墙上挂挂。"

随着教育管理体制改革的推进和学校办学自主权的增强，改革、创新和参与决策的思想被越来越多的人所接受，学校实施战略管理的内外部条件也在逐渐成熟。学校管理者向师生提供更多的信息，让他们了解为什么要进行战略管理，让他们认识到每一个人都是管理的主体而不是被动的接受对象，全体师生共同决策、共同实施，成为现代学校管理的本质要求。

一、正确理解学校发展规划

1. 学校发展规划的内涵

学校发展规划（School Development Plan，简称 SDP）是一种改进学校管理、提高学校教育教学质量的管理思想和操作方法。学校发展规划自 20 世纪 70 年代中后期在英国兴起，其后在世界范围内得到推广。20 世纪 90 年代后期，学校发展规划伴随国际教育合作项目进入我国，并在一些地区的学校管理改进中取得显著成效，引起国内广泛关注，被视为改进学校管理、提高学校教育教学质量的重要途径与手段。

学校发展规划由学校师生和其他相关人员共同制订，其制订的程序是自下而上的。学校发展规划与过去学校所制订的计划、规划相比，无论是在目标的确定、制订的程序方面，还是在制订者主体的参与合作方面都存在根本差异。从本质上讲，学校发展规划是通过采取一些优化的方案来调适学校与环境之间的关系，进而达到不断提升学校办学绩效的目的。

与传统的学校计划或者工作规划相比，学校发展规划体现出以下三个特点：首先，学校发展规划在目标上具有宏观性和综合性，而传统的学校工作计划则相对微观和具体；其次，学校发展规划的制订程序是“自下而上”而非传统的“自上而下”；最后，参与制订学校发展规划的人员范围广泛，既包括学校的全体教职员工，也包括教育行政人员，还包括社区、学生家长等。

制订和实施学校发展规划将有助于学校、社区和教育主管部门群策群力，共同促进学校的发展。对于发展水平一般的学校，在办学基础比较差、教育资源较为紧缺的情况下，除了积极争取国家在政策、资金等方面的倾斜和支持之外，更要依靠自身的力量，努力谋求社会各界的支持和帮助，借助学校发展规划的制订与实施，使学校获得进一步的发展。

2. 学校发展规划的种类

根据不同的标准，可以将学校发展规划划分为不同的类型。以规划的对象为标准，可以将其划分为学校总体发展规划、校园发展规划、课程教学发展规划、师资队伍建设发展规划等；以时间为标准，可以划分为短期规划、中长期规划和长期规划。实践中，以时间为标准制定发展规划的情况最为常见。

长期规划又称为远景规划，是为实现学校长期目标服务的具有战略性、纲领性指导意义的综合性发展规划。长期规划主要规定学校实现未来长期目标的主要行动步骤、分期目标和重大措施。

中长期规划是根据长期规划提出的战略目标和要求，并结合规划期内实际情况制订的规划。它是长期战略目标的具体化，同时又是短期规划目标的依据。

短期规划是最接近实施的行动计划，是为实现学校的短期目标服务的，是对长期和中长期规划的具体落实，它对中长期规划起反馈作用，其执行情况是修正中长期规划的依据。短期规划由于是执行性规划，内容更加具体，因此应对其尽可能地进行详细描述。

3. 学校发展规划的主要内容

学校发展规划是一所学校在未来特定时间内要达到的主要目标以及确保目标实现的工作设计与安排。学校发展规划要分析学校的现状、存在的主要问题，明确优先解决的问题、未来发展的主要目标、所需的投入等，并进一步区分工作的轻重缓急。

一般而言，一个完整的学校发展规划，应包括学校的办学追求、社区及学校的基本情况分析、学校发展愿景、学校突出问题的分析、规划的总目标及分解后的年度目标与活动等。

（1）学校的办学理念、校训及办学特色

办学理念是学校在一定时期内所确定的办学指导思想，是回答如何办学的指导语。先进的办学理念对内是凝聚力、向心力，对外是核心竞争力和品牌。办学理念一般具有继承性、前瞻性和导向性的特征。撰写办学理念要注意四个问题：一是紧紧围绕国家的教育方针政策；二是体现全校师生共同的价值追求；三是具有学校特色；四是言简意赅。

不同类型、不同层次的学校应提出适合自己学校发展的校训。校训是一所学校的灵魂，要体现出学校的办学风格、特色和人文色彩。校训作为一个标尺，起到激励和劝勉在校师生的作用。好的校训因为既有底蕴又有实效，而被一代又一代的师生传递下去，即使是离开学校多年的人也会将校训时刻铭记在心。以下例子是一些较为成功的校训实例：“敬业乐群”“脚踏实地做事，顶天立地做人”“诚、爱、勤、勇”“明理、创新”“读书，明理，做人，成材”“允公允能，日新月异”等。

办学特色是学校有别于其他学校最突出的地方或者说学校最有优势的部分。在学校发展规划中，需要简洁明了地对学校的特色进行陈述。需要注意的是，学校的特色项目或特色活动并不等于学校的办学特色，这里要描述的是体现于学校教育教学各个环节中有别于其他学校的理念和做法。关于学校特色，本章第三节将单独介绍，这里不再赘述。

（2）社区概况及变化

主要反映社区背景情况，包括社区中与教育相关的基本情况及在近年里发生的变化，具体包括社区的政治、经济、文化、人口资源以及生源等方面的现状和发展趋势。其目的在于明确学校所处的外部环境，挖掘可利用的社区资源，确定面临的问题和原因，寻找可能的解决办法。

社区概况的撰写应该简练、准确。要准确地描述学校所处社区的地理位置、环境、规模、人口结构、民族构成、社会服务机构和设施状况等，这些信息都与学校的未来发展直接相关。例如，对社区未来几年的适龄儿童入学趋势把握不准，估计过高或过低，都有可能浪费宝贵的教育资源。

经济状况可以从以下几方面入手：社区的主要产业、主要经济来源和主要企事业单位，社区成员的职业、受教育程度、人均收入。文化教育方面可以包括：社区内同一层次的学校数量、规模；社区内学龄儿童的数量、入学状况；家长的受教育水平；接受过高等教育的人所占的比例；社区不同类型家庭对教育的关注程度、对孩子的期望、教育投入。

因为发展规划是面向未来的，所以在撰写社区概况时一定要描述出以上几方面的发展趋势，以使学校的未来发展能与社区的未来发展相适应，学校能及时把握社区给学校提供的机遇。

（3）学校概况及变化

学校概况要简明扼要、有特色。要准确描述学校的现状和近年的变化，使全校师生和社区成员都能很容易地了解学校的基本情况、办学水平、办学特色以及在同行中的地位。

撰写这一部分时需要注意的是：在描述存在的问题时，应当具体化。例如，提到生源数量减少时，要明确是因为社区学龄儿童减少，还是因为学校教育教学水平不高。问题一定要具体、明确，不能似是而非。

这一部分还要描述学校的变化，即学校在上一个规划期或上一年所发生的变化。这些变化不仅包括设施设备等硬件方面的变化，更要反映出学生发展、教学质量、教师队伍建设、学校管理、学校与社区的关系等软件方面的变化。学校要总结上一期规划的实施情况，总结目标实现的程度，解释有些目标为什么没有实现；分析总目标和分目标的合理性，实施手段的合理性，条件和资源的挖掘和利用的情况，总结学校在上一规划期的整体发展水平。

学校还可以参考本地区使用的“学校综合评估”或“优质学校鉴定”表中的指标对以上几方面的现实水平和发生的变化进行自评。在自评的基础上，校长可以组织参与制订发展规划的核心成员，采用 SWOT 分析法，结合上一期规划的总结把学校的主要优势（特色）、劣势、机遇和挑战都清楚地分解出来，便于认清学校的现状。

（4）学校愿景

学校愿景是全校师生和社区成员共同持有的对学校未来发展的希望，是由学校和社区成员通过讨论而形成的大家一致愿意为之奋斗的未来方向。

学校愿景的描述不能局限在学校硬件的描述上，而要充分体现出办学理念上的价值追求。它应当创造出众人一体的感觉，并使这个感觉遍布到学校的整体活动中，将整个活动融会贯通起来。

撰写学校愿景包括期望的（即大家愿意看到的）、主动的（即大家愿意为之努力的）、可接近的（即通过努力可以一步步接近的）、相对稳定的（即三年甚至更长时间保持不变的）四个基本要素。

例如：上海市某中学的学校愿景是“通过几年的不懈努力，把学校建成办学理念新、文化品位高、教育质量优、社会声誉好的虹口区乃至上海市的品牌初中”。山东省某中学的发展展望是“创建齐鲁领先、全国一流、世界知名的高级中学”。

（5）本规划期需优先解决的问题

问题是对负面现象的描述，是需要研究讨论并加以完善的不足之处、需要解决的矛盾和疑难。

问题必须是具体的、现实存在的。问题有真假之别，有轻重缓急之分，校长要带领发展规划制订人员找到真问题，识别假问题。例如，“学生不爱护校园环境，总是踩踏草坪”是一个假问题，真问题是“课间十分钟，在教学楼高层上课的学生去操场对面的厕所，如绕行操场，则往返时间不够”。有些问题过于笼统，也不利于解决，例如，“教师进行校本教研的积极性低”这个问题不具体，应该说明哪个年级、哪个学科、哪类教师的积极性低。像这种“少”“低”“差”“缺”等词汇都是相对而言的，无法把问题描述清楚。没有具体的问题，就难以制订出明确的目标和切实可行的解决方案。

在制订发展规划的过程中，由于前期进行了大量的调研，有许多人参与了讨论，这就使问题也众说纷纭。这时，需要对问题进行梳理和归类，筛选出最重要、最紧迫的问题。

一般而言，每一个类别下的问题最好不要超过三个。否则，学校发展规划可能会变成一个面面俱到的文件，看起来很全面，却不具操作性，最后只能束之高阁。

（6）本规划期的总目标及分解后的年度目标与活动

“问题→目标→活动/措施”是一个有机整体。解决一个问题需要确定一个目标，再根据目标列出几个活动/措施。只有提出具体的问题，才能确定明确的目标。根据目标的特征，制订切实可行的活动与措施，就会解决问题、实现目标。

这一部分的目标与活动是对前一部分结果的进一步细化，是对需优先解决的问题的分解和方案配置。确定本学年目标及活动措施时，要参考上学年目标的实施情况。这里需要强调的是，目标是在一定时限内，学校所要达到的高于现状的、预期的、具体的目的和标准，也是一种可监测的结果。例如，“改善家校关系”就不是一个具体而明确的目标，而“把本学年校长、教师与家长间的交流时间提高3倍”就是一个比较具体的目标，同样，“提高教学质量”不是一个具体的目标，而“20××年7月把五年级学生的数学平均成绩提高5分”就是一个具体的目标。

规划开始阶段学校成员的期望值都很高，往往会将发展目标定得过高。校长要综合考虑各方面因素，进行必要的解释和启发引导，确保学校发展规划中提出的各个目标是切实可行的，尤其不要奢望通过一个规划期就解决学校面临的所有问题。

活动/措施就是为实现目标而进行的一系列行动。实现一个目标要有几项活动或措施，并且这些活动或措施要有逻辑上和时间上的连贯性。

（7）附件

一般而言，为保证学校发展规划得以落实，规划文本中要事先将必要的表格附在其后，包括对实施过程进行及时监测的各种表格、规划期中各年度的目标实现情况自评表等。

二、如何制订学校发展规划

1. 正确处理好学校发展规划制订中的三种关系

（1）远与近的关系

学校发展规划要突出战略性，近期的工作要符合长远目标的要求。学校的很多战略问题，实际上是学校在一个较长时期的发展目标、发展重点、发展步骤、发展方略问题。学校制订发展规划，是基于学校的现状分析和未来预测的，因此，要处理好远期与近期的关系，立足长远发展，通过长远目标指导近期实践，通过分步实践来实现长远目标。

（2）整与分的关系

相对来说，学校整体的发展是全局，各个部门的发展是局部，在处理全局与局部的关系上，要立足全局发展。应当坚持以学校的整体规划指导和引导各部门的规划，各部门的规划要服从学校的整体规划，作为学校整体规划的补充。为了有效利用资源，防止重复建设，发挥整体优势，各部门的规划不能各唱各调、各搞一套，而必须维护学校整体的利益，做到协调行动，优势互补，促进学校的整体发展。

（3）虚与实的关系

发展规划相对于具体的项目和实践操作来说是一虚一实的，规划的愿景是不可操作的，而规划的行动是可操作的，这也是一虚一实的。学校的发展规划不同于一个地区或一个行业的发展规划，应更为具体，更为实在、可行，更具针对性和可能性，真正发挥引导学校持续发展的作用。因此，在处理虚与实的关系上，要立足于实，防止规划是一套、实施又是一套的现象发生，真正制订出具有可操作性的发展规划。这就要求学校和社区要切实做好学校现状分析，并根据愿景、结合实际制订出切实可行的分步目标和实施方案。

2. 正确陈述学校愿景并将之转化为规划目标

学校愿景是学校发展规划制订的精神指导和方案基础，管理大师彼得·德鲁克曾说："战略管理不是一个魔术盒，也不只是一套技术。战略管理中最为重要的问题是根本不能被数量化的。"① 在陈述学校愿景时，校长需要注意把

---

① 弗雷德·R. 戴维. 战略管理［M］. 李克宁，译. 北京：经济科学出版社，2001：18.

握以下三点。

首先，学校愿景并不是由校长单独决定的，校长只是影响学校愿景确立的一个重要参与者，学校愿景必然受到教师、学生、家长等利益相关者，社区环境以及学校历史文化等因素的影响，是这些因素共同作用的结果。

其次，陈述学校愿景需要校长对全方位的因素作出综合分析、判断，在了解需求、找准重点的基础上对愿景进行准确描述。

最后，学校愿景要着重于未来，是一个关于学校发展的梦想，而不是一个采购清单。愿景是对学校未来发展方向的总体期望，就如同个人理想一样，是对学校发展的远景规划。愿景不是对学校现有条件和趋势的分析，而是一种超越事实但又不忽视事实的创造性信念，它注重“将创造什么”而不是“将实现什么”。[①] 比如，“我需要一间新校舍”不是一个愿景，但“我希望我的学校安全”就是一个愿景陈述；又如，“我需要培训我的教师”也不能算做愿景，但是“我希望我的学校是一个教师教得好、学生学得好的地方”则是一个愿景。

总的来说，学校对愿景的陈述应该是一种清晰、积极、可信、共享、富有挑战性的想象。再远大、辉煌的目标都需要分解为可操作的工作目标才有实际意义。陈述学校愿景之后，校长要将学校愿景合理地转化为规划目标。首先确定优先发展项目。学校优先发展项目不宜过多，要选择对学校目标实现能产生关键影响的项目，一般以三到五种为宜。围绕优先发展项目，学校要制订出各部门的行动计划，落实各部门的具体目标和具体行动。部门行动计划应具体、可测量、可操作、可评价，并且要真实、联系学校实际，要确定规划时限。具体来讲，各个部门的行动计划必须详细阐述要达到的目标（学校整体目标、各个部门目标）、任务（具体说明为达到目标各个部门必须采取的行动）、负责实施这项行动的人、实施行动所需的时间、监控和检查所需时间、成本问题（教职工所花的时间、经费和物质资源、培训成本）。[②]

总之，校长和学校领导班子应当按照层次或时间进度对学校发展规划进行分解，从而构成一个战略目标系统，使学校的每个职能单位乃至个人都能明确自己的任务和职责。

为了达到这样的效果，分解出的目标和任务必须具备可实现性和明确性，

---

① 赵中建. 学校发展规划框架解析［J］. 上海教育科研，2006（8）：28.

② 侯怀银，焦佩婵. 如何制定学校发展规划［J］. 中小学管理，2005（11）.

即目标必须是适当可行的，既不能脱离实际，定得过高，也不能定得过低，毫无挑战性。同时，目标的内容必须清晰明了，不能措辞含糊，模棱两可。有了分解的目标，还应当制订具体的落实措施，才算完成学校发展规划分解的全过程。具体的落实措施需要写在学校每年或每学期的工作计划中，而且应该是非常具体的和可检测的，就如一项项的“实事”。上述学校发展规划的分解方法可以用图 2－1 表示：

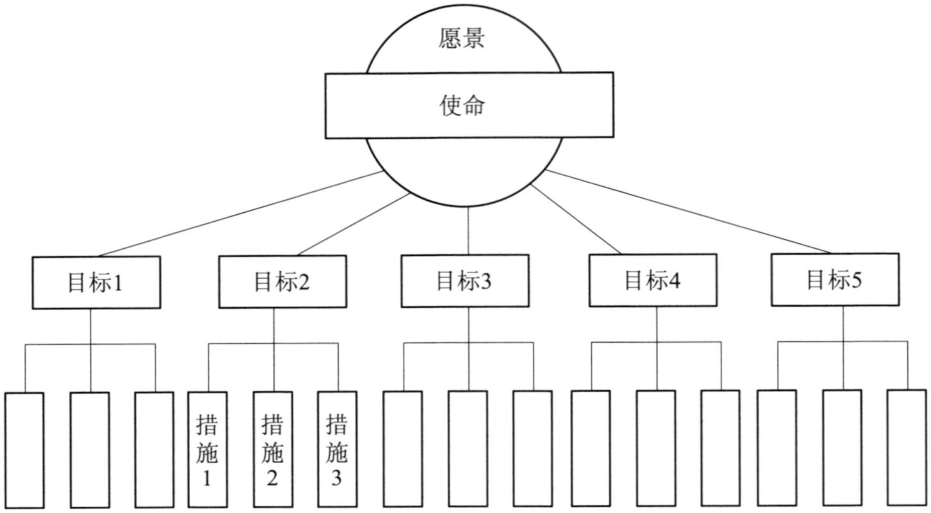

图 2－1　学校发展规划的分解图

3. 制订学校发展规划的基本程序

制订发展规划的程序大致可分为四个阶段、八个步骤（如图 2－2）：

（1）第一阶段：准备阶段

这一阶段包括两个步骤。

第一步，现状调查与分析。这是制订学校发展规划的出发点。

第二步，评估机会。这一步的主要工作是，根据现状调查和分析，评估自己的优势、劣势和所处地位，初步探讨将来可能出现的机会，估量能够争取的最佳前景。机会的评估对于目标的确定具有至关重要的意义。

（2）第二阶段：预测阶段

这一阶段包括两个步骤。

第三步，确定目标。确定目标既作为规划的起点，又作为规划的终点，要形成分层目标结构，并通过这种结构使目标层层落实。那些在实施前就夭折的

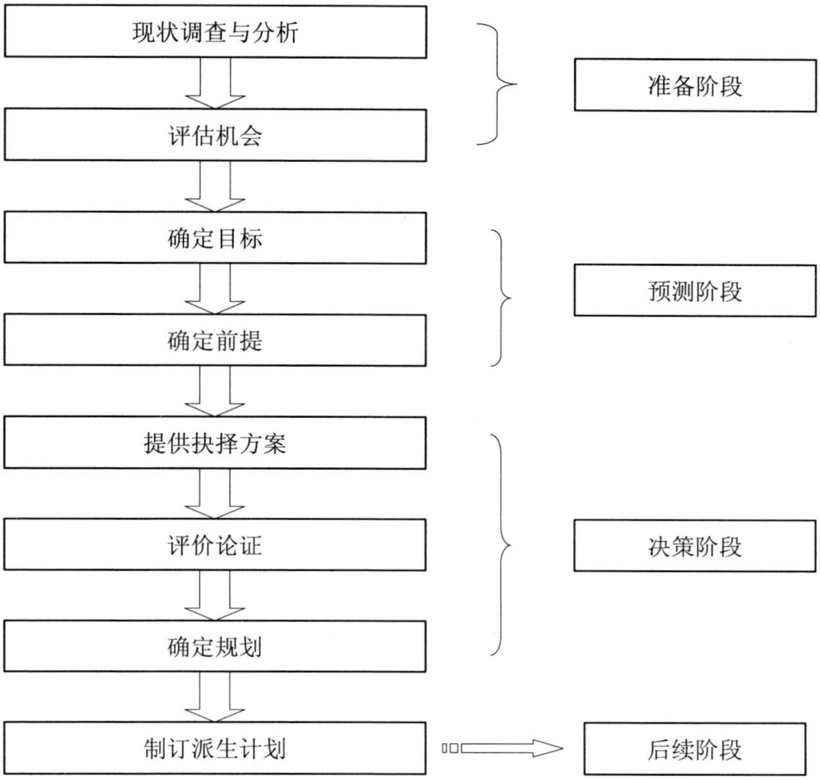

图 2－2　学校发展规划制订过程

目标，很多是由于期望太高、目标脱离组织的实现能力所致。因此，制订和实施发展规划一定要将富于理想色彩的学校愿景分解成层层目标，这些目标是能被组织成员理解并能付诸行动的。

第四步，确定前提。这一步的主要工作是预测研究，同时也要研究现行的基本政策和现时上级的规划。

（3）第三阶段：确定实现目标的路径

这一阶段包括三个步骤。

第五步，提供抉择方案。这是一个探索的过程。到达目标不可能仅有一条路线，我们的任务是尽力寻求最佳路线。但是，方案并不是越多越好，而是要筛选出各有千秋、互有长短但都具可行性的方案以供选择。

第六步，评价论证。按照前提和目标权衡各种因素，对提供抉择的方案进行评价、论证。

第七步，确定规划。这是决策的关键一步，是前两步的自然结果。

（4）第四阶段：后续或补充阶段

这一阶段包括最后一个步骤。

第八步，制订派生计划。一个学校发展规划总是需要一些派生计划来具体落实规划目标。

以上四个阶段、八个步骤涵盖了学校发展规划制订的全过程，其中每一个步骤都不可被跳跃和忽视，否则，发展计划就可能出现漏洞。

4. 学校发展规划的制订主体

在一个高效民主的组织中，思想既自上而下流动，又自下而上流动，思想在流动中变得更有价值，因此，参与决策并对目标达成共识比管理者的命令更为重要。[①] 老子说："知人者智，自知者明。"管理者在进行决策时，需要充分地认识或了解别人，却因身为当局者对自己的情况缺少辨别和分析，这种情况下就更需要一线教师和社区代表从客观中立的角度给出建议。

决策民主化是任何一个组织在制订战略、方案时都必须认真对待的问题，对于学校来说也是如此。学校发展规划要尽量代表和体现全体教职工和社区代表的意愿和要求，只有在决策过程中增加透明度，虚心征询和倾听各方面的意见，才能调动起教师不断进取的积极性和主观能动性，才能调动起学校所在社区的主要单位关心学校的发展并力所能及地为学校解决发展中的困难，进而达到统一思想、激励士气、推进学校长远发展的目的。

征求全校教职工及社区代表对规划方案意见的方式有许多，包括正式、非正式形式的意见征询；也可以利用问卷法、访谈法或直接通过会议的形式获得建议。比较常用的方法是召开教职工代表及社区代表大会，或者将初步调查结果、建议和工作方案文本分发到各年级组、教学组和社区代表手中，直接收集他们对工作方案的意见和建议。

一般来说，校长在制订新一轮的学校发展规划之前，要与班子成员共同确定出参与制订规划的核心成员，并初步确定这些人参与的方式和程度，校长可通过表 2－1 梳理思路。

---

① 罗伯特·赫勒．决策技巧［M］．上海：上海科学技术出版社，2001：58.

表 2－1　学校发展规划制订思路表

参　与　人	参与方式	参与程度
校长、副校长、部门主任、年级组长	筹备、组织、协调、调研和研讨、文本的撰写与修改、实施规划	全面、全程参与
学科组长、教师代表、家委会代表、社区代表	调研和研讨、文本的撰写与修改、实施规划	全面、全程参与
在校生的父亲、母亲	有针对性地访谈调研；对交谈者进行优先次序的排列	参与核心环节
在校生	有针对性地访谈调研	参与核心环节
社区大中企业代表	有针对性地访谈调研	参与核心环节
……		

注：① 本栏目列举的只是参与制订规划的核心成员类别，具体的参与人员要根据学校的情况而定。② 在参与方式一栏校长可以列举将使用哪些方法和手段用以征求参与者的意见。

5. 学校发展规划的制订技术

（1）SWOT 分析法

在实际的战略管理中，最为常见且普遍使用的是 SWOT 分析法，即对学校的内部优势（strengths）、内部劣势（weaknesses）、外部机会（opportunities）和外部威胁（threats）进行分析。针对学校未来活动的不确定性和变化因素，把影响学校发展的内部因素和外部因素进行集中综合评价。

专栏

SWOT 分析的四个关键词

- 优势（strengths）
- 劣势（weaknesses）
- 机会（opportunities）
- 威胁（threats）

SWOT 分析的最主要目的就是使学校知道如何“最大限度地发挥优势，将劣势减少到最低限度，减少威胁并利用机会”。学校在制订发展规划前必须对学校自身的优势和劣势以及所面临的机会和威胁进行有效而详尽的分析。

制订学校发展规划时，识别和评价一所学校各功能部门的优势和劣势的过程是一项基础性的活动。而优势和劣势的分析，实际上是对学校如何有效行事的内部审核，这种分析应该更多地侧重于学校当前发展水平、教育教学实力和存在的问题等。学校应该努力采用那些能充分利用优势和弥补劣势的战略。

分析学校内部的优势与劣势，需要在收集学校改革建设发展的整体系统运行信息的基础之上，组成一个由来自学校教育教学一线的教职工代表和学校不同部门的管理者代表参加的、有学校最高决策层领导支持的、聘请有关专家咨询指导的专门工作小组。这个小组需要研究确认影响学校未来发展的10—20个最为关键的优势与劣势。从如此多的优势和劣势中确定出10—20个重要的优势与劣势是非常困难的，这就相当于在纷繁的事物中寻找主要矛盾与矛盾的主要方面。因此，在对学校进行SWOT分析时，需要一些全面了解学校历史和现状、全面了解社区状况的人对学校的优势和劣势进行深入的分析，对有些致命的弱点不但不能回避，而且要正视对待，积极制订改进策略。最终，学校通过对所处外部因素与内部因素的分析，制订出若干可供选择的战略方案。

机会与威胁是影响学校发展的外部因素，包括国家层面和区域层面的政治、经济、文化、人口和环境等方面，这些外部因素可以直接影响到学校的办学方向和管理手段。机会和威胁多数是在学校的控制范围之外，因此外部的一系列变化都可能成为学校进一步发展的机会或面临的威胁。对机会和威胁进行分析，需要更多地着眼于学校外部的竞争环境和发展趋势，这一方面是因为在日渐激烈的教育竞争中，各个学校都不遗余力地从外部环境中争取优秀师资、生源和更多的政策和财政支持；另一方面，随着科技的进步，先进的教学方法和教学设施设备的出现，都将使学校的教学面临技术改进的更大挑战。

（2）问题树法

问题树是一种图画，它能够帮助校长分析一个特定问题的原因和影响，并看到问题、原因及结果之间的联系。

制作问题树有助于校长分析造成某个问题的原因，更深入准确地看到问题的症结所在，同时也可以帮助校长发现解决问题的实际而现实的办法。以学校入学率低的问题为例，通过问题树分析，我们可以发现有些孩子不上学，是因为家里经济困难或家长没有认识到教育的价值。很显然，问题出在家长这个层面。那么，解决问题的办法也许就是为这些家庭的孩子提供助学金，并对家长做思想动员工作，让他们认识到送孩子上学的意义和作用。

问题树的制作过程如下：

在一张纸的中心，写下（或画一张图/一个标志）问题。这个问题可以是由社区成员提出的。在纸的下半部分，写出尽可能多的各种原因，并用线条把它们连起来。在原因的下面再引出原因，并标明它们的联系。一直这样下去，直到找到最根本的原因。然后，在问题的上面写出尽可能多的各种影响和后果，并把它们用线条连起来，接着引出更深入的影响和后果，并标明它们的联系。这样一直下去，直到满意为止。

可以把画问题树作为讨论某个问题的起点。下面所附的就是一个问题树。有时候同一个问题出现在不同的地方，而原因和影响可能是相同的，原因和影响本身也可能是问题。画出的问题树最终就成了相互关联的问题形成的一个网。

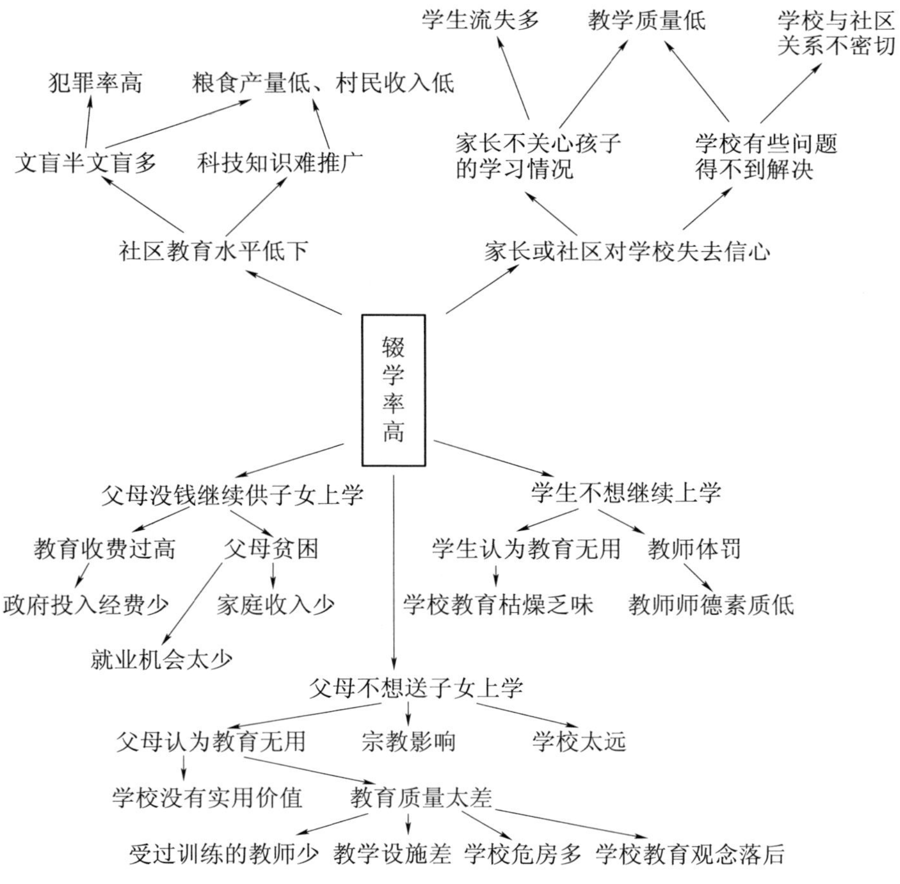

图 2－3　辍学率高的问题树展示

专栏

与问题树相关的小常识

- 问题树是用来分析问题的一种手段。
- 问题应尽可能从访谈对象的回答中挑选。
- 原因和影响必须由访谈对象提出。
- 原因和影响同时也是问题。
- 当问题树完成后，就构成了各种问题相互交织在一起的一个网。
- 分析原因和影响将有助于确认解决问题的办法。

（3）排序法

排序是将调研到的问题进行细致分析以选取出最为紧迫问题的一种方法。排序的过程，就是把同类事物（比如学校面临的问题）通过相互之间的比较，从而区分出优先次序的过程。排序活动能够使我们参考不同人群的不同意见，把问题的优先顺序明确下来，使每个人的意见都得到同等重视。

对问题进行排序的基本方法包括以下两种。

第一种：优先排序

选择一系列需要区分优先次序的问题。这些问题可以是来自问题树。让访谈对象就这些问题的优先次序，提出他们的看法。让不同的访谈对象重复这一活动，然后把结果列在表 2 – 2 中。

表 2 – 2 优先排序表

问题	打分					总分	排序
	对象 A	对象 B	对象 C	对象 D	对象 E		
学校师德素质低	4	3	2	4	5	18	1
学校离学生家远	2	1	5	3	4	15	3
家庭收入水平低	5	4	3	2	3	17	2
学校教育观念落后	1	3	4	5	1	14	4
政府教育经费投入少	3	2	1	1	2	9	5

以表 2 – 2 为例。选出若干名调查对象，对表上的问题进行比较，询问他们："你认为哪一个问题是最急迫、最重要的问题?" 最重要的为 5 分，最不重要的为 1 分。把分数填进去，计算得分。对所有填好的此表进行统计，计算出每一个问题的最终得分，进行总体排序。这种排序方法是常用的、较简单而

且易操作的优先排序的方法，适合在问题较少、统计量较小的情况下使用。

如果问题量比较大，我们就可以借助 EXCEL 或者 SPSS 统计软件来进行处理。由于优先排序统计结果都是针对数据来进行，所以利用 EXCEL 或 SPSS 十分容易操作，只需把问题进行简单编码，编成 EXCEL 或 SPSS 统计软件可以识别的变量。那么可以把问题进行 1，2，3……或 A，B，C……变量定义，然后把调查对象的填写结果录入，就可以借助 EXCEL 或 SPSS 的统计功能计算出总分，最后可以利用它们的排序功能实现最终排序，这样可以避免手动操作容易造成的错误。

第二种：对比排序

选择需要排出优先次序的问题。这些问题可以是来自问题树。每次拿两个问题，让调查对象选择哪个更为紧迫或重要（表 2－3 将帮助你一步一步作对比），记下调查对象的选择（直接写在表 2－3 中或单独写成一个单子）。与不同的调查对象作同样的对比，然后把他们的选择填入表中。

表 2－3　对比排序表

A	B	C	D	E	F	选项	打分	排序
						A		
						B		
						C		
						D		
						E		
						F		

对比排序相对于优先排序来说稍复杂些，在对比排序的时候一定要细心，确保每一个都要与其他几项进行对比。如同问题树一样，排序也可以用来作为进一步深入讨论问题的基础，比如，可以问访谈者他们为什么如此排序，从而使得社区内不同的声音及意见得到同等的重视。

三、学校发展规划的实施

成功地制订规划并不一定能保证成功地实施规划。规划制订是在行动之前部署力量，规划实施是在行动中管理和运用力量；规划制订注重效能，规划实施注重效率；规划制订主要是一种思维过程，规划实施主要是一种行动过程；

规划制订需要有好的直觉和分析技能，规划实施需要有特殊的激励和领导技能。因此，发展规划的顺利实施，需要遵循特定的规律和步骤，以促使发展规划的真正执行和目标的最终实现。

1. 学校发展规划实施的要点

学校发展规划需要顺利地传达到各个职能部门、每个教职工，这是学校发展规划实施的中间环节，是学校发展规划落实的前提条件。因此，在学校发展规划的传达过程中必须达到及时性、准确性、有效性三个要求。

学校发展规划必须及时地传达到各个相关群体和个人，只有这样才能让教职工群体获知学校发展的最新动向，并根据学校规划调整自己的工作计划、工作方式等。[①] 学校发展规划的传达必须具有准确性。最好的方式就是以正式文本的方式传达到每个人手中，尽量不通过不准确的口头通知。学校发展规划的传达还应具有有效性。这主要是指应当通过正式的场合，且由权威部门或相关领导来进行传达，比如通过学校办公室的文件下发，或校领导在教职工大会上对学校发展规划正式文本的宣布和解读等。

战略规划的关键是使组织的每一个成员都以某种方法思考问题，从不同的方面实现共同的目标。[②] 要使学校发展规划得以顺利实施，单单将规划文本、具体实施计划程式化地下发给教职工是远远不够的。只有让教职工从心里支持学校的发展规划，才能真正使规划起到指引作用。因此，在学校发展规划的实施过程中，应当使规划成为全体教职工的行动指南。

2. 学校发展规划实施的控制

学校发展规划的实施不可能是一帆风顺的，再完美的计划，也可能在瞬息万变的环境中受到阻碍。因此，应当对学校发展规划的全过程予以有效控制。从时间顺序来看，对学校发展规划实施的控制可以分为如下三类：事前控制、过程控制、事后控制。

（1）事前控制

事前控制又被称为前馈控制，指在学校发展规划实施之前便制定绩效标准及偏差预警系统，在问题发生以前即进入控制程序，以防患未来可能发生的困

① 倪梅，陈建华．参与式规划与学校发展［M］．北京：北京大学出版社，2010：152.

② 魏海苓．战略规划与大学发展——以卡内基—梅隆大学（CMU）为例［J］．比较教育研究，2007（9）：61.

难。由于事前控制是在战略行动成果尚未实现之前，通过预测发现战略行动的结果可能会偏离既定的标准。因此，管理者必须对战略实施过程中的投入、早期产出和内外部变化进行预测和分析。

（2）过程控制

过程控制又称为程序控制，是学校领导者要控制学校发展规划实施中的关键性的过程或全过程，随时采取控制措施，纠正实施中产生的偏差，引导学校沿着规划的方向行进，这种控制方式主要是对关键性的战略措施进行随时控制。

（3）事后控制

事后控制是指待问题偏差发生之后，才采取控制程序、改正问题，因此又称为回馈性控制。具体来讲，事后控制就是把战略活动的结果与控制标准相比较，这种控制方式工作的重点是要明确战略控制的程式和标准，把日常的控制工作交由职能部门人员去做，即在战略计划部分实施之后，将实施结果与原计划标准相比较，由学校各职能部门定期将战略实施结果向学校领导汇报，由领导者决定是否有必要采取纠正措施。

3. 学校发展规划实施的评价

在战略已经确定并加以实施时，往往会遇到既定战略与变化着的环境之间产生的矛盾，其结果则会导致战略实施的结果偏离原定的战略。因此，在战略实施过程中有必要不断地进行评价，以便提醒学校管理者在问题变得严重之前及时发现偏差，加以纠正或对原定战略进行修正和变革。

（1）确定评价的标准

根据学校战略目标，结合学校的各种资源条件，对学校应该达到的绩效设定控制标准。学校的财务控制、教学过程控制、教学质量控制、成本效益控制等都应按设定的控制标准进行控制与评价。同时，计划中的每一项目标和行动都应包括清晰的成功标准。标准可以是学期的标准和年度的标准，也可以是整个三至五年规划时期的标准，尽可能是量化的；标准应当具有挑战性，并且可以实现。

（2）评价实际效益

对学校发展规划实际效益的评价就是在实施过程中或者在整个规划实施完成之后，建立以结果为导向的评价体制，将预期结果与实际结果进行比较，看预期目标的实现程度。由于外部和内部因素处于不断的变化之中，所有战略都将面临不断的调整和修改。因此在评价学校发展规划时，应重新审视外部和内部因素，并衡量其业绩，这是决定现时战略的基础。

具体来讲，对学校发展规划实际效益的评估，主要应对校内各单位的资源利用效率进行评价。比如，考察投入与产出的对比关系，进行成本分析，对其资源占用、消耗与工作业绩进行综合分析等。

（3）反馈与调整

在学校发展规划实施中，反馈和调整就是指将评价的结果与战略目标进行比较，再针对出现问题的地方确定并采取纠偏措施，使战略的实施符合客观环境或其他条件的变化，保证学校战略的实施能达到原定的战略目标。

学校发展规划十分重视规划的评估与反馈，这为评估学校组织的绩效、控制实施过程提供了及时的信息。传统的学校发展规划的通病之一就是事前认真制订规划，事后将规划文本束之高阁或年终拿来草草对照，这种做法常常使学校发展规划执行的绩效大大降低。因此，加强规划的实施和反馈，不仅可以提高学校发展规划落实的效果，还会大大节约每期规划在制订之初的人力、物力和财力。

案例：某小学三年发展规划评价

表 2-4　某小学三年发展规划评价

目　　标	实现情况	说　　明
修建教学楼一栋，彻底解决教室不足问题。	已在二期“义教”项目中立了项，争取到项目资金35万元。	2007年3月份可按计划动工兴建。
2005—2006学年修建厕所88平方米，围墙60米，配备课桌60套。	2006年10月份修围墙90米，援助项目配发课桌50套，厕所尚未修建。	课桌尚缺10套，厕所要在2007年与教学楼同期修建。
恢复对两个教学点的四年级学生的招生。	2006—2007学年已招生13人。	下学年可全员招收。
增置图书2000册，电教设备1—2套（件）。	从“义教”项目中争取到投影仪一台，复读机一台，图书800册，自购200册。	争取在二期“义教”项目中按一类学校标准配齐（设备、仪器、图书）。

续表

目　标	实现情况	说　明
配齐师资（1∶1.7），对所有教师进行一轮培训（2005—2006学年）。	教师增加4名，培训17人次，超计划培训5人次，师生比降至1∶26.1，教师优秀率达50%。	
救助贫困生150名（2005—2007学年），学生数增至500名。	2006年，援助项目救助50名，学校减免2人，社会捐助5人，共救助57人。	争取在2007—2008学年再救助100名，女生增至200名。
计划外：（成绩）	修围墙30米。 修厨房4间计55平方米。 社会捐资5500元。	乡政府投资，个人捐资5000元。
	征求到煤砖2200块，火炉10个，床架4套，橱柜1个。	全部为个人捐赠。
	“平等参与式”教学实验获准列为省“十五”教育重点科研项目。	已取得阶段性成果，可望在今年10月份结题。

第二节 学校文化

一、认识学校文化

学校文化，是一所学校在长期建设、发展和育人活动中所创造的具有本校特色的精神财富及其物质形态，它包括学校的历史传统、文化观念、价值观念和与之相适应的行为准则等。① 学校文化是学校核心竞争力的基础。学校在长期的办学实践中，经过自身努力、外部影响、历史积淀逐步形成了自身的文化，这种文化凝聚和体现在学校的办学理念、管理制度、管理手段、校风和学风中，促进学校形成良好的教育氛围并将这种氛围综合为强有力的教育力量。

（1）学校文化与校园文化

正确理解学校文化的内涵需要区别学校文化与校园文化。校园文化是以学生为主体，业余文化活动为主要内容，校园为基本活动场所，校园氛围为主要特征的一种独特的群体文化。学校文化则强调它是学校各种文化的总和，即学校在长期的教育实践中所凝结起来的学校精神、价值观和师生员工所认同的道德规范、行为方式。

学校文化和校园文化无论怎样界定，都是在一定的社会历史环境下，在各种活动中，根据学校的实际情况，经过倡导、培育和巩固而逐渐形成的观念和行为方式，具有生成性和校本特征。所不同的是，校园文化更偏重于在校园环境内的特定文化活动，具有一定的封闭性和局限性，学校文化则涵盖面更广，更强调学校的整体价值观，具有一定的统领性。很多学者认为，校园文化可以看做学校文化的一个子系统。目前，更多的人趋向于不在这两词间作区分，只是随着人们对学校文化理解的逐步加深，普遍趋于在字面上使用“学校文化”来表示内涵更加广泛的学校的组织文化。

（2）学校文化并不虚无

学校文化建设过程中可能出现以下现象：有的学校为了体现自己的文化品位，在教室不足的情况下拿出更多的教室作为“各种文化”的展室：书画室、院士题词室，还有巨大的由许多间教室组成的动物标本室等。有一所学校，一进校门，“创建学习型学校”的横幅非常醒目。进到校长办公室不久，校长就提出：“您是否能推荐一本关于‘学习型组织’的书看看?”“科研兴校”“校本教研”“学习型组织”等代表先进价值取向的口号，几乎每个校长都会说，可现实呢?

在前面的学校中，学校文化成了物质文化与精神文化的堆砌；而在后面的学校中，“学校文化”处于一种虚幻的、泡沫的状态。这样的学校文化并没有真正的“根”，也就无法渗透到师生的心中。学校文化应该是具体的、实实在在的。学校文化的这种实在性主要体现在其构成方面，研究者（包括有些实践工作者）一般认为，它包括四个层面的内容，即物质文化、制度文化、精

---

① 王尧．大力加强中小学校园文化建设，提升学校发展内涵 [J]．宁夏教育，2008 (11)．

神文化和行为文化。四种层面的文化构成一种有机的学校文化整体，对生活于其中的人产生重要的影响。

（3）学校文化是学校的灵魂

其一，学校文化是学校的核心竞争力。

学校的核心竞争力是一个学校与其他学校相区别、相抗衡、相竞争的根本力量和独特优势。不同学校之间，制度可以相互借鉴，硬件设施可以相互仿效，学科设置可以相同或相似，甚至教师也可以相互交流，然而只有学校文化必定是不同和不可复制的。独特的学校文化是一所学校的生命之所在，它是一种独特、优质、稳定的学校系统模式，那些成绩卓著、个性突出的学校，总有一种既能被学校成员所接受，又能对学校成员产生激励作用的文化特色，它们内容丰富、信念明确、感召力强、激励作用突出，学校成员无时无刻不置身于它们之中并接受它们的影响。

其二，学校文化的核心是凝聚学校精神。

学校文化的建设与发展最重要的是应当传承与弘扬、凝练与培育全体师生“精、气、神”的学校精神文化，即以全体师生的文化观念、思维方式为主要特质的共同价值观。学校精神本质上是学校办学理念、育人方针、学术追求、管理模式的哲学抽象，是对学校“文化体”和“文化群”的意识形态的整合、凝练和升华。健康的学校文化能调动人的积极性，校长必须从学校实际出发，从发掘传承学校文化底蕴、形成学校办学特色上，概括出让全体师生易记、易懂、易实践的学校精神，凝练为一两句话，以校训的形式体现出来。

其三，学校文化使学校走向成熟。

一所学校的发展一般经历三个阶段：以人治校、以制度治校和以文化治校。只有当学校进入以文化治校的阶段，学校才真正走向成熟。已形成特定文化氛围的学校，像一个四肢健全、思想成熟的成年人，不仅具备可以成就一番事业的体格素质，更重要的是有了判断和思考问题的逻辑框架和准则，有一种自我成长的积极需求和感染他人的能力。一旦一所学校的制度经过长期建构而积淀成学校精神文化时，学校就具有了一种无坚不摧、无往不胜的核心竞争力。

案例：民国期间天津南开中学的精神文化

天津南开中学创始人张伯苓，治校严谨，校规严格。他在学校一面大穿衣镜上端横匾上镌刻了40字箴言：“面必净，发必理，衣必整，纽必结；头容正，肩容平，胸容宽，背容直；气象：勿傲，勿暴，勿急；颜色：宜和，宜静，宜庄。”这种对师生穿着、仪表、举止、气质的规范和要求，随着岁月的积淀，逐渐融汇成学校的文化精神。由此可见，当一所学校由制度管理升华为文化管理时，便具备了一种坚强深厚的品格力量。

二、学校文化建设的维度

学校文化建设至少应包括以下 4 个方面：精神文化建设、制度文化建设、行为文化建设、物质文化建设。

1. 精神文化建设

精神文化建设包括两个基本方面，即以校训为核心的学校精神建设和以办学理念为核心的教育教学思想和育人模式建设。

（1）校训

校训是在学校办学核心理念指导下，用简明扼要的词句表述的、学校师生共同遵守的训导性规范。它是学校精神文化体系的一个基本要素。它不仅指导教师和学生在校期间的各种行为活动，更将目标指向社会和个人长远的一生。它指导师生在走向社会的过程中、一生中该做什么、该如何去做。它体现了一所学校培养人的理想境界、实施教育者的志向及教育目标。

好的校训应至少具备下面几个特性：① 训导性。具有训示、导向的作用。② 精练性。以尽量少并且朗朗上口的文字概括要表达的思想。③ 精神性。校训不应是具体的方法和手段，而应该是精神上的理想追求。④ 长期性。要兼顾当前的时代背景，既要有近期作用，又要注重长远的影响。⑤ 渗透性。校训应以各种方式渗透到学校的管理、德育、教学和各种教育活动中。⑥ 独特性。要根据本校的历史文化、办学理念和价值追求提炼、确定出具有本校特色的校训，不可照搬照抄。

在制定校训的过程中还要注意避免把校训等同于校风，文字要避免过于肤浅或过于深奥，要适用于全体师生员工，不能远离学校传统，更不能频繁修改校训。

案例：安徽省某中学的校训

安徽省某中学的创办人是北大前身——京师大学堂总教习吴汝纶先生。他为学校立下了“勉成国器”的校训，既有着深厚的时代背景，又激励着一代又一代师生为国家、为民族振兴而自勉自励，发愤读书成才，报效国家。

（2）办学理念和育人模式

在决定一所学校能否成为优秀学校的各因素中，教学楼、实验室、操场等硬件设施是基础，师资队伍是关键，明确的办学理念、先进的教育教学思想和长期的战略指导则是重中之重。比如陶行知先生的教育理念是“知行合一”。学校围绕着自身独特的教育理念，进行一系列校园文化建设，才能凸显学校的文化特色，发挥文化作为学校核心竞争力的优势。

2. 制度文化建设

制度文化是学校文化建设与发展中不可缺失的重要组成部分。它既是维系学校秩序、规范学校师生言行举止的保障机制，又是学校文化持续健康发展的动力机制。校长在创建学校制度文化中，应当始终体现以人为本的理念。任何一项学校制度规章的建立，不能成为对师生手脚的束缚，不能给其带来心理的压力和学习工作生活的负担，而应当成为每一个师生约定俗成的默契和自律，这是学校制度文化魅力和有效性的体现。

当前，学校制度建设应当本着以人为本的思想，注重精细化管理机制和服务体系的建立。精细化本质上是指为追求成果的最优化，力求以最优的谋划、最优的配置、最优的方法、最优的操作实现最优的效益。精细化的“化”应当看成是一种境界状态，就是把精细的要求内化为教职工的自觉追求，进化为学校组织高效运行的机制，转化为教师群体奋发进取的文化。要转变传统的管理观念，树立“管理就是服务”的理念，注重人的发展进步。构建“和谐合作，共同发展”的学校文化环境，既规范管理，依法治教，又充分挖掘人的潜能。

应该把刚性的制度管理与柔性的人文管理相结合。刚性的制度要在从严管理中用规章约束，使学校秩序井然，体现制度的规范与自律性；柔性的人文管理就是要体现尊重人、理解人、关爱人、鼓舞人、教育人的潜移默化的作用，尽可能满足教师和学生成才和成长的愿望，充分体现人文关怀。

3. 行为文化建设

行为文化是师生员工对学校传统及观念的认同在言行举止上的表现，是学校行为规范、人际关系、公共关系的综合反映。行为文化是潜在的指导师生具体日常行为的基本准则，影响和约束师生的行为与学校行为准则保持一致，并使师生的行为具有特定的代表性和象征性。

一般认为有 12 种行为文化会有助于学校改进，具体为：① 师生员工的同心协力。② 师生在教学中充满智慧地尝试新事物。③ 不断追求卓越的高期望。④ 教学管理人员与家长对教师充满期待和信心。⑤ 学校与管理人员对教师教学改革给予明确的支持。⑥ 教师对学生学习认知与情感发展进行实用可行的指导。⑦ 学校对教师良好教学的赏识和认可。⑧ 师生与同事之间的关怀、共享与幽默。⑨ 通过让教师参与决策来凝聚教师向心力。⑩ 学校把课堂教学视作“维护学校的重要之事”。⑪ 表现在学校仪式或学校活动中的优秀传统。⑫ 师生之间、员工之间诚实与开放性沟通。①

校长在加强学校行为文化建设中，要重视领导与教师之间、教师与教师之间、教师与学生之间、学生与学生之间的平等相待，要注意他们之间的行为是相互影响的。校长要力求通过教师、学生的具体行为，展示出学校文化建设与发展的内涵。

4. 物质文化建设

物质文化是学校文化的重要表现形式之一，校长可从以下几个角度进行物质文化建设②：

其一，统筹规划，精心设计。橱窗、宣传栏、报廊是宣传学校主体文化思想的阵地，也是校务公开的重要渠道；校刊、校报、校园广播、校内互联网是流动的媒体，在校园文化建设中的地位越来越重要；校史馆、图书馆、学术报告厅、学生文体中心既是服务场所，更是教育场所，其文化承载任务更大，要充分发挥这些设施的文化建设功能。随着信息技术的发展，学校要特别重视校园网的建设和利用，充分发挥其重要作用和效益。

其二，注意细节，关注重点。校长要处处以有利于学生身心发展为出发点，让校园的每个角落都散发出舒适怡人的气息。同时，在教学器材的设计和

---

① 赵中建．学校文化［M］．上海：华东师范大学出版社，2004：86－92.

② 特伦斯·E. 迪尔．校长在塑造学校文化中的角色［M］．王亦兵，译．北京：中国青年出版社，2006：102－106.

选择过程中，还要特别强调对人体工程学的运用，使学校中的一切都能够适合学生的身心特征。

其三，竭力营造绿色校园。校园内古木参天、绿地如坪，能使整个校园显得生机勃勃。校园的绿化，要做到整体规划，按照某种理念精心设计，乔木、灌木、花草和其他观赏植物的布局要合理，水塘、喷泉、草坪和休闲绿地要错落有致。有条件的话，还可以适当建设小农田、小植物园、鱼池、小动物园等，发动学生来养护。

其四，体现出校园的人文性。如可通过雕塑、文化墙、文化石、亭台等凸显学校的精神。校训要放在学校最醒目的地方，学校的道路、楼宇的命名体现同一理念，教学楼、实验楼等教学场所的墙壁有适当的肖像和标语，会议室、学术中心、图书馆等展现学校的教育教学思想。学校的各公共场所注意干净、整洁、规范、有序，并尽量体现温馨、舒适、安全和方便。学校要有校旗、校徽、校标、校歌、校服，它们是一所学校区别于其他学校的文化符号，是一所学校的精神表征，也是一所学校地位的代表和形象的展示。

三、学校文化建设策略

1. 民族性与多元性相结合

学校文化需要融合民族性与时代性，对各种文化进行整合。爱国主义、科学精神和进取精神始终是我国学校文化的主旋律，博学、求真、至善、唯美始终是学校文化的永恒追求。学校文化根植于地域文化的土壤中，学校文化离开了地域文化就失去了生存的土壤，就丧失了个性。同时，随着世界交流和各民族交往的加深，学校也应本着开放的姿态，学习、理解、借鉴其他国家和地区优秀的文化元素，与自身的学校文化传统相融合，通过提炼、整合各类文化而形成学校自身独特的文化环境。

2. 继承传统与不断创新相结合

办学，就是传承与创新文化的过程。传统是一个学校的宝贵资源，是一个学校的灵魂。进行学校文化建设，必须要尊重历史，立足于传统，做一名忠实的学校文化的“薪火传递者”；同时，要不断吸收现代更为先进的教育理念，吸收当代文化的营养，将各种新的教育技术、新的管理手段和教育理念融入自身的文化传统中，不断开拓创新，为学校构建理想的教育愿景。

3. 自上而下与自下而上相结合

健康的学校文化建设，是一个上下互动的过程。一方面，需要有学校领导者从学校的实际和战略层面出发，站在学校长远发展的高度，引领学校主导文化的形成，比如校训、校规、校园环境建设，自上而下地推进学校文化。自上而下的学校文化建设，要注意把握推进的节奏和力度，不能期望一步到位，而是要春风化雨，渗透融入师生的思想观念和日常生活之中。另一方面，对于自下而上的学校文化建设，要注意适当地协调和引导，流行的未必是健康积极的，学校领导层必须对学校的“草根”文化具有敏感性和关注性，才能全面抓好学校文化建设。

4. 体现共性与追求个性相结合

建设有特色的学校文化，是学校发展、竞争的必然要求，也是国家推行多元化教育的需要。学校特色和学校文化有什么关系呢？学校文化是学校特色形成的条件和基础，学校特色也体现和反映着学校文化，二者是相辅相成、互相促进的关系。由此可见，加强学校特色文化建设是学校文化建设必须把握的一项原则。

同时，面对具有大体相同的层次、年龄和求学经历的受教育者，各校的学校文化建设也有着很多共同之处。学校文化建设必须注意把握共性的东西，不能脱离时代背景和教育实体，一味追求创新和独特。在文化建设过程中，学校必须在体现共性的基础上进一步追求和创造个性，才能在把握教育本质、实现基本的教育目标的同时，有创造性地、有特色地培养有个性的个体。

5. 学校文化建设与学校各项工作相结合

学校文化是学校的灵魂和生命力所在，必须给予足够的重视和研究，但同时也不能忽视学校其他工作。学校的根本任务是育人，学校存在的意义在于育人，“教书育人”“管理育人”“服务育人”是学校育人的基本途径，这几个方面相辅相成，任何一个环节的缺失或不足都会对整体教育效果造成严重影响。同样，任何一个方面的优秀也只有通过提高整体水平才能表现出来。在紧抓学校文化建设的同时，绝不能忽略其他要素的重要意义，学校的整体工作必须步调一致、全面推进、齐抓共管，才能真正实现学校教育目标。

案例：上海市某中学的学校文化

上海市某中学校园内充满着一种清新的文化气息，一种生动活泼、团结奋进、蓬勃向上的气氛。该校所有的规章制度和教育措施，都是为了突出学生的主人翁地位，强化学生的主体意识，促进学生的主动发展。

学校图书馆全天向学生全开架开放，这在上海市中学图书馆中是第一家。在科技节上，学校让各个班级推荐最能体现“合格＋特长”这一标准的学生，代表全班乘坐热气球，从高空饱览浦江两岸的崭新气象。学校的艺术节，既有“校办”节目，也有“民办”即学生自己举办的节目。民办节目有许多学生争着办的，则采取投标方式，由中标者承办。在元旦通宵晚会上，学生更是八仙过海，各显神通，在欢声笑语中迎接新一年第一个黎明。凌晨三点半，学校领导成员向通宵联欢的学生拜年，赠给每个班级一份富有寓意的礼物。学生则将学校领导的殷切期望牢记在心头。

第三节 学校特色

素质教育的全面推进和课程改革的不断深入，要求中小学校必须改变过去“千校一面、千校一纲、千课一本”的办学模式，办出自己的特色，培养具有鲜明个性特征的、素质结构立体多面的人才。办出学校特色、推进特色学校建设，已经成为当前中小学改革与发展的必然要求。

一、正确认识学校特色

1. 学校特色与特色学校

学校特色是就学校的局部而言的，是学校在某个方面形成和表现出来的特色，通常以习惯上所谓的特色项目或优势项目的形式表现出来，如艺术教育、书法教育、英语教育、计算机教育等。而特色学校是就学校整体而言的，是以特色办学理念为核心，向学校各个方面辐射而形成的独特的整体风貌。

学校特色向特色学校发展是一个长期而艰巨的过程，因为特色学校的形成，意味着一套文化模式的构建，一种组织精神的确立，一所学校个性风貌的形成。它要求学校在长期的办学实践中对自己的优势和问题不断扬弃，对办学成果不断提炼、扩散和升华，使之产生质的飞跃。

当然，学校特色与特色学校是有联系的。学校特色是构成特色学校的基础和保障，特色学校是学校特色的发展和升华。有学校特色的学校可以而且应当发展为特色学校，这是一个“由点到面”“以面促整体”和“以核心带动全局”的，最终使学校全方位地反映出某种特色的复杂的、渐进的过程，需要学校全体教职工在教育教学实践中有意识、有目的、有计划地去培养和创建。目前，各地中小学的特色创建，大多数只是处于学校特色（优势项目）阶段，创建特色学校尤其是创建在全国范围内具有一定影响力的特色学校，仍需要广大教育工作者尤其是学校管理者继续努力、不断探索。

2. 学校特色的类型

目前，在学校管理实践中，比较有代表性的学校特色有以下几种。

（1）办学思想上的特色

不同的办学思想形成不同的办学风格特色，并决定着人才培养的质量和水平。要创建学校特色，首先学校要有独特的办学思想。一个学校的办学特色，实际上是校长办学思想个性化的表现。校长作为学校的决策者和组织者，要利用学校的优势，以正确的教育思想，形成学校独特的办学理念，并把它贯穿于办学的整个过程和各个方面，只有这样才能形成办学特色。

（2）教育模式的特色

教育模式，是指某种教育和教学过程的组织方式，反映活动过程的程序和方法。教育模式在教育实践中逐步形成，是对相对稳定的、较系统而具有典型意义的教育经验的抽象化、结构化，是在一定的教育理念支配下，对教育过程及其组织方式特征的简洁表述。教育模式并不在于花样翻新，而在于切实有效。

课程是最重要的教育载体。一所学校独到的教育理念与其相应的教育模式，主要体现在特定的课程上。学校还可从学校自身实际出发，重点在德育、智育、体育、美育、劳动技术教育等某一方面探索出适合本校情况的教育模式，进而形成鲜明的特色。

（3）学校管理上的特色

学校管理特色大体体现在管理理念、管理体制和具体的管理行为三个层次上。

其一，在管理理念上的特色。任何管理者在管理过程中，总是自觉或不自觉地以某种管理哲学为指导。管理哲学是对管理科学的概括和总结，主要研究管理问题的世界观、认识论和方法论。许多学校管理者以当代管理哲学为指导，高度重视学校文化的建设。

其二，在内部管理体制改革上体现出的特色。传统的学校管理体制存在诸多弊端，严重地压抑着教职工的积极性，影响了教育质量和办学效益的提高。近几年来，随着宏观体制改革不断深入发展，学校内部管理体制的改革越来越受到重视，各地都出现了不少行之有效的改革典型。

其三，在管理行为上体现出的特色。学校管理中有几种不同的风格，有的“严”，有的“宽”，有的宽严相济。一般来说，处于创业阶段的学校，多采用以“法治”为主要手段的严格的刚性管理；当学校文化已经形成，为集体成员所公认的价值观念、道德准则、行为规范、公众舆论已能发挥其作用时，则多采用以“人治”为主的宽松的柔性管理。“宽”与“严”并非水火不容，绝大多数学校则是宽严结合、刚柔相济，也都取得了良好的管理效果。

（4）校舍建设的特色

校舍是专门的教育场所，也是一个特定的物理空间，是学校存在的物质基础，它诉诸人们视觉并形成“第一印象”。学校在校舍建筑上体现出来的特色，处于学校特色中的基本层次，它的特色彰显并不在于外观的豪华，而在于教育内涵，在于办学者以独到的理念与匠心，对自身优势的充分利用。例如：进入21世纪之后，学校校舍建设呈现出新的时代特色，一些地区在中小学推进“平安校园”“书香校园”“生态校园”“数字校园”“文明校园”“人文校园”等各具特色的校园建设。

例如，“生态校园”是指学校环境与自然环境的和谐，学校从选址到建设，都须注意尽可能地避开危险和污染；保证足够的绿化面积；保证学生有足够的活动场地；课桌椅的结构和尺寸、室内的自然换气、照明环境、食品与饮水卫生等方面均能符合教育行政部门关于学校环境卫生管理的要求。生态校园特别关注心理环境的优化，强调改善以师生关系为核心的学校人际关系，促进师生身心的健康发展。

“数字校园”是指以网络为基础，充分利用先进的信息化手段和工具，实现校园环境（教室、办公室、设施设备等硬件）、资源（电子图书、课件等软件）和活动（教学、教科研、管理、服务等）的数字化。这是以有形的物质校园为基础的虚拟校园，大大扩展了传统意义校园的时空维度，它既是新时期校园建设的一个重要方面，又为“平安校园”“书香校园”“文明校园”等建设提供了崭新的现代载体。

3. 学校特色的品位

学校特色的品位是指学校特色价值（认识价值、实用价值和审美价值）的高低或者说真善美的“含量”。学校特色的品位可以通过比较来评判。例如，任意两种学校特色的比较可以区分它们的类型，同一类型学校特色的比较可以区分它们品位的高低，同一学校特色不同发展阶段的不同品位则可以纵向比较进行评判。衡量学校特色品位有如下尺度。

（1）“真”的尺度

“真”，就是没有做作之态的自然之真、朴素之真，与“假”相对立。以这方面的含义考察学校特色，应着重考察学校主体对于学校特色的内在动机和主观态度。可以体现在办学规律和办学实践两个层面。

学校特色在办学规律层面的体现，大致可分为三级：一是在办学理论体系中具有全局性影响的核心概念、基本范畴和基本原理的认识上有重大突破；二是对办学理论某一方面的概念、原则的认识有进一步的发展，或使之更完善，或使之更具体细致；三是对办学理论中的个别问题提出新的认识与见解。揭示或反映办学规律的层次不同，学校特色的品位自然也就有了高低。

办学实践层面的“真”指向实践与认识的关系，主要指行知同一、言行一致，真抓实干，不搞形式主义。这就要求学校要从校内外实际情况出发，不唯上，不唯古，不唯书，只唯实。实事求是地办学还要求学校要对办学中的具体问题作具体分析，全面、客观、本质地把握和解决问题。求真办学还要求学校要动员全校师生鼓实劲，扎扎实实地下真工夫，现在有可能实现的事现在就努力去做，不保守，不拖延；将来才有可能实现的事创造条件准备将来去做，不浮夸，不冒进。

（2）“善”的尺度

“善”指一切对主体有价值、有益的东西，即事物的“合目的性”，体现的是人类实践活动的终极目标和实质，追求的是“合利”——合乎人的利益或需要，它是对人类实践活动使命的高度概括。通俗地说，“善”就是客观满足了主观的想要，客体满足了主体的需要。如前所述，学校特色既应“中看”，更应“中用”。

以“善”为尺度衡量学校特色的品位，就是看它有多大的功用，多大的价值。这大体包括以下三个方面：其一，满足社会长远和当前需要的程度；其二，满足全体学生全面发展需要的程度；其三，满足教育工作者成就需要的程度。

（3）“美”的尺度

“美”是人的感官愉悦的体验、追求与创造。当人们抱着一定的目的、遵循着客观规律改造外部世界时，一方面会从成果中获得外界对自己努力的回报，另一方面又会从这些成果中确证自己的力量、品德、智慧和本性，获得由感性直观而引发的特殊的愉悦和享受，这样一种体验就是“美”。

学校特色之美包含以下三个要素。其一，学校特色结构完整，功能完备。学校特色的每个细节，都应全面地体现它的完整结构，体现它的灵魂——独到的办学理念。其二，学校内外部各种关系和谐，所有关系都应该是协调的、和谐的，学校工作的全部流程就像一曲精彩的交响乐。其三，学校特色的鲜明程度，指一事物与其他事物的较高的区分度。

（4）复合尺度

真、善、美是评价学校特色品位的三个尺度。这三者之间具有各自独特的属性，不能简单地替代或包含。科学态度、价值取向和审美情趣这三个方面，从不同角度体现了办学主体的全部追求，它们整合一体，不可分割，具有共同的本质，存在着内在的关联和一致性。

真、善、美之间存在着一定的递进关系。真、善、美以真为基础。善与美都离不开真。虚假的东西既不可能善也不可能美。在全面衡量学校特色的品位时，应当把“真”的标准、“真”的尺度放在第一位；高品位的特色应能经得起较长时期实践的检验。

专栏

提升学校特色品位需处理好几种关系

- 特色发展与常规管理的关系
- 突破创新与历史传承的关系
- 个体发展与全员发展的关系
- 内涵发展与外部彰显的关系

二、学校特色形成的阶段

1. 特质孕育阶段

任何学校特色都不是凭空产生的，最初都会有一粒“种子”或是一个“胚芽”。这是一种生命力特强、能够发育成参天大树的种子和胚芽。这样的种子或胚芽，就是孕育着学校特色的“特质”。每一所学校在自然环境、历史传统、校长素质、教师素质、生源质量、教学设施等方面，总会有自己的特质。有些特质并不表现在整体上，而是表现在个别事物上。除了办学条件上的有形特质外，有时候办学主体的一个奇妙的灵感、一个新鲜的点子，都可以成为一种无形特质。

2. 特点过渡阶段

特点是特色的初始，但还不是特色本身。特点突出的是“点”，是相对独立的某一点。如果说处于孕育阶段的特质带有一定的隐蔽性，还不太引人注意的话，那么，它在形成某种特点之后，就打破了原有的潜在状态，开始初露锋芒。特点是从特质发展成特色的过渡阶段，它既是特质从隐到显的飞跃，又为特色的最终形成进行量的准备，积极地酝酿着新的突破。

3. 特色成熟阶段

学校工作的某一特点扩展到全校范围并得到巩固和完善，获得了社会公认，就形成了学校特色。例如，一所学校的数学教学成绩显著，这可以说是该校的一大特点。如果这所学校在努力改革数学教学的过程中，着重培养学生思维的深刻性、灵活性、批判性等优良品质，并有意识地使这些优良的思维品质迁移到其他各科的学习和各种课外活动中去，逐渐形成了充盈于整个校园的刻苦、严谨的优良学风，那我们就可以说这是该校的一大特色了。

学校特色的形成，一般具有以下显著标志。第一，独到的办学思想基本形成，有理论依据，有个性特点。关于这一办学思想的系统总结（文字或音像资料）在一定范围内得到肯定、传播。第二，初步形成体现上述办学思想的独特校风，能给外来参观者以深刻感受。第三，上述办学思想已逐步体现到学校管理的有关常规上，体现在办学的物质或精神成果上。第四，学校大多数学生开始形成体现上述办学思想的个性特征、兴趣爱好和相应的知识和能力。

学校特色的形成意味着一种新的平衡的建立，具有相对的稳定性。个别因素的变化对它就难以产生太大的影响了。

三、学校特色建设的策略

1. 战略主导策略

创办特色学校，要有学校的发展战略。特别是当前我国处于社会转型期，经济、政治、文化和教育的变动无时不对学校教育产生冲击，学校在激烈的竞争中经常会面临生存与发展危机，所以必须对未来环境的变化及自身的发展作出有远见的构想。特色战略着眼于社会需求，就要着重于挖掘本校的潜力与特长，力争将学校办得与众不同。对内，它以这一特色为新的起点，调动全体教职工和学生的积极性，把各项工作提高到新水平；对外，它以特色为要点，为学生及其社会公众提供其需要的新内容和新服务，并借此扩大学校的社会影响，以获取资源，拓宽学校发展的道路。

特色战略是创建学校特色的高层次的组成部分。创建特色应纳入学校的长期发展规划，学校决策者要对社会需求非常敏感，一旦抓住合适的机遇，就要立即决策，实现“人无我有，人有我优，人优我精，人弱我强”。确定的特色要突出，有力度，有较深的内涵，有持久性。只有这样，才能产生较大的内外影响。

2. 优势生长策略

创建特色学校首先要知道自己的潜在优势在哪里，即挖掘特色，寻找突破口，这是特色学校建设的起始点。构建特色首先应对学校历史积淀进行盘点，既加强特色资源建设（统筹学校有限的教育资源如教师、设施等），也须拓展校内外各类资源（充分借助校外资源如学科、实验室、师资等）。

案例：浙江省杭州市某学校的办学特色

杭州市某学校在将双语教学发展成为本校特色后，尝到了特色的甜头，于是学校提出了将原本并不红火的学校足球队、学校航模制作、国际象棋等都作为学校特色的发展目标，并制订了这些特色项目的发展规划。几年后，学校足球队、学校航模制作、国际象棋等项目都得到了提升，但是学校的双语教学也变得不那么“特”了，最终被本市的后起之秀超过，双语学校成了“样样通、样样不精”。

分析具体原因，是这所学校的特色发展规划出了问题，同时将几个项目作为学校的特色发展目标，贪多求全，失于平庸。当学校形成了双语教学的特色后，出于将这一特色做强考虑，完全可以做一些“中心点辐射”的文章，围绕双语教学做好双语教学教研的特色、双语教学地方特色教材的编撰、学生外语学习特色等，所发展的这些特色都是由双语教学特色所辐射出来的，同时这些外围特色的发展又会促进双语教学这一中心点特色的提升，真正达到将特色项目发展为学校特色的目标。

案例：某农村学校的办学特色

某农村学校看到某大城市学校的民族乐器演奏搞得非常好，就购买了大量民族乐器，成立了学校民乐团，刚开始还搞得热火朝天，但是运行一段时间之后，就遇到了诸多瓶颈：教师在民乐方面的造诣不高，学生学会了基础知识之后，很难再提升演奏水平，造就了“半瓶水”的尴尬局面，整个民乐团水平很一般，不能称之为特色；想要聘请专家，但是本地没有。

学校在选取特色的时候，一定要注意立足本校实际，选择那些在本校可以深深扎根、具有强大生命力的项目。对于学校特色来说，选准了发展的对象就等于成功了一半，为了让特色真正“特别”，可以积极挖掘本土化的地方文化要素。

3. 借机发挥策略

所谓机遇，是事物发展过程中，由于出现某一偶然因素或某些因素的偶然巧合，形成可能改变事物发展现状的特定条件。机遇是一种客观存在，它的出现不以人的意志为转移。但是，机遇的大小、长短、隐显，除了客观存在的一面外，又都具有受不同主体的不同目标制约和规定的一面，即其意义和可能实现的价值，与主体的价值取向和精神状态分不开。

“借机发挥”首先要求办学主体具有追求特色的强烈动机，否则就会对出现的机遇视而不见，坐失良机。其次，需要办学主体在机遇面前当机立断、雷厉风行，充分开发机遇的潜能，把难得的机遇用足、用好。优柔寡断，浅尝辄止，用而不足，是机遇的无形损失。

4. 空白填补策略

在尚未有人耕耘的处女地，或者尚未有人精耕细作的土地上，常常蕴藏着令人惊喜的地力，只要你伴着汗水播下种子，就能获得意外的丰收。在学校特色建设上也是如此。

案例：江苏省南通市某小学的美育特色

江苏省南通市某小学认为：美育是使自然人转变为社会人、形成健全人格的桥梁。对小学生进行审美教育，童话应该是合适的形式。他们自编自导自演的童话剧《青蛙告状》，轻取全市少儿电视录像比赛的桂冠，赴省参赛又获二等奖。首战告捷，全校师生的热情一下子被调动起来。校领导提出了全面渗透的大胆设想。自此，童话成了该小学向学生传播真善美的重要媒介，成了激发和拓展儿童思维的神奇魔棒，把学生带进了一个奇异的世界。后来，学校许多活动都和童话挂上钩。班会、庆祝会、演唱会、生日晚会，只要戴上头饰，编些情节，就能产生浓郁的童话气氛；围绕一年一度的童话节，学校又陆续出现了书画节、体育节、音乐节、勤巧双手节、读书节、游戏节等“卫星节”；墙壁上，橱窗里，到处都有童话的造型；孩子的服装上印着神奇的童话图案；校园建筑就像童话中的城堡，该校已成了一个特色鲜明的童话学校。

---

5. 理想实施策略

前面介绍的几种策略，多是由当时校内外的客观情况决定的。除这些策略之外，还有一种重要策略：办学主体从主观的办学理想出发，通过办学实践使理想变为现实。在实施这一策略的过程中，学校只要树立了理想并一直为此而不懈努力，那么，新的特色就有可能形成。这种策略对于新建校可能会比较适用。校长在采用理想实施策略建设学校特色时，一定要结合学校的外围环境和实际发展水平，及时进行修改、补充和完善。

四、创建学校特色要注意的几个问题

1. 创建学校特色不是孤立地突出一点

我们常常看到有的学校急于创建特色，不惜集中力量于一点，甚至放松其他工作，以为这就是创造特色，这就能创造特色。这其实是一种误解。学校特色之花既需要肥沃土壤孕育，需要阳光雨露滋润，也需要小草衬托和绿叶扶持。学校工作中的重点与非重点的关系也是这样，要思考特色与非特色的关系，不能孤立地突出某一点而忽视和放松学校其他方面的工作，要在做好各方面工作的基础上，相对地集中精力突出重点，这样才能逐步形成基础雄厚的学校特色。

2. 创建学校特色不是片面地标新立异

所谓“特色”，在历时性上意味着“标新”，表示与以往不同；在共时性上意味着“立异”，表示与他人不同。学校特色建设需要发扬创新精神，然而提倡创新并不是“唯新论”，不等于一味地喜新厌旧、迎新弃旧。求新求异必须以求真求是为前提。而且，就其内容而言，特色也并非一定是新奇的。再从特色形成的过程看，由于教育工作周期长、见效慢，要形成显著的学校特色，除了创新精神以外，更需要的是坚定不移的信心、坚忍不拔的毅力和“咬定青山不放松”“任尔东西南北风”的执着精神，需要有“十年磨一剑”的思想准备。

3. 创建学校特色不是浮华的外在装饰

有的学校常常把特色误解为像颜色那样单纯作用于人的视觉感官的东西，热衷于表面文章，热衷于“包装”，忽视了内在品质的提升。这是形式与内容错位的形式主义。学校特色建设中的形式主义常表现为一种思想方法和工作作风：想问题、做事情喜欢停留在外在形式上，不讲究实际效果。爱搞“花架子”，擅长于造声势，讲排场，图热闹，务虚名，追求“轰动效应”。

4. 创建学校特色不是短暂流行的时尚

尽管时尚有其存在的足够理由，尽管时尚与特色存在某些相似，然而特色与时尚有本质区别。其一，特色的本质是“独胜”，即它的优异性内在品质，而时尚流于表面形式。其二，特色是自觉地日积月累地形成的，时尚则多是爆发式的，常常在意料之外甚至情理之外。其三，特色是对传统的扬弃，有继承有发展，而时尚则是对较早形式的否定与抛弃。其四，最重要的区别是，特色经得起时间检验，并随时间流逝益发鲜明，而时尚只与变化有关，它往往是短暂的。

推荐阅读

1. 弗雷德·R. 戴维．战略管理［M］. 李克宁，译．北京：经济科学出版社，2001.
2. 徐萍．校长和他的学校［M］. 杭州：浙江教育出版社，2009.
3. 蔡怡．道德领导：新型的教育领导者［M］. 北京：教育科学出版社，2009.
4. 艾伦·布兰克斯坦．创建优质学校的 6 个原则［M］. 林玲，等，译．上海：华东师范大学出版社，2007.
5. 季苹．学校文化自我诊断［M］. 北京：教育科学出版社，2004.
6. 赵中建．学校文化［M］. 上海：华东师范大学出版社，2004.

7. 特伦斯 · E. 迪尔 . 校长在塑造学校文化中的角色［M］. 王亦兵，译 . 北京：中国青年出版社，2006.
8. 麦克万 . 卓越校长的 7 个习惯［M］. 吴艳艳，陈伟嘉，译 . 上海：华东师范大学出版社，2007.
9. 斯蒂芬 · 沃切尔，等 . 校长学［M］. 刘润刚，译 . 南京：江苏教育出版社，2008.
10. 萨乔万尼 . 校长学：一种反思性实践观［M］. 张虹，译 . 上海：上海教育出版社，2004.

第三章
组织与制度建设

不以规矩，不成方圆。
——《孟子·离娄上》

在学校组织结构与管理制度建设中，校长扮演着十分重要的角色。学校组织建设中存在哪些问题？如何进行学校组织结构创新？学校要建立哪些内部管理制度？如何健全完善内部管理制度？如何建设一支高效的管理团队？这些都是校长必须要面对和解决的重要问题。

本章将帮助校长掌握学校组织与制度建设的基本知识，科学设计学校组织结构；使校长能够根据学校制度的基本类型，建立健全现代学校管理制度体系；帮助校长掌握学校领导班子建设和中层管理团队建设的基本技巧。

第一节　学校组织结构建设

人的身体是由不同的骨骼和肌肉构成的，学校组织结构也一样，它也是由不同的机构和部门构成。有效的学校组织结构对于学校资源的优化配置、学校决策的高效执行具有积极的促进作用。

一、校长在设计学校组织结构时需考虑的几个因素

怎样才能使学校组织结构变得更加有效呢？其实，从权变管理理论来看，由于校史校情的不同，学校之间存在着较大的差异，不可能存在一种适合于任

何学校类型的学校组织结构模式。[①] 但是，校长在设计学校组织架构时，有几个关键因素还是需要考虑的。

1. 专门化

专门化，简单地讲，就是要把任务分解成各自独立的工作。由于学校工作千头万绪、纷繁复杂，任何人都无法独自承担学校的所有工作，所以必须对学校工作进行分工。在对学校工作进行分工时，校长一贯的做法是，将学校工作分为教学工作和后勤服务两部分，教学工作又可分为不同年级、不同领域的教学课程，每一门课程再安排不同的专业教师去教。分工有利于提高工作效率，有利于考核工作绩效。但是，也要注意过细的分工和专门化容易使教职工产生职业倦怠。

2. 部门化

部门化就是将学校工作分解成各个部分之后，需要对它们进行组合以使相同的任务可以进行协调。学校组织结构部门化的办法有很多，其中最常用的办法是按照工作性质和职能进行组合。例如，一所中学可以根据工作性质和职能分设教导处、政教处、总务处、校长办公室等部门。这种根据职能分组方法的主要优势在于：把同类人员集中在一起并由此提高工作效率。还有一种方法是根据地域进行划分。近年来随着学校办学集团化趋势的出现，一所学校（尤其是名校）往往由不同地理位置的几所分校组成，可按照地理位置分布来划分为第一校区、第二校区、第三校区等，实行分片负责。每一校区自成完整的组织体系，同时对学校总部负责。除了上述的方法外，也可以按照学校规模、学校类型等标准对学校组织进行部门化划分。如有些规模很大的学校，把不同年级作为相对独立的管理部门，设立“年级长”对某一个年级实施综合性的管理。

3. 正规化

正规化即规范化，如果一种工作的规范化程度较高，就意味着从事这项工作的人在工作内容、工作时间以及工作手段等方面的自主权相对较小，反之亦然。学校的管理一定要有规范，没有规范，学校就会混乱无序，一盘散沙。而

---

① 斯蒂芬·P. 罗宾斯. 组织行为学［M］. 10 版. 孙健敏，等，译. 北京：中国人民大学出版社，2005：429.

且学校的有些工作还需要较高的正规化，如后勤工作和图书馆工作，必须制定较清楚和明确的岗位职责，严格考勤等诸种制度。但是学校的特殊性质又决定了其管理必须超越规范。[①] 教学工作更多体现的是一种艺术性，教师往往希望在自己的领域里有更多的自由发挥空间。可见，学校组织结构既要考虑规范有序，更要考虑如何有利于教与学的自由发展，否则就很难培养出创新型人才。

4. 指挥系统

指挥系统，也称为命令链，是要解决教师个人和工作群体向谁汇报工作的问题。例如，在一所学校中，校长（副校长）直接领导教导处的工作，教导处主任领导年级组的工作，年级组组长对本组教师有管辖权，这样就形成了一条自上而下的不间断的命令链。

近年来，随着信息技术的发展，“自我管理团队”和“学习型组织”等概念日渐盛行，相比较而言，命令链在组织结构中的重要性有所降低。但是，在学校组织层面，通过强化命令链还是可以极大地提高工作效率的。因此，校长在完善学校组织结构时，应结合学校的实际状况适当考虑命令链的设计。

5. 控制跨度

控制跨度又称为“管理跨度”，就是一位学校管理者可以有效地管理多少下属人员。管理跨度往往决定着一所学校要设置多少管理层次，配备多少管理人员。

为了保证学校组织管理的有效性，学校管理跨度和管理层次应适宜，因为管理幅度过宽会造成学校管理者无法有效地指导和监督下属工作的问题；反之，管理幅度过窄也会产生很多问题，如监督过度、沟通不畅、职责弱化、管理成本较高等。一般认为，有效的学校管理跨度为 7 人较为合适，因为这是一个管理人员与下属保持彼此间有效沟通的最大数目。当然，不同层次的管理跨度也是有差异的，高层管理跨度为 3—6 人，中层管理跨度为 5—9 人，底层管理跨度为 7—15 人。除了上述标准外，学校管理者在确定管理跨度时还应综合考虑学校组织管理过程中的诸要素，如管理职权的大小、管理工作的性质与难易程度、教师的素质等。只有综合考虑上述诸因素，才能保证学校管理跨度适合于学校发展的实际需要。

---

① 李春玲．对学校组织机构设计要素的探讨［J］．教学与管理，2001（2）：23－25.

6. 集权与分权

集权与分权是相对而言的。如果决策权集中在少数学校管理者手中，他们在作出关系到学校组织利益的关键决策时，就有可能忽略教职工的意见，则学校的集权化程度较高；反之，如果教职工能够参与决策的过程或他们实际上拥有一定的决策自主权，则学校的分权化程度较高。

一所学校究竟该采取集权还是分权的管理往往取决于多种因素，如学校规模、学校组织自身的特点等。一般来说，从学校规模角度来看，学校规模较小，则管理权力可相对集中些，体现一种集权式管理，可以提高决策效率，减少管理成本；学校规模较大，则管理权力可适当分散些，形成分权式管理。从学校组织自身的特点来看，由于教学工作具有较强的专业性，提倡参与式决策，不仅有利于教师积极性的发挥，而且对提高学校管理的效率也是有利的。近年来，学校组织机构设计呈现分权趋势，分权能使学校组织更加灵活和主动地作出反应，使教职工学会自我管理。①

二、学校组织结构的常见类型

一般来讲，学校组织结构要素的排列组合方式主要分为机械型组织形式和有机型组织形式。② 机械型组织形式的特点是广泛的部门化、高度的正规化、有限的信息网络（主要是自上而下的沟通）、教职工几乎不参与决策，主要包括直线式、职能式和直线—职能式等组织结构类型。有机型组织形式的特点是结构扁平化、组织正规化程度较低、拥有全面完整的信息网络（不仅有自上而下的沟通，还使用水平沟通以及自下而上的沟通）、教职工高度参与决策过程，主要包括矩阵式、事业部式等组织结构类型。

下面将重点介绍几种常见的学校组织结构类型及其优缺点，旨在为实施学校组织结构创新的校长提供参考。

1. 直线式组织结构

直线式组织结构就是从校长到普通教职工所有职位都是由单一命令直线构成，不独立设置处室职能部门或只配备分管人员，而主要由校长直接领导全体教职工。这种最简单的组织结构适用于小规模学校。

---

① 李春玲．对学校组织机构设计要素的探讨［J］．教学与管理，2001（2）：23－25.
② 杨炎轩，胡晓航．论学校组织结构的重构［J］．教育发展研究，2008（20）：49.

这种组织结构的优点是权责明确，命令统一，决策迅速，效率较高。其缺点是对校长个人素质的依赖性较大，校长在复杂性问题的决策上产生失误的几率较大，常常会陷入事务性工作而无暇顾及学校组织的长远发展，同一层次各部门之间缺乏横向沟通（参见图 3 - 1）。

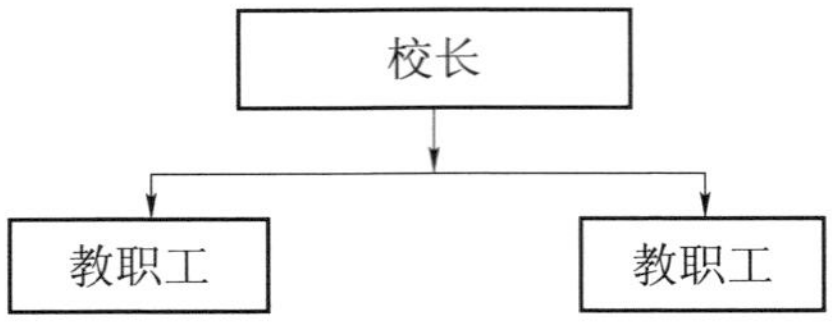

图 3 - 1　直线式组织结构

2. 职能式组织结构

这种组织结构是在直线式组织结构基础上为校长设置职能机构与人员，适用于中等规模的学校。职能机构的管理者，既协助校长工作，又在各自的职权范围内直接指挥教职工工作。

这种组织结构的优点是能够大幅度地提高学校管理工作的专门化水平，满足学校不断复杂化的管理需要。其缺点是分职能工作、多部门指挥，容易出现职责边界重叠或空白，管理活动不协调或相互矛盾的情况（参见图 3 - 2）。

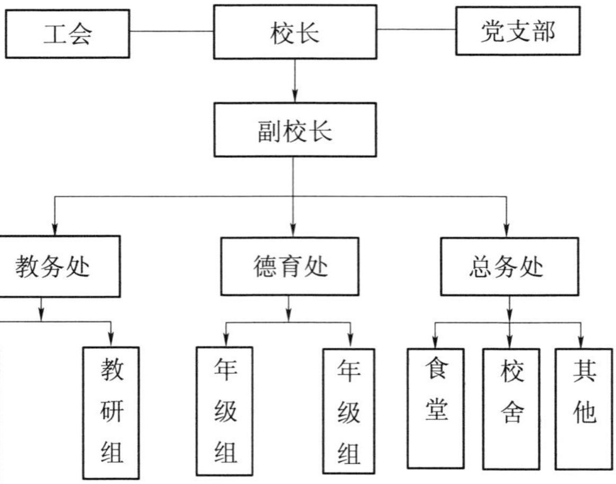

图 3 - 2　职能式组织结构

3. 直线—职能式组织结构

这种组织结构也被称为直线参谋式组织结构，是在学校组织规模不断扩大以后，随着业务量的增大和决策日益复杂，校长配备了专门的助手来协助完成决策与指挥工作。这种专门的助手通常是几个职能机构，这些机构替校长收集信息、研究专业问题并向校长提供参考意见，在校长授权范围内处理日常工作中的问题。这种组织结构适用于较大规模的学校。

这种组织结构的优点是减轻了校长的负担，使校长可以集中精力研究重要问题，更科学地决策。其缺点是对校长选人、用人、驾驭人的能力提出了很高的要求，如果用人不当就会造成工作混乱；同样也存在着横向部门沟通不足的问题（参见图3－3）。

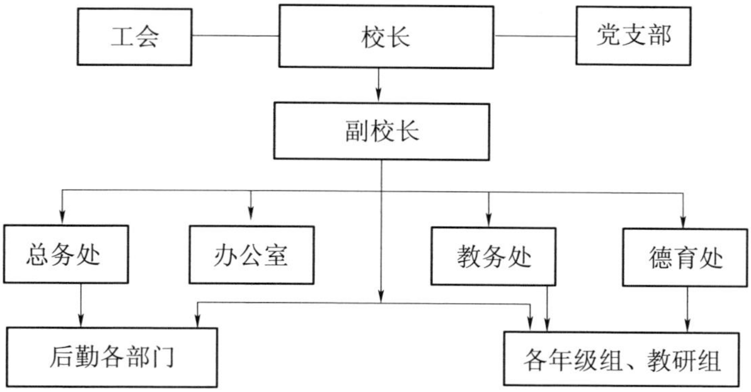

图3－3　直线—职能式组织结构

4. 矩阵式组织结构

具体来讲，这种组织结构是在职能式组织结构基础上增加一种横向的目标系统，使每位教职工既与职能部门保持组织和业务上的垂直联系，又与目标系统发生横向交流，处于矩阵结构之中。这种组织结构适用于大规模学校。

这种组织结构的优点是加强了教职工之间的横向沟通，对环境变化的适应性也得到改善，有利于新思想、新方法的传播与创造。其缺点是会增加各部门之间争权夺利的倾向，容易带来混乱，稳定性较差；对教职工也可能形成双重领导，使之无所适从（参见图3－4）。

5. 事业部式组织结构

这种组织结构是由从事不同职能活动的部门和几个分部组合而成，各部门或分部作为相对独立的实体，有独立的职能机构和独立行使职能的权利，包括决策权、财权、人事聘任权、业务指挥权等，同时规定其对整个组织的应尽义务。这种组织结构较适用于大规模学校。上海市某小学的组织结构就属于事业

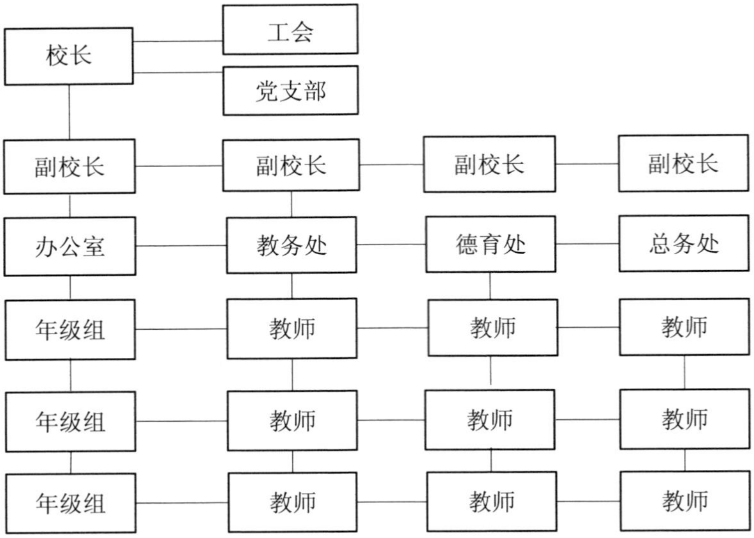

图 3－4　矩阵式组织结构

部式组织结构①，参见图 3－5。

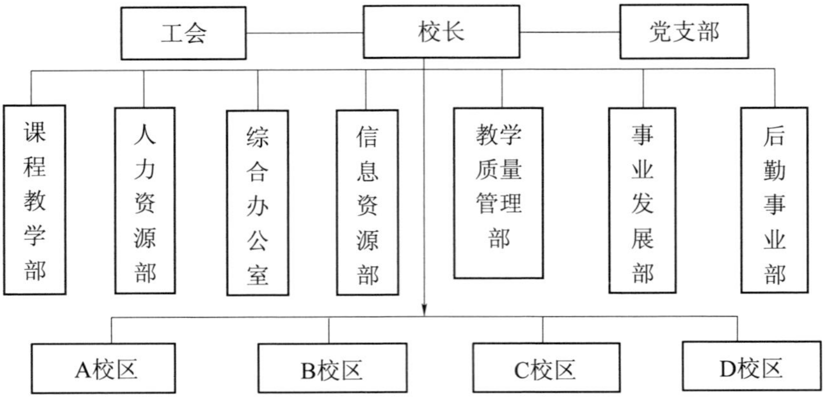

图 3－5　上海市某小学的事业部式组织结构

这种组织结构的优点是能够使校长摆脱杂务，集中精力于学校总体目标和长期战略；有利于激发学校中层管理者的积极性和主动性；有利于组织实施多样化发展战略，为组织规模的进一步扩张提供了管理上的可能性。其缺点在于容易产生事业部之间的利益保护主义；学校总部与各事业部重复设立职能部

① 赵中建. 建设学校制度与设计组织架构 [J]. 上海教育，2007 (13)：49.

门，导致管理成本增加；事业部之间的沟通与合作的成本较高，不利于学校的集体行动。

需要强调的是，上述几种学校组织结构类型只是目前在我国中小学中较为常见的几种而已。不同规模的学校可以在上述组织结构类型的基础上结合学校的实际情况进行不同程度的改进。例如，山东省东营市某中学就在矩阵式组织结构基础上构建了一种切合学校发展实际需要的人本化校本教师管理组织结构模型（参见案例）。

案例：山东省东营市某中学的管理组织结构模型①

山东省东营市某中学经过 3 年努力，把校本管理的重心放在管理权下移上，成立了年级部，实施以级部为管理单元的两级管理思路，逐步搭建了以级部为单元的“赛马式”管理机制，形成了“拥抱式组合，一体化管理，过程性考核，绩效性激励”的新的人本化的校本管理模式，建立起了具有本校特点的组织管理模型。该校已经实施的人本化校本教师管理模型如图 3－6 所示。

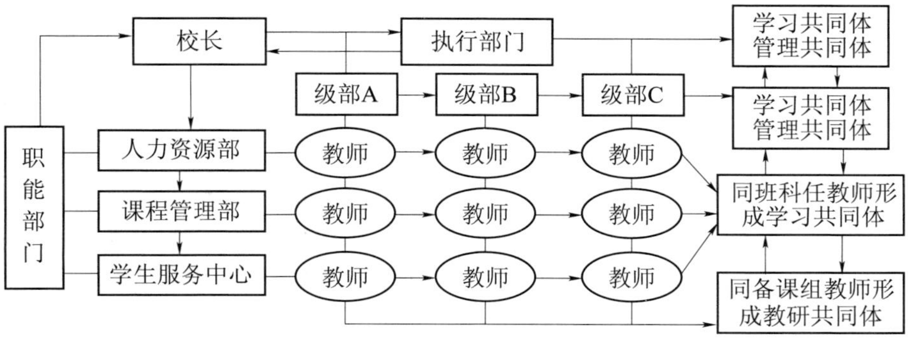

图 3－6　人本化的校本教师管理模型

在该校的组织结构模型中，人力资源部、课程管理部、学生服务中心是学校的职能部门，这些部门向上对校长负责，向下为各级部教师服务；而各个级部则为学校的执行部门，直接对校长负责，发挥本级部全体教师的作用。其中每一个级部为一个管理共同体和学习共同体，每一个级部的每一个备课组是一个学习共同体和教科研共同体，每一个班级的所有任课教师构成一个学习教育

① 任光升．“人本化”的组织管理系统的构建——基于改善学校组织结构的实践探索［J］．当代教育科学，2008（8）：31－33.

共同体。

正如案例中所描述的那样，该校在形成每一个共同体的过程中并不是采取强制性的措施，而是通过“拥抱式组合”的方式，让教师自主选择合作伙伴和合作岗位，使得每一个共同体具有比较牢固的合作基础，同时学校通过对每一个共同体的“一体化”管理和绩效性激励，强化了共同体的合作共生意识，提高了其自管自律水平。同年级的每一个备课组、同年级的同班任课教师所形成的小共同体的考核又直接与级部这一大共同体的考核相挂钩，级部大共同体的成绩直接影响到小共同体和个人，这样，形成级部内合作、级部间竞争的“赛马式”管理机制。[①]

三、校长如何引领学校进行组织结构变革

尽管学校的组织架构十分重要，但仅仅为变革而变革是没有意义的。因为学校组织是一个动态结构，每一种组织结构类型都将随着社会发展和教育改革而不断发展，而且每一种组织结构类型在实际生活中也都只适合于某种特定的环境。因此，本书并不提供某种具体的学校组织结构变革的模式，而是试图为进行学校组织结构变革提供一些思路。

1. 与时俱进：适应学校组织结构的未来发展趋势

现代学校的管理是现代管理的一个重要组成部分，校长在组织机构与职能定位的设计中要充分体现现代管理的思想，密切关注学校组织变革的发展趋势。根据詹姆斯·昌佩和尼丁·诺利亚在他们合著的《管理的变革》一书中的描述，未来的学校组织应该是以信息为基础，在组织上分散而又被技术紧密连接，有快速敏捷的应变能力，既有创造性又有团队合作精神。按照他们的描述，未来学校组织结构变革的发展趋势应该是扁平化形式。

学校应在组织结构创新方面作些积极探索，尝试建立以“基层为主”的扁平化组织结构形式，尽最大可能将决策权向组织结构的下层转移，让基层组织教研组或教师个体拥有充分的自主权，并要求其对产生的结果负责；建立以“第一责任人”为特征的团队组织形式，在学校组织结构中设置校长、部门负责人、教研组长、年级组长、备课组长、课题组长等第一责任人系列；建立以

---

① 任光升．“人本化”的组织管理系统的构建——基于改善学校组织结构的实践探索［J］．当代教育科学，2008（8）：31－33.

“项目开发”为特征的网络组织形式，既重视增强本团队内教师主动发展的内动力和原动力，又淡化小团体的边界，促进学科之间、教研组之间和年级组之间的协作与交流；建立以“部门间战略伙伴关系”为特征的虚拟组织形式。[①] 上海市某小学在学校组织结构创新方面就曾进行了积极的探索（参见案例）。

案例：上海市某小学的组织结构创新案例[②]

该校将中层管理部门改组为课程教学部、学生工作部、校务工作部和信息技术部，从而形成了校长领导下的部门负责制。调整后的4个部职能也发生了转变，中层干部主动思考和规划自己的工作，不再静等校长的指令。数字化校园完全由信息技术部策划，课程教学部的成立增强了课程意识以及课程教学的一体化意识，而学生工作部则使学校德育超越了“小德育”观念，开始全面关注学生校内外的生活与成长，教育教学以外的事情都由校务工作部担当起来，使其统筹协调的能力增强。

该校的实践证明，这种混合型组织结构既保证了学校机制的正常运作，也为教学活动的正常开展提供了必要的条件。

---

2. 实事求是：学校组织结构变革要契合学校实际

学校组织结构变革，既不是照搬照抄他人或他校的成功做法，也不是为了推陈出新而进行的盲目变革，而是为了契合学校发展的实际需要和提高学校组织管理效率而进行的积极探索。因此，校长在引领学校进行组织结构变革时，需始终坚持一切从学校发展实际出发的原则，一方面，学校组织结构创新要建立在校长与师生共识的基础上。学校在组织机构设置上，要充分考虑现有的学校组织机构和运行制度的继承性和延续性问题，既可以在原有机构基础上进行调整，也可以根据需要增设新机构。在机构职能定位上，既可以“名变实也变”，也可以“名不变实变”，要充分展现校长推动学校组织结构变革的智慧。另一方面，学校组织结构创新也必须服务于当前学校发展的主要任务。校长应

---

① 庄西真．从封闭到开放——学校组织变革的分析［J］．教育理论与实践，2003（8）：24；杨小微．转型中的学校组织变革与制度［J］．基础教育，2006（3）：24；李继秀．教师发展与学校组织变革创新［J］．教育研究，2008（3）：79－83；孟繁华，田汉族．走向合作：现代学校组织的发展趋势［J］．教育研究，2007（12）：55－59.

② 蒋园园．中小学组织结构创新：一种松散耦合与紧密耦合集成的视角［J］．教育理论与实践，2009（8）：31.

对学校发展的主要任务有较为清晰的认识，可以通过设置“教研室”“文化研究室”“教学评估中心”“教师发展指导中心”“班组联席会议”等，以满足学校改革发展主要任务的需要。[①] 上海市某中学就充分发挥了其体育教育的特色，为学校组织结构创新找到了一条可行之路（参见案例）。

案例：上海市某中学的组织结构创新

该校充分发挥了理事会的决策咨询作用，将原有的学校组织机构与部门整合为“一室四部”，即校长办公室、体艺部、教学部、保障部和德研部，在理事会的直接负责和指导下工作，形成了一种横向与互动的非线性网络，较好地促进了学校工作的贯彻落实。该校的办学实践表明，理事会制的“一室四部”混合型组织机构取得了五方面的创新实效。[②] 第一，创新了管理体制，建立了以决策咨询为职能的理事会指导下的校长负责制；第二，创新了办学资源，实现了资源共享、优势互补、共同发展；第三，创新了学校功能，青少年体育后备人才培养、互动式师资培训、体育科研实验、中学体教结合、社区体育健身指导功能兼备；第四，创新了培养模式，以学生终身发展为目标理念，培养“品德优良，文化合格，竞技特长”的优秀体育后备人才；第五，创新了人事制度，造就了一支有强烈体育情感、有较强组织管理能力、一专多能的教师队伍。

---

3. 以人为本：积极发挥学校中非正式组织的正面影响

非正式组织是与正式组织有联系但又独立于正式组织之外的小群体，是人们在交往过程中，由于有共同的兴趣、共同的观点、共同的感情、共同的目标等原因而自发形成的群体。非正式组织虽然没有固定的编制，没有系统的条文规定，没有明确的组织边界，也没有固定的形式，但组织成员相互间在思想和行为上却有重要的影响，它不仅控制着每个成员的行为，而且也影响着整个学校管理工作的效率。因此，校长必须重视学校中的非正式组织。

校长应学会正确引导学校中非正式组织的发展，积极发挥非正式组织对于学校发展的正面影响，如学校中的任何工作都要以人为本，关心人、重视人、

---

① 朱怡华．关注学校组织结构变革与发展的共同特点［J］．上海教育，2007（13）：47.

② 转引自蒋园园．中小学组织结构创新：一种松散耦合与紧密耦合集成的视角［J］．教育理论与实践，2009（8）：31.

尊重人；处理问题时，不能偏听偏信，感情用事，必须坚持在规章制度面前人人平等，做到公正、公平、公开；应充分发挥民主，认真倾听教职工和学生的各种建议和意见，并加以整合、分析，正确的予以采纳，当前办不到的或不妥当的则应耐心说明、解释，使之有个妥善的交代；要善于做认真、细致、耐心的思想教育工作，教育全体教职工和学生都要树立全局观念，以大局为重；充分发挥激励系统的作用，充分调动教职工的工作积极性，增强学校的凝聚力，使教职工个人的奋斗目标与学校目标达成一致等。

第二节　现代学校制度建设

建立现代学校制度是依法治校、民主管理的要求，也是学校文化建设的组成部分。校长作为学校发展和学校管理的首要负责人，应该关注现代学校制度建设，并在学校制度建设中发挥主导作用，成为推进和建构现代学校制度的灵魂人物。

一、现代学校制度体系的构成

学校制度是关于学校的规则体系，其作用在于调整学校内外部的关系，使学校有序运行。目前，人们对“现代学校制度”这一概念有多种不同的理解，可谓仁者见仁，智者见智。在这里，我们倾向于认为，所谓的“现代学校制度”指的是“一个在学校管理中好用的、够用的、能适应时代需要的规则体系”。“好用”，就是在学校管理活动中真正能够发挥作用，得到广大师生的认可，并不是为了迎合上级部门的检查而虚设的；“够用”，就是学校管理制度体系健全，该有的制度一个不缺且能不断进行修订；“能适应时代需要”，就是学校制度体系能够与时俱进，体现现代管理的最新理念和价值取向。

一般认为，现代学校制度体系应该包括学校章程和一般学校制度，其中一般学校制度又可分为学校核心制度和学校外围制度两部分，因此，完整的现代学校制度体系应该包括学校章程、学校核心制度和学校外围制度三部分（参见图 3－7）。

学校章程是指为保证学校正常运行，主要就办学宗旨、主要任务、内部管

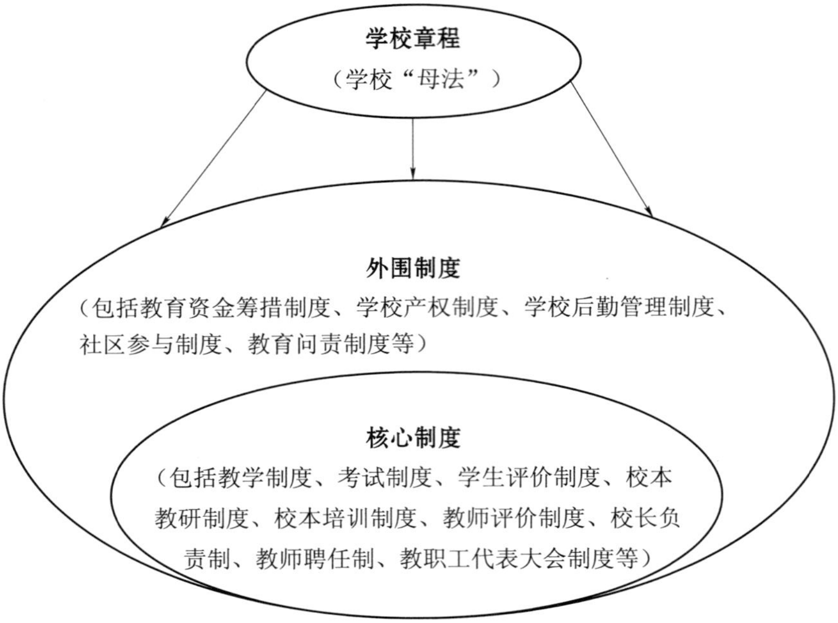

图 3－7　现代学校制度体系构成

理体制及财务活动等重大的和基本的问题，作出全面规范而形成的自律性基本文件。[①] 它是学校的“母法”或“基本法”，它比学校一般规章制度更具有权威性和约束力，通过章程的形式将学校各项制度规定下来，更有利于学校各项制度的落实。同时，它也是学校成为法人的基本条件，学校有权在其章程规定的范围内制定具体的规章制度，自主作出决策，组织实施各项管理活动，不受外界非法干涉。政府以各个学校的章程为依据，监督学校是否按照章程办学。

核心制度是指最能体现学校特性、直接涉及学校使命的制度，即如何促进学生充分、全面发展的制度。它关注具体的教与学的过程，关注好学生、好教师、好学校的评价标准，关注学生的发展和教师的专业成长，关注教师和学生对学校管理的民主参与。从这个意义上讲，现代学校制度的核心制度指的是对学生的发展、对学生的学和教师的教有直接影响的制度，如教学制度、考试制度、学生评价制度、校本教研制度、校本培训制度、教师评价制度等，以及与其相近的制度，如与校本管理相关的学校内部管理制度，包括校长负责制、教师聘任制、教职工代表大会制度等。

---

① 陈立鹏．学校章程［M］．北京：光明日报出版社，1999：7.

此外，教育资金筹措制度、学校产权制度、学校后勤管理制度、社区参与制度、教育问责制度等，都属于学校制度的外围制度，它们都是为核心制度服务的。核心制度的运行和发展需要外围制度作保障。外围制度必须服从教育的内在需要。①

二、学校章程的制定

学校章程作为学校的基本法，不仅可以凝聚全校师生的集体智慧，而且可以彰显学校的历史传统、办学理念、办学宗旨、办学特色、学校发展目标与战略，从而向社会展示出学校的形象和品位。因此，校长应该高度重视学校章程建设工作。

1. 制定学校章程的程序

在我国，公办中小学一般遵循以下程序制定学校章程。

（1）由学校成立专门的起草工作小组，组织专门人员学习有关教育法律、法规，梳理本校现有规章制度并负责章程的起草工作。

（2）起草工作小组在深入调查研究及广泛征求有关部门和专家、学者的意见后对章程进行修改，完成学校章程草案。

（3）章程草案在起草工作小组反复修改的基础上，提交学校教职工（代表）大会修改、审议。

（4）学校章程经学校教职工（代表）大会三分之二以上的代表审议通过后，由校长签名，报学校的主管部门核准，经主管部门审核批准后，学校章程的制定程序就宣告结束。

民办学校因其管理权限的特殊性，制定章程的程序略有不同。通常由学校董事会制定章程草案，在听取学校教职工（代表）大会意见的基础上修改、完善，经校董事会表决通过后由学校法定代表人报设立学校的审批机关批准。

2. 学校章程的基本结构

一般来讲，学校章程文本的基本结构包括标题、题注与正文共 3 个部分。

（1）学校章程的标题：章程的标题即章程的名称，应是“学校名称”加上“章程”即可。例如，《××省（自治区、直辖市）××县（市、区）××中

---

① 褚宏启．建设现代学校制度：校长应注意什么？［J］．中小学管理，2005（6）：6.

学章程》。如果学校章程尚未获得教育行政部门审核通过，则要在学校章程后面加注“草案”字样，如《××省（自治区、直辖市）××县（市、区）××中学章程（草案）》。

（2）学校章程的题注：作为经主管教育行政部门核准通过的规范性文件，章程标题下面一定要有用括号注明的题注，表示该章程通过的机构、核准的机关以及通过、核准的日期，这对于经法定程序通过、具有法律效力的章程来说是不可或缺的。例如，“本章程××××年××月××日经第×届教职工代表大会通过，××××年××月××日经××教育局批准”。

（3）学校章程的正文：参照《中华人民共和国高等教育法》和《小学管理规程》（1996年3月9日颁布）的有关规定，借鉴国外学校对章程主要内容所作出的规定，中小学校章程的正文一般由三部分构成，分别是总则、分则和附则。

总则是“重帽子”。总则在整个章程中只有一章的篇幅，文字量不大，但却很重要，因为总则类条文应概括说明制定章程的目的和依据、学校办学的目的和宗旨等重大问题，所以尽管篇幅不大，但却是“重帽子”。此外，总则条文还说明学校的主管部门、性质、学制、学校名称、地址、校训、校歌、校庆纪念日等。

分则是“大肚子”。分则表述的是具体行为准则以及遵守或违反这些准则的后果，它是学校章程整体中的实体性内容，通常是学校章程的中间若干章，主要涉及学校管理体制、教职工管理、学生管理、课程管理、教育教学管理、安全管理、资产管理、学校与家庭、社区等方面内容。

附则是“小靴子”。附则是学校章程的最后一章，篇幅不大，是学校章程总则和分则的辅助性部分，对总则和分则的实施起重要作用。它主要包括关于名词、术语的定义，关于需要修订章程的授权规定，关于施行日期的规定等内容。

3. 学校章程的编排格式

学校章程正文部分的结构安排一般有三种模式可供选用①：

（1）“总则＋分则＋附则”式

这是一种比较普遍的模式，通常由总则、分则、附则三部分组成。其中，

---

① 参见沈益．中小学校章程建设研究［D］．上海：上海师范大学，2007：22－24；陈立鹏．学校章程［M］．北京：光明日报出版社，1999．

总则只用一章，即学校章程的第一章，附则也只有一章，即学校章程的最后一章，分则分为若干章。每章都要分条，每条都可以分款。各章各条的序数前后依次顺延。各章的排列顺序从总则的第一章一直排下去，直到附则为止，不间断，不重复。同理，各条的排列顺序则从总则第一章第一条一直排下去，直到附则的最后一条为止。其中，第×章、第×条的“×”字一律采用汉字作数词，如“第一章”、“第一条”。

（2）“总纲 + 分章 + 附则”式

它与上一种模式的不同之处在于：其一，用“总纲”代替“总则”，作为一个独立部分，不设标题，不分章、条、款。其二，用“分章”代替“分则”，此部分内容从第一章至第×章。

（3）“条目”式

它的特点是：不分章，只分条，从第一条一直排下去；每条可分款；不设附则。

4. 学校章程的语言表述规范

学校章程作为一个规范性的文件，其语言运用得好与坏，直接影响章程的质量和效果。学校章程的语言运用应力求明确、规范、朴实，避免使用含义不清、不规范、口语化的语句。首先，语言要详略得当，通俗易懂。既不能啰唆，修饰语过多，也不能过于简练，使用过多的代词；既不能使用过时、冷僻的词语，也不能生造词语。其次，语言要庄重朴实。要使用规范、严肃的书面语言，不要使用口语、方言或文学色彩较浓的语言，并且章程的条文应以完整的陈述句表述。最后，要恰当地使用专用语。

三、校长如何引领学校进行一般学校制度建设

如前所述，一般学校制度可以分为学校核心制度和学校外围制度两种，而这两种制度又包括若干种具体的学校管理制度。无论是学校核心制度还是学校外围制度，都会因学校的规模、发展历史、办学思想等诸多因素的差异而有所不同，故难以强求一致，但是，校长在这些制度的制定和落实过程中所发挥的作用应该是大致相同的。下面仅以北京市某小学建设校本教研制度这一学校核心制度为例，简要介绍一般学校制度建设的流程以及校长在学校制度建设中应注意的问题。

案例：北京市某小学校本教研制度建设[①]

北京市某小学已形成一整套比较完整的管理制度。其中有关校本培训、校本教研的管理制度共20余条，基本形成了包含以下三方面内容的制度体系。

一是以提高教师的专业理论水平、转变教育观念为重点的理论培训制度。包括理论学习制度、业务学习制度、教研组活动制度、教研组调研跟踪制度、主题研讨制度、学习交流制度等。

二是以提高教师的专业知识水平、能力为重点的基本功培训制度。包括教学常规检查制度、教师教学基本功培训与考核制度、教师岗位竞聘制度、师徒挂钩制度、教科研培训制度、青年教师听评课制度等。

三是以提高教师的专业操作能力为重点的操作技能培训制度。包括教师备课检查办法、课堂教学评价方案、各学科教学质量监控方案、集体备课研究制度、对家长的开放课制度、教学竞赛制度、校级研究课制度、校级评优课制度、教学总结评比制度等。

概括起来，一般学校制度建设大致可划分为两大阶段，即创立制度阶段和落实制度阶段。每个阶段又分为若干个环节。下面将围绕该案例进行分析。

1. 创立制度阶段

校长在创立校本教研制度阶段应注意以下几点。

（1）从建立教学常规管理制度入手，保证教师教学工作有章可循

首先学校要对全体教师进行摸底调查，初步了解学校教学工作的实际状况，在此基础上初步形成包括备课要求及检查办法、上课要求及检查办法、辅导要求及检查办法、作业布置与批改要求及检查办法、考试要求及检查办法、教科研活动要求、教科研工作管理制度及检查办法等在内的教学常规管理制度草案。其次，经由教职工代表大会的审议和表决通过并开始实施这些制度。

这些制度出台后的一种比较理想的状态应该是：对于那些积极要求进步、自觉性强的教师，能够按照这些制度对自己提出更高的新要求，对工作更加精益求精；对于新参加工作的教师，可以通过对制度的学习，知道自己应该干什么、应该怎么干，能够很快进入良好的状态；对于那些工作不太积极的教师，

① 刘永红．学校制度建设：在过程中收获——以我校校本教研制度建设为例［J］．中小学管理，2007（6）：48－51.

在制度的约束下，也不得不行动起来，从被动到主动，努力达到学校的基本要求。

（2）转变教育观念，不断完善校本教研制度

学校各项制度的建立不能头疼医头、脚疼医脚，必须从整体上予以系统思考。上述案例中，在完善校本教研制度过程中，校长努力使自己在教育观念上实现以下几个转变。

首先，变“大一统”的学习为更有针对性的学习。为了变传统的“大一统”学习为更有针对性的专业化学习，该校出台了一批全新的理论学习制度和业务学习制度。例如，分学科、分年级的学习使针对性大大加强，学习内容更加贴近教学实际，实效性增强。新的制度还在一定程度上保障了教师学习的量和质，促进了教师对新课程的理解。

其次，变依赖性培训为自主性培训。为了变依赖性培训为自主性培训，该校出台了《师徒挂钩制度》《科研培训制度》，确保了多种形式的教研活动在全校范围内的开展。以前学校的教师培训主要依赖上级教研部门，学校对于教师的学习情况一无所知，也无从考核。新制度实施后，学校把培训基地建在学校，充分发挥骨干教师的作用，加强同伴互助和研讨交流，大家一起分享智慧、分享成果。

最后，变随意性学习交流为常规性教学研究。为了变以往自由随意的学习交流为定时、定量、定范围的教学研究，该校出台了《青年教师听评课制度》《教研组活动制度》。这两个制度的出台充分体现了制度的规约作用，一些还存在“等、靠、要”思想的教师不得不参与到各种教学活动中。渐渐的，他们在活动中找到了差距，不仅学到了改进教学的好经验，而且从身边榜样的身上学到了好的态度、好的习惯。

（3）建立校本教研长效机制，促进教师专业发展

任何制度都不应朝令夕改，而应具有长效性，体现出一种为学校可持续发展服务的理念，因此，在校本教研制度建设中，应以校本教研制度为突破口，抓好骨干教师队伍建设，进而带动全体教师专业素养的提高，真正促进教师的专业发展。

在该案例中，校长按照“以校为本，以点带面，全面促进，共同提高”的工作思路，制订了骨干教师培养目标，建立了《各级骨干教师、学校名师培养方案》《继续教育方案》《青年教师培养方案》等制度。采用定人、定学科、定目标的方式，对优秀教师实行分层培养，很快第一批骨干教师就涌现出来。在他们的带动下，骨干教师队伍就像滚雪球一样发展壮大起来，

数量不断增加，质量不断提高。通过这些制度的实施，该校教师自主发展的意识显著增强，人人有发展计划，有适合自己的发展目标，教师的学科专业理论、专业知识、专业操作能力不断提高，目前已形成市、区、学区三级骨干教师梯队。

2. 落实制度阶段

校长在落实校本教研制度阶段应努力做到“四有”“六给”“三调控”“一个注重”“一个体现”。

（1）“四有”，即有落实，有检查，有反馈，有结果

“四有”是在强化过程管理、重视检查和反馈环节的同时，强调教师执行制度的结果。该校《教师备课制度》出台后，每月都对教师的备课情况进行一次检查，详细记录检查情况，并在每个备课本上写出反馈意见，这让教师看到了学校执行制度的力度和决心。同时，本着制度面前人人平等的原则，奖优罚劣，把制度检查的结果直接与教师每月的结构工资挂钩，每月一评，包括自评、组评、校评，考评过程公开、民主、透明，考评的结果大家心服口服。正是这样，校本教研制度才得以真正落实。

（2）“六给”，即给时间，给条件，给任务，给压力，给荣誉，给奖励

该校校长提出的“六给”，即：教师要学习、要进修，我们给时间；教师要应用现代教育技术，我们给条件——为每个办公室配备多媒体电脑、为每位教师配 U 盘；对年轻教师，我们给任务；对处于上升趋势的教师，我们压担子、创机会、搭台子；教师取得成绩，我们给荣誉、给奖励。在制度的规范下，每年的年终总结会都成为给全体教师举行的庆功会、表彰会、展示会，使教师们切身体会到：我们工作着、奋斗着，同时也享受着、成长着、快乐着。

（3）“三调控”，即行政手段调控，民主测评调控，择优竞聘调控

校本教研制度落实的过程，也是持续改进学校教学管理的过程。要使校本教研制度发挥应有的作用，必须通过各种手段或形式及时进行调控。具体来讲，该校校长所提到的“三个调控”分别为：① 行政手段调控。它是指学校通过行政命令等形式为校本教研制度的落实提供强有力的保证。② 民主测评调控。它是指学校定期征求教师、家长和学生的意见，作为检查、反馈的补充，以使一些隐性的、软性的问题显现出来，为随时调整制度提供依据，同时也使学校对教师的评价更全面、更饱满。③ 择优竞聘调控。它是指学校本着优胜劣汰的原则，结合人事制度改革，促进教师队伍不断优化。这是校本教研制度得以长期有效实施的重要保证。

（4）“一个注重”，即注重教师对制度的认同和需要

“一个注重”，即把民主与集中结合起来，以获得教师的认同，努力实现“四个转变”：将制度转变成学校和教师发展的共同愿景，转变成教师职业生涯的价值指向，转变成团队认同的工作目标，转变成改进教育教学的实际行动。为此，该校校长在制定制度的过程中，认真组织全体教师不断对制度进行修改和完善，经过几上几下，广泛听取教师的意见，使教师认识到，建立规章制度是与自己密切相关的事情，是满足主体发展需要的基础性措施和保证。经过这一过程，制度得到了大多数教师的理解和认同，这为教师自觉自愿地贯彻执行制度奠定了坚实的基础。

（5）“一个体现”，即体现以人为本的管理理念

体现以人为本的管理理念即把管理与服务结合起来，在制度实施中突出“三个服务”：干部为教师服务，教师为学生服务，过程为效果服务。例如，为了夯实教师的教学基本功，该校校长起初考虑要制订一个《教师教学基本功考核方案》，但经过认真思考后认识到，这个以“考”为主的方案，可能会形成“考”与“被考”的对立关系，不利于学校管理者与教师的和谐发展，同时还可能形成教师被动地参加考核而非主动学习的局面。于是，他们又重新分析了考核的目的，明确了考核必须服务于教师发展的原则，新定了一个《教师教学基本功培训方案》，将两个文件综合成《教师教学基本功培训、考核制度》，并将重点放在培训上。由于把教学基本功培训的过程作为促进教师学习、提高的过程，并在培训的基础上再进行考核，所以教师们体会到考核的真正目的，感受到学校为他们的发展搭建了平台，从而积极主动地参加学校组织的培训。

四、学校制度建设要体现现代精神

科学精神、民主精神、法治精神是现代精神的集中体现。学校制度建设要体现和弘扬现代精神。

科学精神要求学校制度文本的内容要具有科学性，不能搞形式、瞎折腾，也不能凭空想象或照抄照搬，应该实事求是，体现学校发展的自主性。具体来讲，在学校制度制定与实施的整个过程中，校长和其他学校管理者都应注重开展实际调查研究，全面、深入、持久地了解广大师生的合理诉求与真实想法，尊重教育规律和学生身心发展规律，以求实、科学的态度制定和实施学校相关管理制度，从而促进学校的健康、协调和可持续发展。

民主精神要求学校制度文本要具有人本性，即以人为本，保障所有学校成

员的基本民主权利，如知情权、表达权、参与权、表决权等。在制度安排方面，要尊重学校中各利益相关者的合理诉求，使学生、教师、家长和其他成员都有权表达自己的感情，有权反映他们的观点和意见，有权获得相关信息，有权参与学校管理。

法治精神要求学校制度文本要遵守国家法律法规，不能与相关法律法规相抵触，要体现以法治取代人治的指导思想，强调依法办学，依法治校，校长要避免长官意志、个人专断。现代学校制度建设要体现法治精神，就是要通过法治而非人治的手段来管理学校，保障学校不因管理者的变动而出现发展上的波动。

第三节　学校管理团队建设

学校规模不同，学校管理人员的配置也就不同。一般来讲，学校管理团队主要由校长、书记、副校长、副书记、工会主席等领导班子成员，以及包括教务处（教导处）、德育处（政教处）、总务处（后勤处）、办公室、年级组、学科组等在内的学校中层处室负责人及其副职人员组成。这些成员之间是一种在职责上条块分割、在工作中分工合作的关系，共同组成一个不可分割的、关乎学校发展成败的学校管理人员共同体。本章并不对学校管理人员作出学校领导班子成员与学校中层干部的区分，而是把这些人员统称为“学校管理团队”。校长作为学校的最高负责人，对于建设一支团结和谐、能征善战的学校管理团队责无旁贷。

一、优秀学校管理团队的基本特征

优秀的学校管理团队常常能够化腐朽为神奇，能够将一所平庸的学校带上健康快速的发展轨道，并使学校能够长期稳定地发展下去。一般来讲，优秀的学校管理团队常常具有以下一些相对稳定的特征。

1. 富有战略眼光的校长

校长在学校管理团队发展中起着决定性的作用，其素质状况常常决定着团队的发展前景；而在校长专业素质结构中，其战略眼光对于团队发展的影响似乎更为重要。校长要能站在战略的高度对学校的发展目标形成清晰的认识，并定期向学校管理团队成员传达未来学校发展的长远目标，使得团队成员对学校未来发展充满信心，并积极发挥各自的才能，紧紧围绕学校的发展目标创造性地开展工作。

2. 高素质的团队成员

在学校管理团队中，大多数成员都来自学校教育教学工作一线，个人素质和工作业绩较为突出，他们对于学校各项工作情况较为熟悉。因此，他们的个人综合素质相对比较全面，能够独当一面。通过这些成员之间的有机组合便可形成一支素质过硬的管理团队。当然，随着教育发展的加速和教育理论知识的不断更新，团队成员也必须参加相应的教育和培训活动，只有如此，他们才能更具竞争力，并最终促进学校办学目标的实现。

3. 协作的氛围

学校管理团队成员之间能够坦诚相待、相互倾听、协作共事，能够积极发挥各自的特长，以问题为中心，共同解决学校工作中遇到的各种难题，并愿意相互支持、相互配合，而不是相互拆台、各自为政。

4. 有效的沟通

在优秀学校管理团队中，团队成员之间信息沟通的渠道十分畅通。一方面，校长与团队成员和全体教职员工进行充分的沟通，了解其成长状况和任务的达成度，帮助其实现持续的专业成长，与他们就学校的各阶段发展目标以及各项指标等达成一致。另一方面，其他管理团队成员之间也进行有效沟通，充分了解对方的优势和需求，共同承担工作压力。

5. 具备持续的发展能力

“铁打的营盘流水的兵”，优秀的学校管理团队除了建立完善的各项制度和现有的人才队伍以外，还必须拥有充足的后备队伍，保证学校具有持续的发展能力，不因校长的变动或其他团队成员的变动而影响学校整体发展目标的实现。因此，优秀的校长十分重视后备管理团队成员的培养工作。例如，有的学校一直坚持人才队伍的培养，学校中层干部队伍建设基本上实行 5—10 年一个梯队，保证学校无论处于哪个发展阶段，都有优秀的人才可用。

二、学校管理团队的发展阶段

校长应该清醒地认识到，学校管理团队并不是自发形成的，也不是立刻就能形成的，在团队成长的过程中，需要经历一系列发展阶段。校长应该了解自己领导的学校管理团队正处于哪一阶段，并能帮助其自如地向上一阶段成功过渡。

1965 年，美国学者塔克曼（Tuchman）曾对团队的发展阶段进行了系统的研究，提出了团队形成的“四阶段说”。他认为，一个团队的形成过程大致可以分为“组建期”“激荡期”“规范期”和“绩效期”四个阶段（参见图 3－8）。[①] 相应的，学校管理团队的发展也应大致经历上述四个阶段，每个阶段往往会表现出不同的发展特征，要求校长在指导管理团队发展工作中应有所侧重。

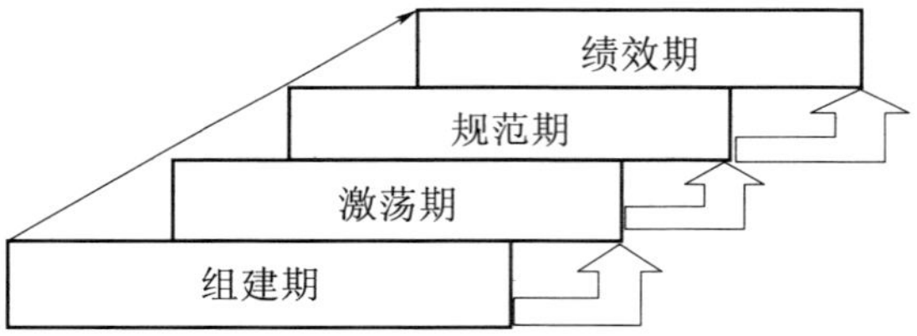

图 3－8　学校管理团队的发展阶段

1. 组建期

（1）可能发生的事情

此阶段可能发生在新任校长任职后或新任团队成员任职后，团队成员处于工作上的相互了解阶段，成员之间并不完全熟悉各自的工作方式与团队运作程序等，有时成员间会出现严重的意见分歧。

（2）校长工作重点

校长应在获取相关信息的基础上适当多作出一些决定，但不要主宰得太多，否则将不利于团队成长。为了尽快超越这一阶段，校长多采取征询意见、共同商讨等方式来开展工作，增进团队成员间的相互了解。

---

① 琼斯．学校领导者的管理技能［M］．阎力，李雅斯，译．北京：中国轻工业出版社，2006：32.

2. 激荡期

（1）可能发生的事情

此阶段类似于心理上的“高原期”。团队成员之间比较熟悉，常常会为职务角色而展开争夺。团队活动时，时而陷入激烈的争辩，时而令人感到糟糕。此间充满了困难、对抗、观念的冲突、争斗。一些人将因团队成员间的冲突可能退出工作或失去工作动力，团队可能出现分裂。

（2）校长工作重点

校长应采取有效的激励手段，赏罚分明，对成员的表现给予及时反馈；鼓励成员接受彼此的长处和不足，并有针对性地帮助成员弥补其不足；增强团队成员间的互信互谅，增强团队的凝聚力；为团队成员的专业发展创造机会，并为其参加培训提供财力和时间方面的支持。

3. 规范期

（1）可能发生的事情

此阶段团队成员的工作职责明晰，各项规章制度和新的行为规范形成并开始发挥作用，团队焕发出较强的组织性；团队成员之间能够充分沟通，有效开展合作，工作效果明显；每个团队成员的素质结构更加合理，个人能力得到有效提升，团队风格开始显现。

（2）校长工作重点

校长要根据团队成员的特点和专业发展需求，尽其所能地为其发展创造便利条件，如派出参加挂职锻炼、参加各级教育主管部门组织的相关培训等，不断提升成员的业务水平和管理能力；不断完善现有各项规章制度，保证管理团队按照学校发展既定目标卓有成效地开展工作。

4. 绩效期

（1）可能发生的事情

此阶段团队成员能够对学校发展中存在的薄弱环节和遇到的难题提出相应的解决方案，团队谋略更为丰富，工作效果显著；团队成员彼此间更为支持、更为信任，在工作中大家劲往一处使，齐心协力，攻克难关；团队整体结构优化，团队工作风格已经形成。

（2）校长工作重点

校长要善于发掘团队成员的潜力，让他们勇于承担富有挑战性的工作；要学会合理授权，让团队进行自我管理；同时，校长也要警惕团队成员的过度自信，为每位成员树立更加长远的个人发展目标。

三、校长如何组建一支结构合理的学校管理团队

优秀的团队领导者在团队建设中一般要具备双重相互匹配的技能，即组建团队和维持团队。[①] 下面将提供一些学校管理团队结构优化的有效策略。

1. 年龄结构的梯队策略——新老结合

就每个人生理的自然发展阶段而言，不同年龄段的人在精力、体力、智力、能力、阅历与经验等方面各有优劣。一般来讲，青年人的思想观念具有时代性，具有敏锐的感觉，有高度的热情和积极性，但由于社会阅历浅，经验不足，容易急躁，他们的有些行为令人难以接受；中年人思想深刻、做事稳健，但家庭、事业压力过大而造成精神紧张也是其缺憾；年长者具有丰富的人生阅历和工作经验，但体力、精力渐衰也是其不足。因此，学校管理团队成员的组合必须注重年龄结构的优化。

最好的做法是，对老、中、青不同年龄的人员进行恰当组合，使不同年龄段的人员都能进入学校管理层。这样既可以避免学校管理团队过于“年长化”或太“年轻化”，也不致使学校管理团队成员全部“中年化”，从而有利于学校的长远发展和后备干部的培养。

2. 心理结构的相容策略——刚柔并济

管理团队成员之间性格的相容是团队稳定、和谐的重要因素之一。所谓相容心理结构是指一支管理团队维持正常工作关系的心理组合。如果团队成员均属于同一类型的性格，要么是硬碰硬，谁也不服谁；要么没有一个主心骨，优柔寡断，做不成大事。另外，从相容性角度看，年龄相近的人组成的班子，由于经历差不多，如果水平相近，那么就容易出现相斥现象，从而影响团队的团结性，削弱工作的实效性。

一个理想的管理团队的性格组合应该是有柔有刚、刚柔相济，从而形成一种感情、志趣、行为相投的管理团队性格和心理的合理组合状态。

---

① 琼斯．学校领导者的管理技能［M］．阎力，李雅斯，译．北京：中国轻工业出版社，2006：33－42.

3. 知识结构的互补策略——文理结合

从中小学教育教学管理工作的现状来看，分科教学仍是当今学校授课的最主要形式。要求每一位管理者既熟悉社会科学各领域的理论又通晓自然科学各领域的知识，既不现实，也不可能。因此，学校管理团队成员的配备必须注重知识结构的优化组合。

具体来讲，在团队成员中既要有数、理、化等自然科学相应专业的人员，也要有文、史、哲等人文社会科学相应专业的人员。除此之外，团队成员中还应当有精通教育管理的人才和一些具有相关专业（领域）背景的专家。例如，有人擅长做思想工作，有人擅长教学管理工作，有人擅长公共关系处理，有人擅长后勤工作，将这些人合理地加以组合，形成复合的知识结构，便能使管理团队的知识多样化，从而对学校的教育教学工作进行科学有效的管理。

4. 工作结构的配套策略——精兵简政

工作结构的配套，主要指学校管理团队的搭配要做到人员精、人数少、工作配套，符合精干有力的原则。人员精是指学校管理团队中每个成员必须具有胜任现职工作的专业知识和组织能力。对于不符合条件、不胜任者，必须及时调整，绝不迁就。人数少是指能一个人做的工作绝不用两个人，同时要尽量减少成员的职数，减少交叉兼职，不设虚职和闲职。工作配套主要是指在精干有力的原则下，管理团队内部要有配套的工作结构，既有负责学校全面工作的，又有抓教学、抓学生思想教育、抓后勤工作并能独当一面的能手，学校还可设立参谋咨询、监督检查、信息反馈的机构或人员，以保证团队决策的正确制定和贯彻执行。

四、校长如何打造一支成功的学校管理团队

如前所述，组建一支团队并非易事，同样，维持或打造一支团队也是需要一定技巧的。下面将对校长如何打造一支成功的学校管理团队提供一些有益的参考。

1. 学会授权，给成员以信任

学校属于压力密集的场所，校长想要通过鼓励和支持来优化团队的精神面貌并营造相互支持的文化氛围，不可能一蹴而就。为此，校长可以通过以下途径建设积极的团队文化。

（1）合理授权

校长要通过合理授权的方式，鼓励团队成员为学校发展目标的实现而释放自身的想象力、创造力以及其他各项潜能。

（2）勇于承担责任

一旦团队成员在工作中出现失误，校长首要的是不要过多地责备他们，而是勇于承担责任。当然，承担责任并不意味着迁就错误，而是为了让他们放下包袱，改正错误，继续做好应做的工作；承担责任也不是校长包揽了责任就万事大吉了，重要的是让团队成员学会及时总结经验教训，改进工作中的不足。

（3）鼓励下属提出新设想、作出新决策

校长应该鼓励团队成员为解决问题而献计献策。对于团队成员来说，如果邀请他们献计献策、倾听他们的意见并最终将其想法贯彻执行，那么，这将会令他们振奋不已。需要让团队成员感到他们可以根据自己的知识和灵感提出哪怕是“毫无道理”的想法，以及完全是基于对未来的预想而产生的新想法。

（4）给予及时、适度的赞扬

要“抓住人们办事妥当、表现出色的时候”给予赞扬。当团队成员作出高标准的成果或超常的努力、提出新奇的想法，或仅是在某个特殊的时刻作出某种你渴望强化的行为，都应得到校长真诚的赞扬。同样重要的是，不要过度赞扬，因为这会削减其本来意义，并会被视为陈腐俗套之辞。

（5）及时发现下属的压力并帮其采取减压措施

有些人的压力是工作上具有高挑战性与工作过程中得到的低支持度相叠加的结果（如图3－9）。持续的高压力会导致职业倦怠，而持续的冷漠可能会造成自暴自弃。校长应竭尽所能帮助下属，例如，通过帮助成员安排好工作时间、参加培训等方式来鼓励全体成员提高工作效率，做到事半功倍。

图3－9　挑战性与支持度之间关系

2. 善于与团队成员进行沟通

团队成员工作目标的实现与工作业绩的显现对于整个学校的发展是十分重

要的。为此，校长在与管理团队合作共事时，应做到以下几点。

（1）在团队工作目标和学校发展目标上与大家达成共识

校长要通过一定的方式定期向团队成员传达一种学校未来发展的愿景，鼓舞成员为之不懈努力。富有挑战性的目标能为成员超越现有标准、提升工作绩效创造机会。同样，使团队成员共同参与学校发展目标的制订也是有价值的，因为这样更可能赢得他们对工作的投入和奉献。

（2）在制定决策前与所有相关人员进行磋商

在制定决策之前，校长与团队成员真诚地交换意见不仅能够汇集到大量新的意见，同时也可以深入了解他们的想法和感受。

（3）为了赢得发展，甘愿采取不受欢迎的决定

对于一些难以作出的决定，人们可能避而不谈或者即便作出决定也以某种方式掩饰，如对工作绩效不合格者的处理。优秀的校长有责任通过恰当的方式与团队成员进行沟通，让他们了解自己的处境，知道学校努力的方向。校长需要谨记，赢得并拥有团队成员的尊重，比试图做广受欢迎的老好人更为有益。

（4）定期与团队成员面谈以明确方向

定期与个别成员面谈也是必不可少的。这种一对一的会面目的在于检查工作进展状况，了解事务安排情况和出现的问题。面对面的会见，有助于团队成员持续地感到自己是重要的和被重视的，也便于对成员的行为给予及时的支持或纠正，以及为获取更大的成功提供机会。

（5）力求不断改善工作方式

校长有责任激励下属并使其相信“如果还能做得更好，我们就会取得更好的成绩”。这不仅意味着要从失误中汲取教训，也要从成功中总结经验。

3. 帮助团队成员实现自我专业发展

校长需要考虑的最为重要的事项之一，就是促进团队成员个体和团队整体的发展。优秀的校长可以通过各种方式来寻求帮助成员发展的途径。

（1）激励团队成员学习

团队成员入职后需要参加相关的学习和培训。通常最有效的学习方式并不是简单地将知识和观念从一个人的头脑移向另一个人，而是通过经验的学习或在未知领域中的试探性学习来进行。校长在工作中可以尝试一种简便的方法，如询问以下三个关键性问题来激励成员的不断学习。

问题一：哪些方面进展顺利？

问题二：哪些方面不够顺利？

问题三：我们希望看到什么或发现哪些变化？

（2）定期召开团队会议审查工作进展

团队会议是交流和强化关于方向目标以及进展状况问题的主要途径之一。它并不能代替“一对一”式会见，但是，团队会议能给予校长与团队成员面对面交流的机会，并及时获得反馈，同时确保每一个成员在重要问题上能拥有相同的理解。

（3）思考团队成员的发展与培训问题

在帮助团队成员发展方面投入的时间将会带来巨大的回报。团队成员通过参加相关的培训或进修等活动，可以对学校工作有更深入的认识并形成更为成熟的想法，从而促进学校目标乃至个人目标的顺利实现。

（4）有效处理违规行为

当团队成员出现违规行为时，校长所要做的最重要的事情就是及早采取应对行动，因为违规行为持续越久，所造成的损失就越大，同时也越难以纠正。校长可以采取如下措施：其一，以文件形式对重要的规章程序作出规定。其二，核实并确保团队成员了解所提出的要求。其三，确保对全体团队成员的要求是切合实际的。其四，核准并确保团队成员拥有相应资源，接受相应培训，从而使他们的行为达标。

4. 以身示范所期望的行为

如果校长能够以身示范那些期望团队成员做到的行为和态度，并能真正作出表率，还有什么能比这更有助于团队文化的建设、团队信任的建立呢？为此，校长可以通过以下办法来尝试向团队成员示范期望的行为。

（1）倡导团队成员对自身的绩效提出反馈意见

反馈，尽管并非总是顺耳美言，但对所有人都是有益的，校长应该率先垂范，倡导大家把提意见纳入常规工作的一部分。要成为一名优秀的团队领导者，至关重要的前提是了解自己，而密切关注反馈意见恰是其中尤为关键的一个方面。

（2）不断致力于自身的学习和发展

校长需不断提升自身的专业素养，并为团队成员树立学习的榜样，这正是学校发展变革的要求。竭力寻求持续的专业化发展机会，对校长而言是一项重要的策略。

（3）要求别人做到的事，自己首先要做到

校长行为的影响是巨大的，因为团队成员不仅会密切关注其言谈，也会时刻注意其行动。因此，校长要为团队成员树立好榜样，并坚信，期望在他人身上看到的改变，首先应在自己身上得以体现。

推荐阅读

1. 彼得·诺思豪斯．领导学：理论与实务［M］．2 版．吴荣先，等，译．南京：江苏教育出版社，2002.
2. 陈立鹏．学校章程［M］．北京：光明日报出版社，1999.
3. 陈孝彬．教育管理学（修订版）［M］．北京：北京师范大学出版社，1999.
4. 范国睿．学校管理的理论与实务［M］．上海：华东师范大学出版社，2003.
5. 吴志宏．学校管理理论与实践［M］．北京：北京师范大学出版社，2002.
6. 俞文钊．管理心理学［M］．3 版．上海：东方出版中心，2002.

第四章 学生发展与管理

学校应该确立这样的目标：学生离开学校以后，不是成为一个专家，而是成为一个和谐的人。

——爱因斯坦

学校教育的根本目的是什么？学校教育到底要培养什么样的学生？如何培养学生？这些是每一位校长都要认真思考的问题。本章试图和校长一起探讨如何树立正确的学生观，如何使学校教育真正面向全体学生，促进全体学生的全面发展，引领学校工作服务于教育的宗旨——一切为了孩子，为了一切孩子，为了孩子的一切。

第一节 树立现代学生观

一、现代学生观的基本理念

1. 现代学生观的基础是“以学生为本”

在教育变革的背景下，校长应该树立起新的学生观。在学校里，教师和学生都是教育的主体，教师是教的主体，学生是学的主体。在教育教学过程中，学生是主体，教师发挥着主导作用。所谓“以学生为本”“以学生发展为本”是指注重每一个学生全面发展与个性差异相统一的需求，把学生的健康成长作为教育教学的着眼点和目标。

“以学生为本”“以学生发展为本”的理论来源是“以人为本”。坚持以人为本，推进素质教育是教育改革和发展的战略主题，是贯彻党的教育方针的时代要求，核心是解决好培养什么人、怎样培养人的重大问题，重点是面向全体学生，促进学生全面发展，着力提高学生服务国家和人民的社会责任感、勇于探索的创新精神和善于解决问题的实践能力。

“以学生为本”要求教师和学生之间的关系是平等的。“以学生为本”要求校长和教师都要重视学生的主体地位，尊重学生的人格，在师生之间建立起平等而宽松的和谐关系。

“以学生为本”要求校长和教师要公平地对待每一个学生。校长和教师不应该歧视学业上后进的学生和家庭贫困的学生，而应该通过更多的努力保证他们更好地接受教育，这才是教育公平的体现。

总之，“以学生为本”就是指教育要从学生的实际出发，注重发挥教师的主导作用，重视教育的社会功能，着眼于学生的发展，使每一个学生获得全面、主动、有个性的可持续发展。

2. 现代学生观以尊重学生个性发展为中心

人和人的主体性问题是当今时代精神的重要组成部分。个性是指个体的总的精神面貌，反映了该个体同其他人之间具有稳定特征的差异性，是在其先天遗传素质的基础上，经过后天社会生活环境的作用而形成的。校长必须承认并尊重学生的个体差异性，打消整齐划一的“共性”教育的观念，为学生的个性化成长创造良好空间。现代的学生观应该重视学生的个性发展，以尊重学生个性发展为中心。

陶行知认为，“社会是个人结合所成的。改造了个人便改造了社会，改造了社会便也改造了个人”。个人发展与社会发展是辩证统一的，正是从这样的观点出发，陶行知十分重视人的个性，他把个性发展看做创造力之所在，是民族进步的基础。

尊重学生的个性发展是培养其创造性的基础。国家要培养创新型人才，校长和教师要重视学生的主体性，充分认识教育要探索学生的个性，提倡教育的针对性，做好因材施教、长善救失的工作。培养出对社会有责任感、富有主体意识、创造精神的学生，是时代赋予学校的使命。

3. 现代学生观以全面提升学生素质为主要内容

我国现阶段教育目的基本取向是以提高人的素质为立足点的。《国家中长期教育改革和发展规划纲要（2010—2020年）》提出，应坚持德育为先、能力为重、全面发展的学生培养目标，要“全面加强和改进德育、智育、体育、美育。坚持文化知识学习与思想品德修养的统一、理论学习与社会实践的统一、全面发展与个性发展的统一。加强体育，牢固树立健康第一的思想，确保学生体育课程和课余活动时间，提高体育教学质量。加强心理健康教育，促进学生身心健康、体魄强健、意志坚强。加强美育，培养学生良好的审美情趣和人文素养。加强劳动教育，培养学生热爱劳动、热爱劳动人民的情感。重视安全教育、生命教育、国防教育、可持续发展教育。促进德育、智育、体育、美育有机融合，提高学生综合素质，使学生成为德智体美全面发展的社会主义建设者和接班人”。由此可见，学生素质在各方面的全面发展成为现代学生观的最主要内容。

4. 现代学生观要体现时代精神

首先，新时期的青年需要有责任感。《国家中长期教育改革和发展规划纲要（2010—2020年）》提出，要着力提高学生服务国家人民的社会责任感、勇于探索的创新精神和善于解决问题的实践能力。学校应将培养学生的社会责任感列入学生发展目标中来，不仅要让学生认识到对家庭、对班集体应该负什么责任，更要让其认清作为一个公民应负起什么样的社会责任。

其次，对于新时代的学生来说，合作精神必不可少。学生与同伴合作，既有助于他们共同学习知识，也能提高其社会化程度、提高心理素质。学生与教师合作，可以改变学生在学习中的被动地位，更好地参与到学习过程中。只有懂得合作、学会如何合作，才能更好地解决问题。校长和教师们要发现学生的不同特点，针对其特点来更好地培养他们的合作精神。

最后，现代学生观需要有国际视野。在全球化的背景下，在国际交流愈发频繁、世界性的合作越来越多的今天，我们的学生培养目标也应该是国际化的，要让他们在全球化的浪潮中拥有生存发展的技能，成为熟悉国际规则并有能力参与制定国际规则的人。这并不仅仅是要求他们有良好的外语功底，还包括新时代的公民素养，对国际热点的关注以及开阔的世界性视野等。

综上所述，校长应该树立起新的、更具现代特征的学生观和学生发展观，坚持以育人为本，坚持“一切为了孩子，为一切孩子，为了孩子的一切”的教育宗旨。

二、落实现代学生观需要澄清对素质教育的模糊认识

自20世纪80年代中期以来，我国教育界就提出了“素质教育”的概念，素质教育是如何培养学生、培养什么样学生的标准。然而，对于如何实施素质教育，人们在认识上仍有模糊不清之处。为此，我们试图通过对素质教育内涵的辨析，来正确认识素质教育。

1. 素质教育与应试教育截然不同

一说到素质教育，大家所想到的对应的词就是应试教育。有人认为，应试教育能够培养学生的应试素质，因而在一定程度上与素质教育的要求是一致的；也有人认为，应试教育着眼于智力培养，素质教育偏重思想道德和兴趣特长。这些观点都有一定偏颇之处。实际上，素质教育和应试教育不是简单的两个词语，其中体现出来的是两种截然不同的教育观。我们可以通过表4－1来比较它们之间的不同。

表4－1　素质教育和应试教育的不同

	素质教育	应试教育
教育目标	提高学生全面素质	应对考试和选拔
教育内容	以完善素质结构为核心来设置课程	以应试、升学为目标来设置课程
教育方法	调动学生积极性，引导学生形成良好的学习方法、习惯	知识灌输为主，倾向于死记硬背
教育评价	以综合素质提高和教育教学整体效果为评价标准	以考试分数和升学率为评价标准

从表4－1中我们可以看出，从根本性的教育目标上看，素质教育和应试教育有着原则性的差异：素质教育强调的是提高学生的全面素质、促进学生的全面发展，而应试教育强调的仅仅是学生们应对考试和选拔的单方面能力。这种原则性差异导致了素质教育与应试教育在教育内容、方法上的差异，也导致了不同的教育评价观念。

2. 素质教育并非完全不要考试

有人认为，搞素质教育，就得减轻学生负担；减轻学生负担，就得取消考

试，即素质教育就是非考试的教育，因此主张取消一切考试。这种观点错就错在把素质教育与考试对立起来，从一个极端走向了另一个极端。考试具有诊断、甄别与选拔等多种功能。素质教育不是不要考试，而是要通过考试来考察学生知识和能力的发展现状，为下一步实施有针对性的教育教学提供依据。在素质教育中，考试充分发挥了其对教育教学的诊断和促进的功能。应试教育则过分夸大了考试的甄别与选拔功能，忽视了考试的诊断和促进发展的功能。应试教育以考试为手段，以考试分数为标准，以把少数人从多数人中选拔出来作为唯一目标，导致的结果就是片面追求升学率，其指导思想充满了功利性。从根本上说，“应试教育”异化了考试的甄别和选拔功能。

3. 实施素质教育与提高升学率并不必然矛盾

很多学校在实施素质教育的过程中，担心教师和家长会放松对孩子学习的管理，从而导致升学率下降。这种想法是片面的。首先，高升学率是应试教育的主观诉求，却不是必然结果，这是和教育中过分注重机械训练分不开的。如果学校教育将升学作为唯一目的，会挫伤学生们的学习积极性，这种近期、短效的教育目标限制了学生的发展。其次，素质教育的本质在于恢复教育的本来意义和价值，即养成学生健康人格、促进学生全面发展。素质教育要求课程内容必须与学生成长经历联系起来、与生活世界联系起来，是有助于提高学生学习兴趣，从而促进学业成绩的提高的。因此高升学率虽然不是素质教育的刻意追求，但确实是其当然结果。因此，我们必须明确素质教育不是不要升学率，搞好素质教育，会有助于提高学校的升学率。但是，升学率高不是素质教育的根本着眼点，升学率高并不说明素质教育就搞得好，二者不能混为一谈。再次，抓分数与升学率和强调素质教育并不矛盾，问题的关键在于抓的是什么样的升学率以及培养的是什么样的人。学校教育培养的是“应试机器”，还是全面发展的高素质的人？学校教育以学生为核心、以人的全面发展为目标，应该是教育的重中之重。

4. 素质教育不等同于特长教育

在具体操作层面，人们对素质教育的认识仍有偏差，其中最突出的观点就是认为搞素质教育就是增加活动课程、搞特长教育，因此，在一些学校出现了“课外搞素质教育、课内搞应试教育”的现象。有些学校甚至一味强调学生搞特长而减少平时作业时间、取消分数等。事实上，素质教育的目的主要是提高学生的整体素质，而不是撇开基本知识和能力去另搞特长教育。增加活动课是有必要的，但是活动课程的设置不能影响基本课程的学习，因为活动课程仅仅是素质教育的一个方面而不是全部。把素质教育等同于特长教育，是对素质教育的狭隘化理解。而认为素质教育应该什么都学，又是对其理解的泛化。基础教育阶段的素质教育是有重点的，就是应发展学生的基本素质，这与基本知识、基本技能、基本能力的教育是紧密联系的。

三、学校如何促进学生全面发展

校长应引领学校全面加强和改进德育、智育、体育、美育。校长在安排学校德育活动时，要考虑到学生的体验和对活动的可接受程度；在安排学生的集体体育活动时，也要考虑到活动的强度和灵活度；另外，对学生的课外活动及社团活动都要有规划有安排，使学生不仅在课内、在校园里能够得到充分的发展，在课堂之外，甚至在校园之外，也能感受到学校的关怀和温暖。

1. 在生活中品味道德规则

我们要知道，德育并不是将学生培养成为“伦理学者”，而只是让他们做“有道德的人”；德育的内容，不应该是被割裂的政治教育、法律教育、心理教育、道德教育等理论知识，校长应当看到，生活中各种要素是融合在一起的，“有道德的生活”成就的是个体的整体人格；在德育过程中，德育的方法不应当是填鸭式的、只注重道德知识的识记，而应当强调学生的内心体验；在德育课程的安排上，我们不应当将德育作为类似于“思想品德”的一门专门课程，而应当把学校的所有活动和生活都当做德育的大课堂；从教育者和教育对象上来看，教师和学生的关系不是道德的施予方与接纳方的关系，他们都在共同的道德生活中接受教育并教育他人。

我们不能把学生看做品德存在问题的人才去实施德育，我们只是为学生提供一个更好的平台去感悟、体味生活，让他们更接近真、善、美，让他们身体力行地去参与社会实践，从实践中得出自己对事物的判断标准，养成一定的政治素质、公民素养，形成健康稳定的世界观、人生观和价值观。为了保证德育的有效性，校长要做到以下三点。

（1）巩固德育基地，建立三结合的德育网络

迈克尔·弗兰曾经说过，我们已经研究得相当清楚，即学校、家庭和社区对学习的重视，以及它们结成伙伴关系共同合作，最能激励儿童。德育必须贯穿在生活中，学校的德育只是其中的一环。德育过程中，最为关键的是要建立

学校、家庭、社区三结合的德育网络。具体的德育网络图见图4－1。

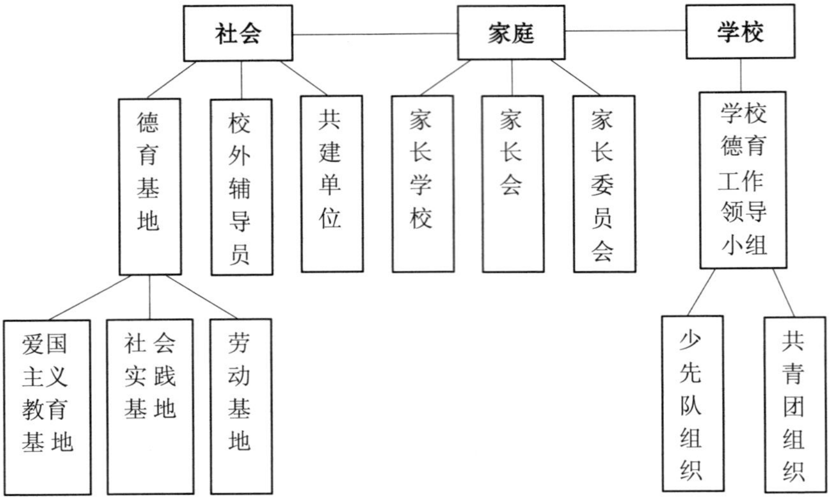

图4－1 德育网络

（2）完善德育规划，保证德育目标切实可行

在我国，有这样的舆论，就是“我国德育目标过高”，不容易达到，以致现行中小学的德育实际缺乏实效性，无法达成德育目标。这里所谓的“高”，指的是德育目标的不可测性，比较“虚”，人们不知道做到什么程度就属于实现德育目标了。我们的德育目标是高高在上的，既善且美。但是，现实中，很多学生是达不到尽善尽美的，这样的德育目标自然不容易实现。然而，又不能说学生的品德都“不及格”；事实上，在中小学阶段，只要学生没有大的过错，他们的品德考核都是合格的。由此可以看出，我们的德育目标与其实施现状和评价是相互脱节的。

校长先要健全德育的组织队伍，将德育的理念和工作目标渗透到学校党团组织、行政组织、班主任队伍和教师队伍中去，做到全员德育；要加强德育的制度保证，仅仅有国家的规章制度还不够，要针对学校的规章制度建立执行和监督检查制度，比如：定期汇报和工作汇报制度、统计记载制度、校值周值日记载制度、班主任工作手册记载制度、各种统计数据的汇总整理制度等。这些都是对计划能够切实可行所提供的保障，在制订计划时，校长要针对学生在某一阶段应该受到哪些教育提出明确的要求和规定。

（3）开展德育活动，保障形式多样

德育要在生活中进行，要与生活相联系。学生平时生活的地方主要在学校与家庭，那么我们进行德育活动就必须要结合校园和家庭的生活实际。学校的德育活动有显性的和隐性的，隐性的德育活动很大一部分体现在校园文化建设上，这一点在第二章我们已经提到过，此处不再赘述。本章我们主要关注显性的德育活动，学校应该如何组织活动来使学生得到有效的道德教育呢?

其一，强调德育活动的集体性和实践性。学校要多重视发挥集体对学生的教育作用，比如一些班团队活动等，寓德育于学生集体活动之中；还要组织学生积极参加社会实践活动，引导学生在进行道德义务的实践活动中提高自己的思想品德和情操。

其二，德育活动要有针对性，分时段、分年龄段进行。每个学段、每个学年、每个学期甚至每个月，学校安排的德育活动都不是随意的，而是有针对性的。同时，根据各种德育活动的不同点加强指导，比如，课外和校外的德育活动，是学生根据不同的爱好兴趣选择的活动，应该在成人的指导下让学生独立自主进行；班队活动，可以事先确定好主题，让学生回去收集资料和准备，开展活动时要多进行小组讨论等。每个月可以针对不同节日、选取不同的专题对学生进行教育，学校的德育活动就显得很有秩序；在不同的时段进行不同的道德教育，学生更容易接受。

另外，一些德育活动，如主题班会等，可以在班主任的指导下，让学生自己组织主持。在这样的班会活动中，学生们就自己关心的话题进行讨论，进行体验式的学习。德育活动之前周密计划和准备，之后认真总结反思，可以促使德育活动更加有效。

2. 帮助学生塑造健康的体魄和心灵

(1) 重视学校体育

学校体育应该做到以下几点。

第一，提供足够的体育健身器材和适宜的体育场馆。

第二，为学生制订锻炼计划，保证学生平均每天进行一小时的体育锻炼活动。

第三，校长、教师做榜样，和学生一起进行体育锻炼。

第四，经常举办一些娱乐性的趣味体育比赛活动，如拔河、摸石头过河、抱球跑等活动，一方面锻炼了学生的身体，另一方面也让他们在学习之余感到轻松愉快。

第五，保障两操活动——课间操和眼保健操，以保证学生在课间能够得到身体和眼睛的恢复性运动，消除疲劳。

案例：北京市某小学的体育大课间活动转盘

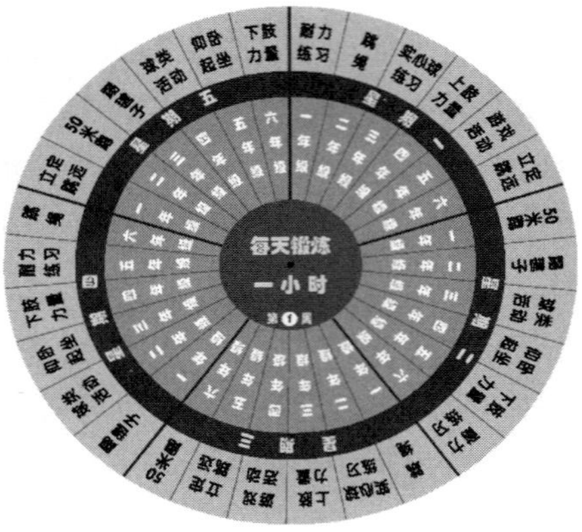

北京市某小学位于老城区，校内运动空间有限，为丰富学生的体育运动项目和形式，该校发明了大课间活动转盘。大转盘由三部分组成。最外圈为每周的活动内容，包括球类活动以及技巧、速度、耐力、柔韧性、灵敏性训练等，中间部分对应各个年级，最内圈显示周次。使用时，只要顺时针转动中间部分，各年级每天的活动内容就会相应变化，对应大课间活动时间安排表，各班即能清楚地知道每天活动的具体安排。

（2）做好学校卫生工作

安斯帕夫等人认为，学校应该提供包括以下 8 个方面的卫生服务：① 学生准备状态方案，包括入学前健康筛查，情绪和社会准备状态的评估等。② 通过观察和阶段性检查而作的健康评估。③ 对学生及其家庭的身心问题开展的健康咨询，包括指出问题和随后的措施。④ 与教师一起评议学生的身心问题，对于参加体育活动、特殊教育方案和学校的其他活动提出推荐性建议。⑤ 提供应急的方法、器具以及急救服务。⑥ 预防传染病的免疫和检查服务。⑦ 牙齿检查、水的氟化处理以及牙的保健。⑧ 包括健康状况、意外事故和社会发展等方面在内的记录资料的积累。

（3）学校心理健康教育的具体实施途径

开设专门课程。学校要保证心理健康课的开设，明确课程的主要目标是促进学生心理认知的发展。

进行学科渗透。学校要鼓励各科教师将心理健康教育目标纳入教学目标之中，充分运用学科课程蕴含的资源来进行心理健康教育。

教育寓于活动。学校要为学生有目标地系统地设计一些心理健康教育活动，强调学生的主题体验，校长也应该主动参与其中。

优化学校环境。学校环境的优化包括物理环境和心理环境两方面，物理环境的优化主要是校园布置设施等，心理环境包括让学生感受到的信息、人际、组织、情感方面的内容。

开展心理咨询。学校应安排有心理咨询室，配备专业的心理咨询人员，以解决学生的心理疑惑和问题。

3. 给学生以全方位的关怀：指导社团活动和课外活动

一个称职的校长不应该仅仅关注学生的课堂表现，还应该考虑到学生的全面生活，注重学生社团活动和课外活动的指导和安排。

社团活动。在学校中，可以由校团委引导、鼓励学生自主申报成立学生社团，并为每个社团安排指导教师。学校还要完善社团管理制度，并组织对包括社团负责人在内的全校学生干部的培训，从如何处理好学习与工作的关系，如何组织开展好学生活动，社团的自身建设及学生干部的形象定位等多个方面进行指导和培训，期望学生在社团活动中有所收获，有所创造，留下美好回忆。

课外活动。学校不应该占用学生的课外活动时间，一定要按时上下学。但是，课外活动时间并不应该让学生无顾忌地玩闹，学校要有计划地安排适当的课外活动让学生选择。课外活动管理的六个原则应当是：教育性、趣味性、实践性、学生自愿参加、普及与提高相结合、传统与革新相结合。校长每周可以安排特定的时间段陪着学生一起活动，让学生在与校长的共同活动中感受到师长对他们的期望与关爱。

课外活动还可以结合美育和劳动教育进行安排，比如：让学生聆听优美的音乐或者去画廊感受艺术的美感；天气好的时候，也可以带学生去附近踏青，感受自然之美。学校还可以举行鼓励劳动创造的课外活动，比如以劳动为主题的演讲比赛、劳动成果展览等，并对劳动行为进行奖励。或者组织学生开展社区服务，让他们懂得公益劳动的价值。这些活动不仅可以使学生树立劳动创造财富的意识，而且还可以培养学生吃苦耐劳的品格，激发学生为社会服务的热情，让他们懂得作为社区一员的社会责任和公德心，使学生的综合素质在劳动教育中不断提高。

第二节　了解学生群体特征

一、研究不同年龄段学生的身心发展特征

1. 小学生身心发展特征

儿童从6—12岁是在小学里度过的。儿童如何融入集体生活，如何养成良好的学习习惯，如何形成对教师权威的尊重，都是小学阶段所面临的问题。

小学生的生理、心理发展，从一年级到六年级，大致有三个明显不同的阶段，即我们常说的小学低年级段（一、二年级），小学中年级段（三、四年级），小学高年级段（五、六年级）。这三个阶段的小学生身心发展各有其阶段性特征。

（1）小学低年级学生的身心特征

小学低年级的学生在身体发育上处在平稳发展的时期，其身高平均每年增长0.04—0.05米，体重增加2—3千克，心率、血压、肺活量及其他生理指标都不稳定，且与成年人的指标有较大差距，骨骼易弯曲，肌肉力量较小，大肌肉动作的协调性比幼儿期有很大的发展，但小肌肉动作的协调性还较差。比如，一年级的学生写字时，不仅速度慢而且不工整。这一阶段的儿童，不易做强度太大、时间太久的体育运动，在训练写字、弹琴等这些小肌肉运动的动作时，要注意动作的规范性。

刚入学的儿童虽然已经步入学校，却不可避免地延续着幼儿时期的一些心理发展特征。小学低年级学生的脑功能发育处于“飞跃”发展的阶段，他们的大脑神经活动的兴奋性水平提高，表现为既爱说又爱动。他们的注意力不持久，一般只有二三十分钟。他们的形象思维仍占主导，逻辑思维很不发达，很难理解抽象的概念。他们依然很喜欢游戏，同伴交往、社会性发展都在游戏中继续发展着。此时的儿童对是非、善恶的判断还处在以成人标准为标准的阶段，对成人的依赖开始从对父母的同一转向对教师的同一，明显地表现为对教师权威的服从，最典型的特色就是“打小报告”，特别爱说“老师说……”。因此在这一阶段，校长们要充分关注低年级教师的示范作用，要指导教师利用

权威和孩子们建立亲密关系。

另外，这一阶段的学生还没有脱离幼儿期的“自我中心”的特点，喜欢自言自语，一般只能认识到自己的优点，而对别人的认识也都停留在成人尤其是教师的评价上。他们喜欢表达而不太会倾听，并且，刚入学的儿童正经历着由口头语言向书面语言的转化时期，最初在进行书写训练时常费劲而又没有把握，因此学龄之初的孩子会有一段“橡皮时代”。这些特点都是校长和教师们需要理解的。

（2）小学中年级学生的身心特征

除大脑外，三、四年级学生的各项生理指标，只在量上比一、二年的学生有所提高，基本没有质的飞跃，仍处于平稳发展之中。但是，他们的大脑却处于迅速发展时期。9 岁儿童的平均脑重量为 1350 克，与 7 岁儿童的平均脑重量 1280 克相比，有大幅度的增长，大脑神经的机能得到进一步加强，心理活动更趋稳定，明显的表现是，他们比一、二年级的学生更容易集中注意力听课。他们的语言能力有一定的提高，但却正处在由第一系统向第二系统转换的过渡阶段，常常出现“有话说不清”的情况。同时，他们的逻辑思维开始迅速发展，他们在接触“好与坏”“正确与错误”“主要与次要”等概念时，尽管还有些模糊，但已有了初步的认识。

在这一阶段的孩子基本已经脱离了幼儿期的一些特点，全身心地投入到了集体活动中来。他们一边继续服从着教师的权威，一边开始重视伙伴之间的真诚与法则，伙伴规则时代悄然而至。他们的自我意识开始增强，对外界的事物有自己的认识标准，开始尝试自己作出判断，对父母和老师不再唯命是从，开始不听话，甚至总是能编一套自己的道理来和老师、家长“抬杠”。在这一阶段，因为是儿童“见解形成期”的典型特征，这种“见解”并不像青春期那样完全独立，而主要是情感方面的独立。校长和教师要注意尊重学生的情感，不能简单地滥用权威，也要矫正孩子们的一些认识，避免学生不合理的见解肆意扩张。

（3）小学高年级学生的身心特征

五、六年级的学生，身体发育再次进入一个高速发展期，被称为第二发展期。此时，他们不仅身高、体重明显增长，而且肌肉、骨骼的力量也在迅速增强。他们虽然总体上看还处于儿童期，但其中一些年龄偏大的儿童已处于儿童向少年的过渡期。这一时期的儿童有了进行更高层次学习的认识基础，有些孩子生理发育开始趋于成熟，尤其性成熟，使他们开始关注男女之间的差异，社会化发展进入了快速发展的阶段。他们的智力有很大发展，逻辑思维开始在思维中占主要优势，创造性思维也开始有很大发展。

高年级的孩子对各种事物都怀有极强的好奇心和求知欲，带着开放、探究的心态显示出他们广泛的爱好。在这种求知的心理状态下，他们的判断力开始理智地发展，对成人尤其是教师的批判精神开始萌生。与中年级充满反抗、逆反情绪的“见解”不同的是，他们相对显示出一些稳定与成熟，批判的目的更多是想弄清是非，或表明他们的公正。

此时，校长要指导教师在理解学生的基础上，利用学生要求独立的心理特点，给他们为班级做事的机会，让他们觉得能展示自己的独立性和能力，以此调动他们关心班级、为班级作贡献的主动性和积极性。

对性别角色差异的认识，其实早在中年级就已经步入了快速的发展时期，如男生会时常对女生搞恶作剧，会在女生游戏时滋事扰乱，而女生则喜欢频频向老师告状，男女同桌时会画出分界线。到了高年级，由于青春期的开始，男女儿童对各自所属的性别意识在强化，有些儿童会出现疏远异性的现象，他们开始关注自己的内心世界，心理发展正开始一个崭新的质的飞跃。这些情况会一直延续到青年初期。

2. 初中生身心发展特征

12—15 岁的初中学生处于少年发育期，亦称为青春早期，这个阶段他们身体形态及其功能的发育特点有：身高、体重迅速增加；肌肉发育显著，体力增强；心脏和肺脏加重，功能增强；脑和神经系统发育基本成熟；第二性征开始出现，性发育基本成熟。

12 岁前后少年的身高每年可增长约 0. 06 米，体重每年可增加 5—8 千克。女生在 9 岁就开始迅速长高了，12 岁达到高峰；男生 11、12 岁才开始迅速长高，14、15 岁时超过女生。12 岁以后孩子的肌肉在机体中的比例增加，而且肌肉组织也变得更为密实，使初中生的体力随之增强，尤其是男生的力量明显增大。女生的肌肉相对发育较慢，但脂肪却逐渐积累，使她们的身体开始丰满起来。12 岁左右的孩子心脏的重量达到出生时的 12 倍；10 岁时肺活量只有 1800 毫升左右，到 15 岁就达到 3000 毫升以上了，基本同成人一样。12—15 岁，儿童第二性征出现，如男孩喉头突出、肩宽骨盆窄，女孩乳房增大、骨盆变宽等。性成熟表现为 12—13 岁的女孩出现月经初潮、14—15 岁的男孩首次遗精。

这一阶段的孩子生长发育速度很快。12 岁时孩子的脑重、脑容积与成人基本相同，脑中沟回增多、加深，机能趋于成熟，第二信号系统占据优势地位。神经系统的结构和功能趋于成人化，为逻辑思维逐渐占主导地位和整个心理机能的大发展奠定了基础。初中生的抽象逻辑思维已经占据主导地位，而且带有批判性的色彩。在时间上可以超越个人的现实生活，考虑自己的理想和未来——当然是浪漫而不切实际的；在空间上可以超越个人的生活范围，关心社会、关心国家以及关心世界上的各种事件。思维的内容不仅是事物的表面，而且能够考虑到原因和结果，并且愿意提出解决问题的办法——当然往往是简单而极端的。

初中生的情绪往往很容易两极化，原因在于他们自我意识的增强，十分敏感，而且容易受外界影响，大起大落。刚开始情绪很容易外露，到了高年级以后，开始随着内心感触的复杂而变得封闭一些，有很多不愿意告诉成人甚至同伴的小秘密，情绪转变为内隐。初中生自我意识的发展表现为逐渐自觉、逐渐强化，开始从比较单纯地接受他人评价转向能够自觉地进行自我评价，并且特别关心自己的形象，渴望被尊重被理解，也很容易夸大自己的挫折感。初中生还特别渴望独立，强烈地要求思想和行动的自主权。

初中生在人际交往方面表现出极大的热情。他们愿意进行广泛的人际交往，渴望与他人沟通思想感情，渴望得到他人的接受和尊重，渴望在人际交往方面得到成功，热切地希望自己具有比较强的人际交往能力。但是由于敏感与情绪波动，他们在交友过程中也很容易有强烈的挫折感，一旦感觉自己不受尊重，甚至能对好友说出“绝交”的字样。

在这一阶段，校长要引导教师学会充分尊重和理解学生，千万不能嘲笑或者遏制学生的想象力。当学生主动寻求和教师的心理沟通时，教师要充分站在学生的立场上慎之又慎，给出中肯的意见，千万不能把学生青春期的小秘密当作玩笑甚至在办公室里当作谈资，一旦学生感觉到自尊受了伤害，就会对他的成长造成难以挽救的影响。

3. 高中生身心发展特征

高中大致是儿童 15—18 岁的阶段，这一阶段处于青年初期阶段。身高经过初中阶段的快速增长后进入缓慢增长期，一般男生 16 岁、女生 15 岁开始，身高每年增长不到0. 01 米，到 18 岁基本稳定。体重从 16 岁开始，每年增长 1 千克左右，男生到 20 岁左右体重基本稳定，而女生到 18 岁就基本稳定。男生肌肉增长较快，肌纤维明显增粗，肌力显著加大。而女生脂肪相对较多。

高中阶段的学生情感丰富，兴趣更加广泛和稳定，学习兴趣更强烈，理想、世界观开始形成，行为的自觉性更高，这一切都给认知发展以强大的推动力。同时，高中生思维的成熟、自我意识的发展，对于情感、个性等心理因素的发展也起很大的作用。因此，高中生的认知结构和能力与情感、个性等心理因素形成协同发展的新局面，使心理发展的整体水平得以提高。

在这一阶段，学生的智力基本发展到接近成人的阶段，注意力可以集中而持久，思考问题也比较理智，但是仍然需要直观事物的支持。思维的独立性和自我意识的进一步发展，其感情具有文饰性，内心世界活跃，而且情感的外部表现常与内心体验不一致。在处事的信心度、果断性、自制性方面有发展，调节力较初中有提高。兴趣范围进一步扩大，并具有一定的稳定性，性格特征趋向稳定、成熟，外显与内向类型明显。性格的可塑性仍较大，旧的不良性格特征可能被改塑，新的不良性格特征可能还会产生。自我评价比初中充实、客观，有自我发展、自我实现的要求。但也会出现自我与社会的冲突，有的学生自尊心过强，自我中心突出，一遇挫折就会转化为自卑。在这个阶段，学生的自理能力和独立生活能力都有所提高，升学和就业的压力促使他们的社会化进程加速。在这个阶段，学生的情感需求很丰富，乐于交朋友，并且对异性产生强烈兴趣，很可能出现“早恋”现象。

表 4－2　高中三个年级学生的发展阶段及教育重点

	高一年级	高二年级	高三年级
发展阶段	适应阶段	过渡阶段	升学、提高阶段
主要特点	新鲜感、不适应感	松弛感	紧张感
教育重点	学习、交往、生活适应	人际交往（异性交往）	考生升学与就业指导

高中三年学生的心理状况不尽相同，我们仅作简单分析。

高一：学生因考取高中而产生不同的想法。考上理想高中的学生兴奋，考得不理想的沮丧。但学生不论是兴奋还是沮丧，都会对新环境产生诸多的不适应，如焦虑、抑郁、压抑、情绪波动等。由于初、高中教育内容与教育方法不同，一些学生有可能失去应有的进取心，造成内在动力状态失衡，出现了理想与现实的矛盾、个人要求与实际可能的矛盾、社会现实与理想的矛盾、家长期望与自身愿望的矛盾等。因此，这是高中阶段问题最多的时期，也是班主任工作最关键的时期。

高二：由于学生已基本掌握了高中学习、生活的规律，也交了一些朋友，思维方法逐步成熟，处于多梦的青春期阶段。随着年龄的增长，身体也逐渐达到成人标准。这个阶段无论在生理上还是心理上都发生了较大的变化，他们的兴奋和抑制已趋向平衡，性器官即将完全成熟。随着生理的变化，对异性产生了爱慕心理。自我意识日益增强，开始注意到人怎样看待自己，有较强的自尊心、情感丰富、内涵深刻。能否顺利度过青春期，高二年级是关键。

高三：面临人生重大选择，受到高考和择业的困扰，有相当一部分高三学生处于心理的高度紧张状态。学生们有一种莫名的冲动和烦恼，这时的考试得失心理极强，考坏的失落、沮丧，领先的也深感不如意。他们的眼光往往只盯在学科分数上，而忽视对如何有效调整学习过程的研究，因此常不能正常发挥自己的水平。考试焦虑是最重要的问题。教师和家长应注意创造和谐适度的学习氛围，调整期待水平，不给学生造成更大压力，加强考前指导，帮助学生提高考试技能，做好考前的知识、生理、心理、物质等准备。

二、了解独生子女特征

现阶段的中小学生大多数是独生子女。怎样教育培养独生子女，已成为一个重要话题。独生子女与非独生子女相比，具有不同的特点。了解这些特点及其形成的原因，有助于我们能够更好地对其进行教育。

中国青少年研究中心曾经对北京、上海、天津等 12 个城市 3349 名 11—15 岁的独生子女进行问卷调查，内容集中在儿童的人格需要、自我接纳程度、学习需要、道德自我评价及兴趣等方面。结果表明，我国城市独生子女人格发展的五大优点是：① 重友谊、有恒心。② 自我接纳程度高。③ 社会道德表现良好。④ 在学习需要中，报答父母、报效祖国和自我提高较强烈。⑤ 兴趣爱好广泛。独生子女人格发展的四大缺陷是：① 成就需要较低，且有不同程度的攻击性行为。② 自我接纳方面存在障碍。③ 在道德方面，创造性、独立性、勤劳节俭方面有缺陷。④ 学习中缺乏内在动力。[①]

造成这些问题的原因与家庭教育的关系很大，同时学校教育也负有很大责任。学校教育本身不仅应该起到纠正独生子女的不良习惯和缺点的作用，还应该主动和家长沟通，对家庭教育施加正确有益的影响。校长可以考虑学校重点通过下面四方面的教育来影响独生子女。

1. 责任感教育

家长已经帮独生子女安排好了很多事情，因此他们通常缺乏负责任的态

---

① 陈爱梅，王文晶．独生子女社会化问题初探［J］．长春师范学院学报，2003（3）：30－31.

度。当处于两难境地时，他们经常会说“我爸爸说……我妈妈说……”，把父母拿来做挡箭牌而让自己缩在后面。对于独生子女，应当强调他应该为自己做的每一件事、说的每一句话负责，而不应敢做不敢当，或者信口雌黄。在学校里，教师应该多给孩子们宣讲“责任”和“诚信”，并在自己做好榜样的同时要求家长也这么做来影响孩子。

2. 爱他人教育

独生子女由于家里的宠爱，很容易自我中心，甚至对父母缺少爱心。爱他人教育首先就是要让独生子女学会感受父母的爱，同时要对父母的爱作出反馈。同样，爱他人包括对长辈、老师、同学乃至弱者的爱。校长应引导教师、家长为学生组织“人人为我，我为人人”的主题班会。让学生讲讲别人为自己做了些什么，再讲讲自己又为别人做了些什么。这样父母、孩子共同参与，教师加以引导，教会孩子真诚地爱他人，要从一点一滴做起。教育他们，学会关爱他人也是一种美德。

3. 爱劳动教育

独生子女通常在家受娇惯，很少在家从事劳动，常常“饭来张口、衣来伸手”。学校教育应当培养独生子女的劳动兴趣、劳动热情、劳动耐力、劳动创造能力等；多让孩子从事社区劳动，打扫教室等，并要求孩子在家整理自己的房间，做力所能及的家务事；让他们渐渐体会劳动的光荣和乐趣，改变独生子女缺乏自理能力的坏毛病。

4. 正确的竞争观教育

独生子女在家中被疼被宠，是几代人关注的焦点，可是一旦走出家门，独生子女再也不会享受到这样的宠爱，这就很容易造成心态上的失衡。因此，对独生子女进行正确的竞争观教育很关键，包括胜不骄、败不馁，对待他人要宽容，对外面的世界不要胆怯，勇敢去竞争等。学校应该给孩子们提供一些良性竞争机会，让他们在竞争中体会合作，在竞争中发现自己的闪光点，同时学习别人的优点，让独生子女在竞争中人格更加完善。

三、关注不同类型的学生

苏霍姆林斯基说过，能否保护和培养每一个学生的自尊感，取决于教师对这个学生在学习上的个人成绩的看法。也就是说，如果教师能够有效地帮助每一个学生走向学业成功，我们就能够有效地“保护和培养每一个学生的自尊感”。

在每一所学校里，存在着各种各样不同的孩子。校长首先要承认学生之间的差异。校长和教师眼中的学生不应该是抽象的，而应该是具体的、独具个性的、活生生的个体。其次，校长要了解学生，除了宏观地把握学生整体的生存与发展状况之外，还要微观而具体地了解个性迥异的学生，把握特殊学生群体的生理和心理特点，才可能因材施教地为每一个学生制订最近发展目标，采取不同的教育教学策略，帮助学生走向成功。

1. 关注不同家庭背景的学生

学生家庭经济状况、家长受教育水平、家长职业状况不尽相同，导致学生的家庭背景千差万别。在面对这些不同的学生的时候，校长们应该如何对待呢？是完全的一视同仁，还是针对不同背景的学生给予不同的关注呢？学生在受教育机会上是完全平等的，校长应当公平公正地对待每一个学生。但是，“公平公正”不等同于“同样对待”。校长们在面对不同家庭背景的学生时，应该了解并针对他们的特点制订不同的培养发展计划，对于一些家庭情况特殊的学生应该给予特别的专门的帮助，这样，才有助于实现教育公平，也有助于每一个学生的发展。

（1）单亲家庭学生

家庭是孩子们最初的且最重要的受教育场所。很多调查显示，儿童早期接受的家庭教育对其未来的成长具有至关重要的作用。儿童的成长是家庭和学校合力的结果，二者要多沟通，共同为了孩子的未来着想，才能让孩子更加健康快乐地成长。

虽然单亲家庭孩子的成长环境和其他孩子不同，但是在教育教学过程中，校长和教师在与他们交流的时候，一定不能戴有色眼镜。根据这些孩子的行为表现，可以将他们划分为不同的类型：① 自强自立型。这些孩子比较敏感，在同单亲父（母）亲相依为命的生活中，深知父（母）亲抚育自己的艰辛，能够更多地感受到家长的苦楚，因此自己暗自努力，显得特别自强与自尊。② 忧郁自闭型。这些孩子感情脆弱，性格内向，适应环境的能力比较弱，无法面对家庭结构的变化而心理失衡、无所适从，只好自我封闭、躲避，从而变得忧郁自闭。③ 散漫任性型。这些孩子往往是被宠坏了的“小皇帝”，在家庭分裂后，由于脱离了父母一方的管束、由于单亲父（母）亲“爱的补偿”而变得贪玩任性，自由散漫。④ 偏执易怒型。这些孩子通常将父母离异、家庭解体的原因归结于社会及他人，因此，他们的防范意识特别强，对老师和同学怀有一种莫名的抵触情绪。

校长对策：校长要在了解单亲家庭孩子特点的基础上采取有针对性的措施。面对自强自立型学生，校长和教师要多肯定、表扬他们的行为，让他们觉得自己的付出没有白费，他们会因此而更加努力；对待这样的学生，千万不要随意伤害其自尊心。面对忧郁自闭型的孩子，校长和教师应当多引导他们参加集体活动，营造班集体温暖的气氛，让他们感受到周边环境的温暖，增强他们适应环境的能力。面对散漫任性型的孩子，校长和教师可以多和学生家长联系，进行综合细致的分段目标式培养，从而更好地约束他们。对于偏执易怒型学生，校长和教师可以用自己的爱心、耐心和细心来感动和融化他们“冰冷的心”，帮助他们感受集体的温暖，早日消除抵触情绪。只有这样，才能有的放矢，才能够真正让单亲儿童在学校得到最好的照顾和发展。

（2）特困生

在一些学校中，存在着很多家庭生活非常困难的孩子。这些学生背负着特别沉重的家庭经济负担，面对这些孩子，校长们应该做些什么呢？

校长对策：《中华人民共和国教育法》规定，学生拥有获取奖学金、助学金和贷学金的权利。因此，校长可以根据学校的具体情况制定规范的奖学金、助学金和贷学金制度，在适当的时候授予这些特困生奖学金和助学金，切实缓解他们的经济压力和精神压力，同时激励他们更加努力地学习。

在授予学生助学金的时候，校长们尤其应当考虑学生的自尊心问题。有些敏感的孩子会因为自尊心强而拒绝接受助学金，或者接受了也觉得很尴尬，在同学面前抬不起头来。对待这样的学生，学校可以为他们提供一些勤工助学的机会，比如管理班级图书角、管理校园海报栏等。校长也可以直接找他们谈心，告诉孩子们：贫困并不是他们的错，也不是父母的错；奖学金和助学金是对他们学习的肯定和期望，他们今后成才了，还可以加倍报答母校。

（3）留守儿童

全国妇联于2008年2月发布了全国农村留守儿童状况报告：目前全国农村留守儿童约5800万人，其中14周岁以下的农村留守儿童有4000多万人。另有研究表明：88.2%的留守儿童只能通过电话与父母联系，其中53.5%的人通话时间在3分钟以内，并且64.8%的留守儿童是一周以上或者更长的时间才能与外出的父母联系一次，有8.7%的儿童甚至与父母就没有联系；49.7%的孩子表示想和外出打工的父母在城市生活，但也有44.1%的被调查对象明确表示不想和外出打工的父母在城市生活；有 24.2% 的留守儿童与照顾他们的成人很少或从不聊天。① 父母是他们最亲近的陌生人。

由于父母亲情与教育的缺失、由于农村各种条件的有限，留守儿童的个性发展中或多或少地带有各种缺陷。

性格发展不够健全。有些孩子内向、胆小、自卑、孤僻、抑郁，不愿意也不善于同他人交往，害怕被别人欺负；有些孩子自控能力差，好冲动，经常打架斗殴，辨别是非的能力较差；另外，他们往往缺乏安全感。

行为习惯出现偏差。部分留守儿童缺乏父母及时有效的指导和教育，也不听祖辈及其他监护人管教，没有礼貌，在学校道德品行较差，不遵守规章制度，常有说谎打架、欺负同学等不良行为；有的留守儿童迷恋网吧和游戏厅，甚至与社会上一些有不良习气的成人混在一起，个别人还走上了犯罪道路。

学习成绩不理想。大多数农村留守儿童因缺少父母监督，在学习上缺乏主动性、进取心，学习习惯不好。具体表现在迟到、早退、旷课、逃学、上课提不起精神、注意力不集中、不能按时完成作业等，直接结果就是学习成绩不理想。

生活习惯不良。年幼的孩子被托付给祖辈或亲戚、邻居、朋友等帮助照管，得不到精心照料，孩子的日常饮食、营养、生活安排等都受到严重影响。一些留守儿童生活不规律，或营养不良，或体重超标，他们的体格生长发育指标与同龄孩子相比有一定差距；一些留守儿童卫生习惯较差，患感冒、龋齿、近视等疾病的概率高于非留守儿童。

校长对策：面对留守儿童，学校应该承担更多更重的教育责任，校长和教师可以根据这一特殊学生群体的实际需求，将他们最需要解决的问题放在首位；遵循儿童认知规律，多形式、多元化地为留守学生提供全方位服务；校长还可以根据学校的实际情况，以"留守小队""爱心小队""坚强小队"等为载体，用他们愿意接受的方式和内容教育他们、感染他们，让他们感受到学校的温暖、感受到校长和老师的关心。

留守儿童的教育问题已得到社会各界的重视。目前，我国留守儿童教育模式主要有以下几种。

★ 寄宿教育模式。这个仅限于一些有条件的寄宿制学校，寄宿能够相对改善寄宿儿童无人看管的情况，由学校对其生活进行全方位的关注指导。

★ 代理家长教育模式。学校倡议和发动机关事业单位干部职工、村社干

---

① 摘自 http://www.china.com.cn/zhibo/2008/02/27/content_10180165.htm.

部、有帮扶能力的共产党员和爱心人士，在自愿原则下做留守儿童的代理家长。代理家长主动履行家长义务，正确引导孩子成长，定期与留守儿童父母、托管人、教师联系沟通；每周与留守儿童联系交流、辅导作业，每学期初制订一份帮扶计划书。

★ 留守小队教育模式。这是一种注重发挥农村留守儿童自我教育、自我服务、自我管理的解决措施。其主要做法是组建少先队校外留守小队，为每个留守小队聘请1名少先队辅导员或志愿辅导员，组织开展丰富多彩的留守小队活动。留守小队模式是一种值得提倡和推广的模式。

★ 隔代家庭教育模式。充分发挥农村隔代家长学校的主导作用，每学期至少对隔代家长培训两次，并请优秀的隔代家长介绍经验；利用“家长开放日”让隔代家长学习教育经验；通过开展“农民道德评议”活动促进隔代家长改掉不良习惯，为留守儿童创造良好的家庭教育环境。同时，聚合各方力量构成教育网络。

★ 留守儿童之家模式。由教职工担任代理家长，成立“家务委员会”来负责管理，委员会设立“大家庭”和“小家庭”。“大家庭”按家务性质划分管理线，设总代理家长管理下的住宿、生活、学习、活动、物质等分项代理家长，分项代理家长组织人员对留守儿童需要代理的相应事项进行管理和研究；“小家庭”以学段划分管理线，由总代理家长管理学段代理家长，再由学段代理家长组织人员代理留守儿童各方面的事务。

2. 关注知识基础和学习能力不同的学生

学生是活生生的个体，学生之间的学习能力存在着很大的差异。一般而言，在一个常态班级中，学生的学习能力和成绩呈正态分布。校长和教师应当针对不同学生的学习能力和知识基础因材施教。

（1）学困生

智力水平正常且没有感官障碍，但其学习成绩明显低于同年级学生，不能达到预期学习目的的学生就属于“学困生”。学困生的形成原因不在于这些学生的智力发展问题，只是学习上暂时落后的学生。校长只有认真地把学困生的转化问题落到实处，才能保证全体学生都得到全面发展。

对于校长来说，需要做的是引导相关部门和教师针对学困生的不同情况制订促进学生学习进步的工作计划。学校应当有系统、有计划、有目的地帮助学困生提高学习成绩、养成良好的学习习惯；最为重要的是，不要轻易放弃每一个学生。每个学生都应该公平地享有受教育权。当然，每个学校都有自己的学困生转化的经验方法，这个“干预金字塔”只是给校长们提供了一个可参照的案例。

（2）英才儿童

《国家中长期教育改革和发展规划纲要（2010—2020年）》强调，要“努力培养造就数以亿计的高素质劳动者、数以千万计的专门人才和一大批拔尖创新人才”。进行批拔尖创新人才培养，就要关注对英才儿童的培养。各个国家和地区在不同时期对英才儿童的称谓不尽一致，如神童、天赋儿童、天才儿童、超常儿童、资优儿童、英才儿童等。英才儿童并不是我们通常所理解的学习成绩特别好的学生。英才儿童至少具有以下两个特征之一：① 先天禀赋优异。这一先天禀赋，更多地强调其遗传特征，心理测试意义上的优异。在不同的国家，对其占人口总数的比例的认定不一致，从1%—5%不等。② 在某一方面已经表现出比同龄人、同样文化背景和生活环境的人优秀的能力。例如：学术能力、社会性、某些特殊才能等。这一点，更多强调后天环境的作用，为对其实施特别教育提供了原因与可能。

原英国牛津大学英才儿童研究中心讲师贝纳德特·泰南认为，许多英才儿童可能在学校或考试中表现并不优异，但他们在其他方面的表现能够说明他们拥有高于同龄儿童的才能。泰南说：“他们可能擅长建筑、有丰富想象力或有领导才能。这些才能，需要家长慢慢地发现。”这些英才儿童在学校中的表现各异，但大都拥有一个共同特性：时不时表现出一点“小毛病”，时不时地给校长和教师带来一些意外“惊喜”，时不时地与同学发生一些“小摩擦”，时不时需要校长和教师出面处理一些“小问题”。

首先，校长和教师要善于发现天才儿童，对于一些儿童表现出来的异常行为要给予特殊关注。通常天才儿童有六大特征最容易被忽视。

特征一：喜欢发号施令。这些孩子善于重新排列物品或给全班同学排座位，这预示着他们可能具备强有力的领导和组织才能。

特征二：小小“大亨”。一些孩子喜欢将平时的零用钱积攒起来，这样他们假期中就将拥有一大笔钱来支配。这些孩子长大后很可能成为商界大亨。

特征三：刨根问底。一些孩子总是充满好奇，甚至不厌其烦地问问题。如果这种特性得到家长的培养和重视，他们极有可能成为记者或天文学家。

特征四：设计建造。如果让这样的孩子独自待一会儿，他能用积木搭建出埃菲尔铁塔的模型，这暗示他非常具有设计天赋。

特征五：想象力丰富。有的孩子喜欢写故事，他们的想象力十分丰富。如果家长好好培养，他们很可能成为下一个J. K. 罗琳，写出闻名于世的《哈里·波特》。

特征六：喜欢喋喋不休。这种孩子喜欢同人讲话，甚至在上课时也和同学在下面窃窃私语，这暗示孩子具有非常棒的表达能力，很可能成为律师或演讲家。

其次，校长和教师要意识到天才儿童教育的重要性，根据这些儿童的具体特质和身心发展状况，因人制宜，确定适合于他们的教育策略。

对于天才儿童来说，优点有时候也可能表现为缺点。比如：有些孩子拥有较高的领导才能和组织能力，他们善于重新排列物品或给全班同学排座位；但是在日常生活和学习中，他们容易表现出霸道的一面，和同学们在一起时，大事小事全都得听他的，什么事他都要管，都要由他安排。有一些学生好奇心很强，但是他们凡事追问到底的性情（有时候甚至是“贫嘴”），也会让家长和老师感到不耐烦。还有的孩子表现为“小话痨”，不分时间和场合，一天到晚讲个不停。对于这样的孩子，校长和教师一定要看到行为背后积极的一面，不要压抑孩子的天性和才能发挥，相反，校长和教师应当为这些孩子提供充分展示个性和能力的机会，选择适当的方法和措施，帮助这些孩子最大限度地发展个性和能力。

再次，使用“加速”或“丰富”的策略，满足天才儿童的学习进度和学习需求。

说是“加速”和“丰富”，其实也很简单，就是校长、教师和孩子父母给孩子较多的自由，帮助孩子自强自立，鼓励孩子发展自己的兴趣、按照个人意愿去创造性地生活，鼓励孩子去冒险。同时，校长、教师和家长还应当在孩子面前保持一定的权威，可以对孩子提出高标准、严要求；此时，校长、教师和家长表现出来的并不是专制，他们是可以容忍孩子的差错的，允许孩子犯错误并给孩子提供改正错误的机会，帮助孩子在改正错误中成长。

最后，在常规课堂中，教师要针对天才儿童提出不同的学习要求，对其进行特殊的评价。因为，并不是所有孩子的才能，都可以通过一支笔和一张纸的考试来证明。

（3）资常生

对于天才儿童和学困生，我们要进行特殊的关注；同样，我们也不能漠视或者忽视智力表现一般、学习成绩一般的资常生，毕竟大多数学生都是普通人。对于资常生来说，每个学生都是独立的个体，都有其特点，有其个性，只要校长指导教师细心观察、真心呵护、热心教育，为他们制订“跳一跳就能够得着”的学习目标与发展目标，帮助他们确定恰当的学习方法和学习手段，他们也可以获得全面的发展，也可以成为最棒的人。

3. 关注残疾学生

所有残疾学生都享有平等的受教育权，都应该享受与普通学生同等的教育。虽然我国《教育法》规定，国家和政府应当为残疾儿童和少年享有受教育权而举办专门的特殊教育学校，而且，在大中城市里的确也存在着这样的特殊教育学校，但是，在一些经济不够发达的地区，特殊学校的数量非常少，种类也不齐全，不能满足所有残疾儿童的入学需求。另外，一些普通家庭因为经济困难，无法支付孩子上特殊学校所需的相对较高的学费，而很多轻度残疾的学生也有能力跟上普通学校的教学进度。所以，在一定情况下，普通学校仍然担负有接受轻度残疾的学生入学的责任。

校长对策：首先，学校和校长应该在校园文化的建设上体现出对残疾学生的重视。学校应当为视力障碍的学生修建无障碍通道；有条件的话，学校还可以修建残疾学生专用的厕所、休息室等设施。其次，学校和校长应该鼓励身体健全的学生多多帮助身体不便的残疾学生，鼓励残疾学生参加一些力所能及的体育活动和其他集体活动，让残疾学生感觉到自己也是班级的一分子，也是学校的一分子。最后，同时也是最重要的，就是要有平等的目光。校长应该要求所有教职工和学生都能够以平和的态度来对待并接纳残疾学生，不让残疾学生有异样感，让他们觉得“大家都是一样的”。

如何针对不同种类的学生制订学生发展计划，促进每一个学生的发展？关键在于校长要有意识地区别对待不同种类的学生，真正做到为每一个学生负责，为每一个孩子未来的幸福与发展着想。山东省某市为每一个学生建立个人成长档案，其目的不是将学生分为三六九等，不是给学生贴标签，其目的在于分析每个学生的特殊情况，帮助教师确立针对学生个体的、符合学生个性特征的教育和教学方式。

案例：山东省某市八类学生成长档案[①]

为保障每一名学生健康成长，从2007年秋季新学期开始，该市为8大类2万多名特殊群体学生逐个建立了个人成长档案，为每个学生配备了成长导

① 赵德宝，王仁香. 逐步建立档案　人人皆有导师——山东高密八类学生受到特别关注［J］. 中小学管理，2008（4）.

师。这8类学生分别是家庭贫困学生、学习困难学生、单亲及父母双亡家庭学生、外来务工人员子女、留守儿童、随班就读残疾儿童、家庭条件特别优越的学生、学习成绩特别优秀的学生。

首先，为需要特别关注的学生建立档案。学校通过家访、调查等渠道，摸清特殊群体学生的情况，全面掌握各年级、班级中8类特殊学生群体的信息，对每一名学生的不同情况进行全面分析，并结合学校和学生实际，建立需要特别关注学生的成长档案，建立严格的档案管理制度，设定档案借阅权限，保护学生的个人隐私。

其次，为学生配备成长导师。在完善档案的基础上，针对不同学生的情况，组织各学校安排品德高尚、责任心强、学生信任的教师做需特别关注学生的成长导师，通过开展“师生共成长”等活动，鼓励导师结合自己的优势，帮助被辅导的学生健康成长。同时，市里把这项工作作为课题进行立项研究，通过颁发“创新燎原奖”、总结“金点子成功案例”等方式进行表彰和推广。

最后，建立关注特殊群体学生成长的长效机制。为确保工作实效，各学校把关注特殊群体学生成长作为“一把手”工程，定期组织干部教师研究分析各年级、各班级需特别关注学生的成长状况，对学生成长中的问题实行“销号制”，解决一个“销号”一个。该市还把关注特殊群体学生工作作为和谐校园建设的重要内容，纳入对学校督导评估和年度考核的内容，不定期随访督导，定期表彰先进学校和教师，建立起关注特殊群体学生成长的长效机制。

第三节　正确研究和评价学生

一、深入研究学生

1. 校长应该深入了解和研究学生

现实中，有很多校长认为：在学校里，校长的领导性工作非常关键，管理性工作也很重要，事务性工作又如此之多，每天忙得不得了，连倾听教职工的心声、了解教职工的诉求都顾不过来，哪有时间往学生中间跑啊？学生并不是校长直接管理的对象，校长没有必要去了解学生，了解学生的事情就让教学副校长去做吧，让班主任和科任教师去做吧。

学校教育的目的是培养学生、促进学生的全面发展。作为学校领导的校长，更应该通过自己的行动来贯彻这个总体目标。要培养学生、促进学生发展，首先需要去了解学生，了解学生的发展状况，以达到因材施教的目的。当校长付出精力与时间去了解学生时，教育教学过程便会因为富有关怀、体谅、接纳和欣赏而充满生趣与活力。同时，校长也应当给予学生了解校长、接纳校长的机会，想方设法让学生产生对校长、对教师的尊敬和喜爱。当校长与学生、教师与学生实现相互尊重、相互爱护的时候，必能水到渠成地产生教育与教学的良好效果。

科学发展观的最根本要求是以人为本、促进人的全面发展，现代学校管理必须以学生为本；了解并研究学生是以学生为本的起点和基点。判断一位校长管理学校的效能的高低，最终要看其对学生发展的促进作用是大还是小。作为校长，更有必要认识到“研究学生”的重要意义，“研究学生”是落实学生主体地位的基本方式，是促进教师专业发展的重要方法，更是实现学校管理的教育性的基本原则。校长应该了解和研究学生，应该从更宏观、更深刻、更长远的视角去了解、研究学生。研究学生的根本目的是为了更好地引领学生全面发展，也是教育“培养人”这一基本内涵的体现。

2. 校长应该研究学生的哪些方面

教育的质量与公平理应成为学校关注的重点，因此，对学生的研究也应该以此为出发点。质量，意味着学生的全面发展；公平，则意味着面向全体学生。通俗地说，研究学生，就是要研究以学生为主的“两全”，即全面发展和面向全体。具体而言，包括以下三个方面。

（1）研究学生的现实状况和发展情况

校长要引领全校教师对学生发展的各个维度进行全面细致的研究，不能只研究学生的考试分数。要探明学生发展各个维度存在的问题到底是什么，有什么具体表现，这是下一步改进学校工作的前提。粗放式的研究难以带来高水平的改进。

研究的内容包括：学生身体是否健康，饮食和睡眠情况如何，情感、态度、价值观是否积极向上，知识掌握是否扎实，创新能力与实践能力如何，学习方法是否科学，学习习惯是否良好，学习兴趣是否浓厚，学生的家庭背景如何，家长对学生各方面的发展有哪些积极影响和消极影响，等等。

（2）研究校内公平的现状

关注弱势学生的发展状况，重点关注家庭困难学生、单亲家庭学生、残疾学生、学习困难学生的情况，看看学校和教师是否只是重点关注“好学生”，是否在资源配置上有不公平现象，校长和教师是否“心照不宣”地放弃了一些升学无望的所谓“差生”。

（3）研究影响学生发展的因素和解决现存问题的措施

校长应重点关注这样几点：针对问题如何提高教育干预措施的针对性和实效性，如何在学校工作中切实兼顾效率和公平，如何切实提高教育质量，促进全体学生的全面发展，如何为学生一生的可持续发展奠定一个坚实的基础等。

3. 校长应该怎样研究学生

虽然有些校长能够认识到了解学生的重要性和必要性，但是，他们还是心存疑虑：一所学校，多则上千学生，少的也有上百学生，而校长只是一个人，只有一双眼睛和一双耳朵，怎么忙得过来？如何能够做到深入、细致地了解全体学生的身心发展状况？这就要看校长了解学生的方式了。了解学生，并不意味着校长必须和每一个学生接触、聊天。校长应该从更宏观、更深刻、更长远的视角来了解和研究学生。

在实际工作中，校长可以通过下列方法来了解学生。

（1）问卷法

问卷法是校长了解学生的最基本方法之一。因为在一所学校里，学生的总数很多。校长想要更广泛地从学生那里收集到更多信息，问卷法是一个有效且实际的方法。比如，校长为了了解全体学生的学习压力，可以通过全校发放问卷或者随机抽样发放问卷的方式来了解学生的压力究竟有多大，面临的压力源主要有哪些，他们又通过哪些方式来缓解压力。另外，想要了解一些小群体，比如“后进生”或者“艺术生”的基本情况，校长也可以通过在这一群体中散发问卷的方式来收集信息，从而了解这一亚群体的学生的状况。

（2）记录法

记录法也是了解学生最常用的基本方法之一，它既包括学业成绩记录，也包括其他各方面的统计，如参加劳动的情况、迟到早退的次数、教师与其谈心的记载等。资料记载要尽可能具体、实事求是，多作事实描述，少作主观判断，避免只看现象，不知本质。

（3）访谈法

校长有必要通过和个别学生的访谈来了解他本人以及他所在的学生群体的

基本状况。校长可以选择在校园偶遇的方式和学生攀谈，以消除他们的紧张心理。然后通过对不同学生问的一些重复性的问题对学生整体情况有更本质性的、深入的了解。

(4) 个案分析法

校长有时也有必要对个别学生进行深入了解，对个案的分析也有助于校长掌握这一类型学生的更深层次的心理特点、行为动机等。为了全面、客观、公正地了解个别学生，校长应广泛听取各方面的意见、评价与看法，这包括听取周围学生（从干部到普通学生，从男生到女生，从本班到外班）的意见，任课教师及班主任的评价，学校其他领导和教辅人员的观察，其毕业母校的老师们的意见；还包括在家访中倾听家长的说法、街坊邻居的谈论等，这样的调查有利于客观地评价学生。

(5) 实践法

在了解学生的过程中，校长可以给他们创造一些表现自己的机会，通过这些活动更加了解一些学生。如在组织音、体、美、劳等活动时，让学生单独或合作去完成某项任务；或者，面向学生，征求他们的合理化建议和意见，从而把握学生的智慧、能力、意识，达到正确认识学生和充分发挥其特长的目的。

从学校管理的角度看，校长应引导学校建立一些机制鼓励教师研究学生。如通过与科研机构的合作，通过专家引领，加强管理人员和教师在研究方面的能力建设，提高研究意识和研究能力，形成一个积极研究学生并关心、爱护、尊重学生的风气和氛围，让大家在合作和研究中学会研究。再如，学校可以在校内建立教师交流平台（如建立让教师展示自己研究结果的“学生发展论坛”），建立鼓励教师开展学生研究的评价机制（对于研究学生很见成效的教师，在评优、晋升中优先考虑）。学校还应为教师研究学生提供一定的物质支持，如为教师购买一些必要的图书资料（如发展心理学、教育心理学等方面的著作）等。

二、正确评价学生

通过对学生的研究，校长们对如何评价学生已经有了更多的认识。建立促进学生发展的评价体系是我国当前课程改革的一项重要内容。对学生发展进行科学有效的评价，有利于更好地促进学生发展。我国很重视学生评价，并提出了改变原有教育评价机制、确立新的教育评价机制的目标。《基础教育课程改革纲要（试行）》指出：“改变课程评价过分强调甄别与选拔的功能，发挥评价促进学生发展、教师提高和改进教学实践的功能。”《教育部积极推进中小学评价与考试制度改革的通知》中列出了6个方面基础发展目标，即：道德品质、公民素养、学习能力、交流与合作、运动与健康、审美与表现。

表4－3对比了两种教育评价理念的不同。

表4－3 两种不同的教育评价

	原有教育评价机制	现在提倡的教育评价机制
评价功能	甄别与选拔功能	侧重发展功能，重视反馈与认同
评价标准	强调相对性和共性，强调结果	重视过程评价
评价内容	注重分数，忽视道德、心理素质、情绪、行为习惯等难量化的内容	强调对评价对象各方面进行全面综合考察
评价方法	定量方法，书面测验	整合定性评价和定量评价
评价主体	主要是教师	强调评价主体多元化和评价信息的多元化，重视互评、自评的作用
评价对象	学生主体性不足，处于弱势地位	承认学生主体性和多元性

总体而言，我们现在的学生评价必须与以往的学生评价模式区别开来。在素质教育的背景下，我们提倡教育评价机制要具有科学导向性、全面性、多元化、动态性、可操作性的特点，既要看到学生的考试分数，更要看到学生的其他方面的发展；既看到学校的升学率，更要看到学校的文化建设。

1. 如何设计学生评价

一些教育工作者和专家学者在学生评价的设计方面作了很多努力，已经设计出一些新的中小学生的评价标准。然而校长们在进行学生综合素质评价之前，仍要有这样的思考：究竟采用哪种评价方式才是最系统、最全面的且符合素质教育发展的要求呢?

美国教育学者布兰克认为学生评价是一种需要细心组织的活动，应该包括8个方面的问题。

（1）学生评价的意图和目标是什么?

（2）评价什么?

（3）如何表现学生刚刚显示或正在形成中的东西?

（4）将采用哪些策略和技术?

（5）谁将参与评价过程？

（6）实施评价的时间与地点是什么？

（7）如何记录、收集以及评估评价数据？

（8）就哪种标准对结果进行评估？

校长只有在合理回答这 8 个方面的问题之后，才可能组织起合理而有效的学生评价。

2. 谁来评价学生

在进行学生综合素质评价的过程中，一定要注意评价主体的多元化，仅仅由班主任进行的评价是片面的。校长、教师、学生与相关人员之间应当形成一种互动的评价网络，形成一个“评价共同体”。

评价共同体必须在信念上保持一致，在行动上保持合作。在评价共同体中，校长是领导者，教师是主要的协调者。通过相互之间的合作，校长、教师及学生家长可以在同一套话语系统中进行交流。

评价共同体的形成是避免教育管理人员、评价者以及学生之间交流缺失的一种有效对策。在评价共同体中，教育管理人员、评价者以及学生可以在一起制定评价标准，一起实施评价，针对评价结果共同协商、提出促进学生发展的改进措施。这样，不仅可以使网络中每个角色对新课程的目标形成统一的理解，还促使他们在追求目标的过程中形成关于评价的一致性程序。

这样一来，校长便能随时发现教育活动的实际情况并及时作出调整；家长可以真正明了自己子女的实际学习水平；教师也能更加正确客观地对学生作出评价；学生也意识到自己在评价中的主体地位，改变以往对评价的被动反应以及不能对评价过程提出任何疑问的状况。

3. 从哪些方面来评价学生

一般来说，评价内容是通过评价指标体系来体现的。它既要反映国家对中小学生应具备的基本素质的统一要求，又要反映不同年级或不同年龄阶段的学生在生理、心理、知识、能力发展方面应达到的具体目标，还应当包括学生个人与众不同的特长。

校长一定要从多方面综合地评价学生，要反映具有时代特点的教育观、质量观和人才观。教育不仅要为社会培养合格的公民和人才，还要使每一个学生成为有能力追求幸福生活的个体。学会做人、学会做事、学会合作、学会学习等，都是对一个公民的基本要求。因此，在新的课程标准中，每一门学科都强调培养目标和评价内容的多元化，不仅包括基础知识和基本技能，还包括情感、态度与价值观，学习过程与学习方法。学生在学习活动和未来的生活与工作中，其知识技能、情感、态度、价值观与学习的过程和方法是紧密联系的整体，它们之间没有主次之分，对任何一个方面的忽视都可能造成学生发展的偏颇。因此，依据教育教学目标，对学生进行多方面的评价是促进学生全面发展的必然要求。

多元智能理论是我们可以参照的学生综合素质评价的理论依据，也为我们提供了一个综合评价的内容框架。多元智能理论是美国哈佛大学教育学院的发展心理学家霍华德·加德纳（Howard Gardner）于1983年提出的一种理论。加德纳认为，人的智力应该是一个量度其问题解决能力的指标，可以分为9种，即言语—语言智能、数学—逻辑智能、视觉—空间智能、身体—运动智能、音乐—节奏智能、自我反省智能、人际交往智能、自然智能和存在智能。多元智能理论的精髓在于对人的三个重要发现，即智能的生物性（每个人与生俱来具有八九种智能）、智能的个体差异性（世界上每个人的智能结构都是不一样的）以及智能发展的悖论（一个人在某方面拥有很强的智能并不意味着他在这个领域必然获得成功）。这三个发现有助于我们反思以往以语言智能和数理逻辑智能为中心的学生观、教学观和评价观，树立新型的每一个孩子都有其优势智能的学生观、教育要促进不同学生得到其潜能所能达到的发展的教学观、给不同的孩子多元化的表现方式及评价方法的多元评价观。①

关于学生评价的具体内容，本章提供一份北京市中小学生发展评价指标体系作为参考（见表4-4）。

表4-4 北京市中小学生发展评价指标体系

一级指标		二级指标	小学生评价要素	中学生评价要素
基础指标	一、思想道德	J1. 道德品质	• 爱祖国、爱人民、爱劳动、爱科学、爱社会主义 • 遵纪守法、诚实守信、维护公德、关心集体	• 爱祖国、爱人民、爱劳动、爱科学、爱社会主义 • 遵纪守法、诚实守信、维护公德、关心集体

① 张金秀. 多元智能与全球教育转型——2010年北京多元智能国际研讨会带给我们的启示［J］. 中小学管理，2011（1）.

续表

一级指标		二级指标	小学生评价要素	中学生评价要素
基础指标	一、思想道德	J2. 公民素养	• 自信、自尊、自强、自律、勤奋 • 积极参加公益活动 • 具有责任感 • 保护环境	• 自信、自尊、自强、自律、勤奋 • 对个人的行为负责 • 积极参加公益活动 • 具有社会责任感 • 保护环境
	二、学业成就	J3. 知识技能	• 基础知识和基本技能水平 • 在相关学科和实际生活中的应用水平	• 基础知识和基本技能水平 • 在相关学科和实际生活中的应用水平
		J4. 学习能力	• 提出、解决问题的能力 • 独立完成学习任务的能力 • 与他人合作、交流的能力 • 收集、识别、管理、使用信息的能力	• 发现、解决问题的能力 • 合作学习的能力 • 独立探究的能力 • 收集、识别、管理、使用信息的能力 • 对学习过程和结果的反思能力
		J5. 学业情感	• 学习态度 • 学习兴趣 • 学习意志 • 学业价值观	• 学习态度 • 学习兴趣 • 学习意志 • 学业价值观
	三、身体健康	J6. 体育锻炼、卫生保健的习惯与方法	• 体育锻炼习惯和方法 • 卫生习惯 • 保健习惯和方法	• 体育锻炼习惯和方法 • 卫生习惯 • 保健习惯和方法 • 健康的生活方式
		J7. 身体形态	• 符合相应年级的身体形态要求	• 符合相应年级的身体形态要求
		J8. 身体机能	• 符合相应年级的身体机能要求	• 符合相应年级的身体机能要求
		J9. 身体素质	• 符合相应年级的身体素质要求	• 符合相应年级的身体素质要求

续表

一级指标		二级指标	小学生评价要素	中学生评价要素
基础指标	四、心理健康	J10. 自我认识	• 了解自己的主要优点和不足 • 努力克服自己的不足，争取进步	• 了解自我 • 调控自我
		J11. 人际关系	• 关心、尊重他人 • 明辨是非，团结互助	• 关心、尊重他人 • 明辨是非，正常交往
		J12. 适应环境的能力	• 熟悉学校环境，能安心、安全、有秩序地学习 • 熟悉校外活动环境，能安心、安全、有秩序地活动	• 适应学习环境的能力 • 适应社会环境的能力
	个性发展指标	F1. 特长	• 学科特长 • 体育运动特长 • 艺术特长	• 学科特长 • 体育运动特长 • 艺术特长
		F2. 有新意的劳动和活动成果		
		F3. 其他（自己选择）		

三、运用研究与评价结果促进学生发展

评价的目标是促进发展，那么，如何运用研究结果来促进学生发展也是校长必须了解的。我们主要从评价信息的收集分析、评价结果的处理与使用两个方面来谈。

1. 评价信息的收集分析

收集关键性的、具有代表性的、有效的评价信息，是评价工作的基石。学生发展评价可以通过以下渠道收集评价信息。

学生渠道。首先是学生本人要学会自我评价。当学生自己觉得有什么可以

记录的东西时，可以主动在“学生成长记录袋”中添加记录。在学期末，对自己完成的各项学业情况进行打分，对自身发展程度作出估计和评价。教师应该根据实际情况，对学生的自我评价进行反馈，表扬或委婉提出批评，并将自评及教师评价的过程记录在册。另外，可以定期组织同学互相针对“学生成长记录袋”中的内容进行补充或批评，养成学生之间互评的习惯。

教师渠道。对于学生在校的情况，班主任和任课教师最了解。校长应该充分调动班主任和任课教师的作用，对学生进行评价。教师应结合自己组织的教育教学活动，有意观察并收集学生思想道德、学业成就、身体健康、心理健康等方面的定量或定性评价信息，在与学生本人进行有效沟通之后，将其添加到“学生成长记录袋”中。

社会渠道。这一渠道通常会被忽视，但是同样很重要。尤其是对学生群体发展趋势和特点的评价，通常通过社会渠道会更为有效。学校应采用多种方式，定期或不定期地通过学生家长、社区有关人士及有关部门，搜集有关学生群体发展的评价信息，对学生群体发展的满意程度作出评价。在这一过程中，邀请一些研究学生发展方面的专家学者，可以了解得更多。

对于收集到的信息，我们还要进行分析。首先，我们要让学生自己对成长记录袋中的内容进行定性分析，挖掘自身的闪光点，看到自己的不足，促进学生的自主发展；其次，要运用教育测量和统计的理论和方法，对运用评价工具得到的评价信息（如运用学生发展指标体系得出的各项分数）进行定量分析，以保证评价的科学性；最后，对“学生成长记录袋”中的评价信息与运用评价工具得到的评价信息进行对比分析，为决策提供科学依据。

案例：浙江省嘉兴市某中学的成长记录袋《我的成长足迹》的目录

01. 我的简历

02. 家长及老师寄语

第一部分：道德品质方面

03. 我的座右铭

04. 我与集体（班级公约）

05. 我与集体（班级工作量化考核细则）

06. 我与集体（班级工作量化考核汇总表）

第二部分：学习能力方面

07. 一学期向科任课教师提问次数汇总表

08. 我的学科成绩
09. 学习小组竞赛
10. 期中（末）考试反思表

第三部分：交流与合作方面

11. 同学对我说
12. 老师对我说
13. 爸爸妈妈对我说
14. 我与同学最愉快的一次合作
15. 家校联系单

第四部分：个性与情感

16. 我的各类荣誉
17. 一件有意义的事
18. 最令人难忘的一节课
19. 自己最满意的一件作品
20. 我的心灵独白

---

2. 评价结果的处理和使用

评价结果的处理要采用定性和定量相结合的方法。用定性的方式记载学生日常表现的评价信息和结果，用定量的方式记载和分析在教育教学过程中使用评价工具得出的评价结果，从而得出一份更加全面、综合的学生发展情况报告。

当然，得出评价的结果并不是评价工作的目的，有效使用评价结果才是评价工作的真正目的。得出评价结果的目的是促进学生的发展。首先，教师应当使用学生可接受和乐于接受的方式，及时向他们反馈评价的结果。在评价者与评价对象达成共识的基础上，引导学生调控自己的发展目标及学习方式。其次，学生评价的结果可用来为学校、教师改进教育教学工作，为家长改进家庭教育提供依据。最后，对学生群体评价结果作出科学的分析，也可为上级教育行政部门提供决策依据。

推荐阅读

1. 阿瑟·W. 库姆斯. 教学领导新概念：以人为本的挑战［M］. 罗德荣，等，译．北京：中国宇航出版社，2002.
2. 艾伦·布兰克斯坦．创建优质学校的6个原则［M］．林玲，等，译．上海：华东师范大学出版社，2007.
3. 龚正行．给新校长的50条建议［M］．北京：人民教育出版社，2004.
4. 马联芳．60个校长的智慧谈话［M］．上海：上海教育出版社，2005.
5. 刘彭芝．人生为一大事来［M］．北京：高等教育出版社，2006.
6. 刘晓明，张明．中小学心理健康教育［M］．长春：东北师范大学出版社，2004.
7. 桑德拉·哈利斯．美国获奖中小学校长的建议［M］．方雅婕，李静，译．北京：中国青年出版社，2007.
8. 罗宾斯，艾维．新校长成功策略［M］．常永才，等，译．北京：中国轻工业出版社，2006.
9. 陶继新．治校之道：20位名校长的智慧档案［M］．上海：华东师范大学出版社，2007.
10. 王铁军，周在人．给校长的建议：101［M］．南京：南京师范大学出版社，2005.
11. 肖信斌．一个中学校长与学生的116次谈话［M］．武汉：武汉大学出版社，2007.
12. 郑杰．没有办不好的学校：郑杰教育讲演录［M］．上海：华东师范大学出版社，2008.
13. 朱永新．中国著名校长办学思想录［M］．南京：江苏教育出版社，2000.

第五章
教师专业发展

谁要是自己还没有发展、培养和教育好，他就不能发展、培养和教育别人。

——第斯多惠

教师对于学校的生存和发展至关重要。教师专业发展需要立足于学校，校长要在教师专业发展中发挥重要的引领作用。实践中，一些教师缺乏主动发展意识，过于依赖学校组织的专业发展活动。因此，校长引领教师专业发展工作的核心和难点是激活教师内在的专业发展动力，促进教师自主专业发展。

本章将帮助校长了解教师专业发展的一般特征，通过有效的引领活动，包括有效组织校本教研活动和校本培训活动，正确评价教师业绩、激励教师工作等，帮助教师树立自主专业发展意识，走上自主发展道路。

第一节　促进教师专业发展

校长们都希望自己的学校有一支爱岗敬业、教学水平高、教学业绩好的教师队伍。俗话说“强将手下无弱兵”，成功的校长就应该是一名善于练兵、长于用兵的“强将”。校长工作的核心是促进教师的自主专业发展，使学校中的每一名教师都能结合自身的特点逐步提升其专业水平和职业幸福感。

深刻理解教师专业发展的一般特征，是有效引领教师专业发展的前提。本节从介绍教师专业发展的一般特征入手，帮助校长逐步明确引领教师专业发展的工作重点。

一、教师专业发展的一般特征

教师专业发展是一种贯穿教师职业生涯始终的提升与进步。从入职的那一天起，教师专业发展的大幕就已开启，这是一个持续十几年甚至几十年的动态过程，表现出了三种特征。

1. 教师专业发展具有不同阶段

关于教师职业生涯发展阶段的理论层出不穷，学者们提出了“三阶段论”“四阶段论”“五阶段论”等。其中美国学者费斯勒的划分最为详细，他将教师的发展分为八个阶段：职前阶段—入职阶段—能力构建阶段—热心与成长阶段—生涯挫折阶段—稳定与停滞阶段—生涯低落阶段—生涯退出阶段。辨明对哪一种阶段的划分更准确、更符合实际，似乎是一项艰难的任务，但这些研究无疑都反映了这样的事实：教师专业发展确实要经历不同的发展阶段。这一过程不是一张简单的蓝图，设计好之后就能够按图索骥，而是充满变数和不确定性，是一种长期的不断反复、螺旋上升的历程。因此，在引领教师专业发展的过程中，针对处于不同阶段的教师，采用不同的方式，才能使引领活动更有针对性和实效性。

专栏

几种关于教师专业发展的阶段理论

- 学者卡茨将教师专业发展划分为“生存期”“巩固期”“更新期”“成熟期”四个阶段。
- 学者伯顿将教师专业发展划分为“求生存阶段”“调整阶段”“成熟阶段”三个阶段。
- 学者司德菲将教师专业发展划分为“预备生涯阶段”“专家生涯阶段”“退缩生涯阶段”“更新生涯阶段”“退出生涯阶段”五个阶段。

2. 教师专业发展是自主的

教师不仅是教师专业发展的对象，更是专业发展的主人。教师们对教育教学工作有着不同的认识和理解，在本职工作中形成了各具特色的实践智慧，因此，每一名教师都有专属于自身的发展历程。教师对自身发展的内容、形式、速度和程度应该具有发言权。教师在追求发展这一目标上是相同的，但在如何实现这一目标的路径选择上却可以千差万别，殊途同归。如果校长忽略教师的感受、体验和发展需求，试图千篇一律地推行一种教师专业发展模式，那么，在实践中就很难取得良好效果。

3. 教师专业发展是全面的

教师专业发展是教师个体的专业成长和教师内在专业发展结构的不断更新、演进和丰富的过程。专业知识、专业技能和专业情意是构成教师专业素质结构的主要部分[①]，只有三个要素都提升，才能称为教师的全面发展。教师专业发展不仅要关注教师专业知识和专业技能的拓展，解决能不能“教”好的问题，更要关注教师专业道德、专业情意等专业素养与专业品质方面的提升，从根本上解决教师愿不愿意“教”好的问题。要培养知、情、意、行全面发展的学生，就必须先培养出知、情、意、行全面发展的教师。

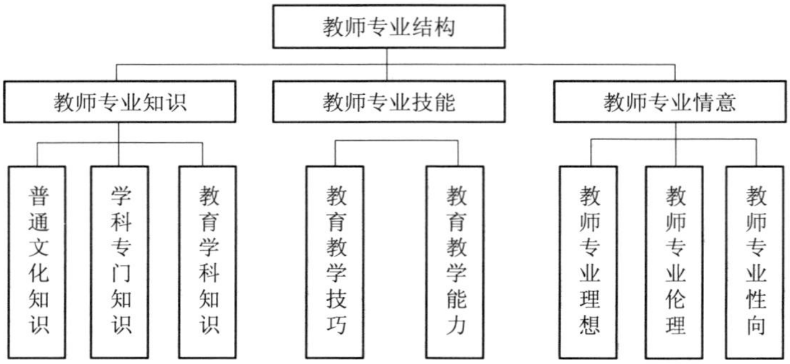

图 5－1　教师专业素质结构

基于教师专业发展的一般特征，校长引领教师专业发展工作的核心职责可以概括为：在尊重每一名教师自身特点的前提下，促进“全体”教师的终身“全面”发展。这一核心职责可以凝练为三句口诀。

> **专栏**
>
> **校长引领教师专业发展核心职责口诀**
>
> - “不抛弃、不放弃”。坚信每一名教师都会通过自身的努力，实现专业成长，获得事业的成功。

① 教育部师范司．教师专业化的理论与实践［M］．北京：人民教育出版社，2003：54.

- “促自主、促自觉”。充分尊重教师专业发展的个人意愿、满足教师专业发展的个体需求，树立自主的教师专业发展意识，帮助教师形成对自身的正确认识、合理规划自身的专业发展路径，使教师自觉自愿地发展自己。
- “多层次、多途径”。结合学校的实际情况，结合教师的不同情况，努力打造高水平的教师专业发展平台，组织形式各异的教师专业发展活动。

二、教师专业发展的主要目标

教师专业发展既要面向每一名教师个体，又要面向学校的教师群体。因此，引领教师专业发展工作的目标可以在教师个人和教师群体两个层面上进行设定。

1. 个体层面的教师专业发展目标：使每名教师成为高效能教师

什么样的教师才算得上高效能教师呢？我们认为，高效能教师主要体现出以下四个方面的特征。

（1）在教育理念方面，高效能教师坚持“以学生为本”

高效能教师对每一名学生的发展都抱有正向的高期待；能够正视学生之间的差异，尊重每一名学生，做到“有教无类”；拥有对每一名学生负责的观念，尽其所能地发展学生的优势潜能，激励学生不断进步。

（2）在职业操守方面，高效能教师具备强烈的教育事业心与责任感

高效能教师全身心投入教育事业，热爱本职工作，尽职尽责；工作中，身先士卒，勇挑重担；坚守高尚情操，发扬奉献精神，自觉抵制社会不良风气影响；模范遵守社会公德、职业道德；举止文明礼貌，严于律己，作风正派。

（3）在专业素养方面，高效能教师能够实施有效教学

高效能教师能够有效实施教育教学，是教学大师，更是掌控教学艺术的艺术家，这是高效能教师本质价值的体现。高效能教师能够准确把握教学目标和教学内容，科学设计和运用教学程序和方法，积累了丰富的教学经验，能够艺术地控制课堂进程并形成自身独特的教学风格与教学智慧。

（4）在终身发展方面，高效能教师能够实现自我更新

高效能教师具有善于学习、乐于学习的观念；具有终身学习的理念与热情，善于反思，在对自己的否定与批判中进行自我激励、自我创新、自我反省、自觉学习；善于与其他教师合作，从他人的教育教学实践中汲取营养，转

而为我所用。

专栏

高效能教师的十大特征

- 满怀使命感和热情：视教学为“天职”，热情地帮助学生学习和成长。
- 积极而真诚：关心、理解、尊重并公正地对待学生和家长及同事。
- 有影响力：能对学生、家长和同事产生重要影响。
- 全面关注：高屋建瓴，统筹全局，准确了解并掌握课堂教学的关键因素。
- 风格：具有独特的个人风格，能将戏剧性、热情、活力、幽默、魅力、创造性和新颖性融入教学之中，使教学成为一门艺术。
- 激励技巧：杰出的激励者，相信自己有能力改变学生生活，不断敦促和关注学生，对其行为和学业保持更高的期望。
- 有效教学：精通教学，是一位富有技巧的沟通者，具有引导学生学习的基本能力、掌握引导学生的有效行为、模式和原则。
- 书本知识：能够全面把握教学内容（学科结构）和预期目标。
- 社区经验：对自己的学生、学校和所任教的社区了如指掌，并能利用自身的经验解决教学中遇到的各种问题。
- 精神生活：具有丰富的思维活动。

——引自伊兰·K. 麦克伊所著《高效能教师的十大特征》

2. 群体层面的教师专业发展目标：建立学习型教师团队

对于校长来说，引领教师专业发展在学校层面的工作目标是建设一支学习型的教师团队。教师的专业发展既是专属于个人的，但又不能脱离集体的力量。离开了集体的教师更像散兵游勇，势单力孤，只有依托于集体的强大力量，教师专业发展才会获得不竭的动力。当然，这里所讲的教师群体并不是单纯由一定数量的教师简单构成，而是具有鲜明特征的学习型教师团队。

学习型教师团队不仅有利于教师的专业发展，对学校的内涵发展也具有十分重要的意义。总的来说，其积极意义主要体现在三个方面：一是形成了学校内部学习资源共享、优势互补的合作网络；二是形成了教师专业发展的共同目标，营造了融洽温馨的工作环境；三是个人学习得到了集体的支撑，集体的进步建立在全体教师提升的基础上，在集体与个人之间形成了“双赢”的良好局面。

建设学习型教师团队是一项长期的、综合的、复杂的、发展性的工程。这项工程不仅需要校长主抓，更需要全校教职工的积极配合。在打造学习型教师团队的过程中，以下四个方面可作为校长工作的突破口。

（1）凝聚教师团队共同愿景

学习型教师团队是一个不断创新发展的学习型组织，组织的发展与个人的发展息息相关，团队的创新发展基于个体自我超越的基础上，个体的自我超越又依赖于团队的有力支撑。因此，凝聚教师团队共同愿景，鼓励教师在团队愿景的指引下，将个人目标与团队愿景相结合，不断实现自我超越，是构建学习型教师团队的基本要求。

（2）倡导团队合作，构建教师文化

在学校中积极倡导团队合作的教师文化是校长的重要工作，教师文化既包括团队合作的教师学习文化，也包括团队合作的教师学术文化，以文化为载体形成勤于学习、乐于互助合作的文化氛围，这是建设学习型教师团队的关键。

（3）倡导系统思考，形成教师团队思维模式

校长的另一项重要工作是善于鼓励每名成员站在团队的利益和发展的立场思考问题，超越个人的利益局限，以更加长远、整体和系统的角度看待个人与组织的学习与发展，形成团队思维模式，这是建设学习型教师团队的必然要求。

（4）规范组织学习行为，构建团队学习动力机制

创设学习型教师团队的目标导向机制是校长需要重视的问题，应该根据学校的实际情况，为本校的学习型教师团队的发展确定具有前瞻性、全面性、现实性的发展目标。为确保目标的实现，创设学习型教师团队的制度保障机制也是校长义不容辞的责任，这些制度包括教师聘用制度、恰当的教师薪酬制度、有效的教师培训制度以及多元化发展性教师评价制度。

案例：山东省某小学创建学习型教师团队的经验

山东省某小学在建设学习型教师团队的过程中，始终将“学习”作为工作的核心和重点，综合运用集体备课中学习、课例研讨中学习、教学沙龙中学习、课题研究中学习、进修培训中学习、以老带新帮学中学习、资源共享中学习、师生互动中学习等多种手段，使学习型组织建设与学习个人培养有机地结合起来。新沂市某小学进行多年的学习型教师团队建设所总结的经验就是：构建学习型教师集体要有完善的制度作保证，要注重系统性和阶段性的结合，要注重发挥团队精神，要把学习、工作、生活融为一体。

三、引领教师克服职业倦怠

如果学校中的教师出现以下这些状况的话，那么他们很可能就已经产生职业倦怠了：常常感觉到很疲劳，容易生气，缺乏工作的热情和活力，总是感到无聊和空虚，冷漠、悲观；开始减少与学生接触，不能容忍学生的错误，用带有蔑视的称谓称呼学生；对同事持多疑妄想的态度；感觉到工作中不再有什么值得去做了……

教师职业倦怠是“教育中的危机”，更是教师专业发展的最大敌人与羁绊。教师职业倦怠首先会影响教师身心健康，产生各种健康问题，包括生理疾患、心理障碍，严重者可能会造成无法工作或引发婚姻家庭危机。其次，影响教学、科研的质量，导致教学质量的下滑，对学生缺乏同情心，工作投入和参与少，对违反课堂纪律没有耐心，工作敷衍塞责，课堂准备不充分，创造性低。最后，造成教师的人际关系受损，师生关系淡漠，同事关系紧张。因此，有效引领教师专业发展需要从帮助教师克服职业倦怠入手。

“对症下药”才能“药到病除”。教师职业倦怠的病根究竟在哪里呢？很多研究表明，教师职业倦怠与教师职业压力有着密不可分的联系。[①] 教师职业倦怠可以解释为教师因不能及时有效地缓解教育教学工作中的压力或妥善处理工作中的各种挫折而表现出的一种身心疲惫的情感状态。导致教师职业倦怠的压力多种多样，概括起来主要有四个方面。

第一，来自工作本身的压力。知识时代对教师职业的要求越来越高，教师想要在教学一线站稳脚跟越来越不容易。除完成正常的教学任务之外，教师还要参加集体备课、校本教研、职称评定、绩效考核、赛课评比、在职培训……教师的工作和生活被升学率、平均分、优秀率、及格率包围着，巨大的压力随之而来。

第二，来自教师自身的压力。教师是“人类灵魂的工程师”，这是社会对教师角色的期待。从入职的第一天起，教师就接受了这种角色定位，承载了这种高期待，就不得不尽量满足人们对这个神圣职业的要求。他们不得不掩盖和压抑自己的一些真性情，久而久之就造成心理状况失调。

第三，来自学生家长的压力。“望子成龙、望女成凤”是现在家长的普遍心态。这种对子女成长的高期待带来了对教师的高期待。对孩子成长的热心往

---

① 唐芳贵，罗军．关注教师职业倦怠［J］．教育与职业，2005（16）：46.

往造成家长过度干涉学校工作，孩子在校稍有问题，家长就过分责难教师，导致中小学教师工作难度加大，心理压力过大。还有一种家长是对学校教育工作漠不关心，一点都不参与学校教育，他们有的是无暇顾及，有的是能力有限，有的是根本不关心子女教育，教师与家长不能形成有效沟通，工作效果得不到有效反馈和肯定，教师压力不断增大。

第四，来自学生的压力。在信息时代，学生的求知欲很强，对信息的需求呈几何级数增长，教师需要不断地学习提升自己的专业素养才能让学生学到更多的知识，教学相长的压力时刻伴随着教师；这是一个倡导个性的时代，很多教师感慨，现在的学生越来越难管理了，学生们个个都是小大人，思想独特、个性十足，对教师的工作不仅挑剔，而且常常表达自己独到的看法，如何得体自如地应对这些学生，让教师备感压力。

教师职业倦怠的根源在于压力，克服教师职业倦怠的策略就是有效地消解这些压力。以下五个策略可供校长参考。

（1）帮助教师形成合理的工作期望

维果斯基的“最近发展区”理论不仅适用于学生的成长，也同样适用于教师的专业发展。根据维氏的理论，当发展目标处于教师现有发展水平和最近发展区域之外时，专业发展不可能进行；当发展目标处于现有发展水平之内时，专业发展是没有效益的；当且仅当目标处于其“最近发展区”时，专业发展才不仅可行而且有效。校长可以把自己视为教师的知心朋友，心平气和地与教师一起分析教师的工作能力、业务水平，具有哪些优势和劣势，帮助教师进行合理的职业生涯发展定位，使每一阶段的发展目标都能处于其自身的最近发展区域之内。工作重点是对教师进行分类指导，根据不同类型教师的具体情况，帮助设计具体、可实现的工作期待。

（2）努力提高教师的福利待遇和主人翁意识

在政策规定指导下，校长应力所能及地改善教师的工作条件和福利待遇，改善教师的生活境遇，减轻教师的后顾之忧。在校园内形成尊师重教的良好工作氛围，让教师感到自身对于学校发展是重要的，增强教师的自信心。关心教师学习和生活，多和教师交流，力所能及地帮助他们解决一些实际生活和工作中的困难，满足教师物质和精神上的需求。

（3）变革学校管理方式

校长要在学校中营造民主的工作作风，提倡民主的管理模式，在决定学校事务的过程中，多倾听教师的意见和看法，吸收更多的一线教师参与到学校管理的过程中来，尊重教师的意见和诉求，形成科学民主决策的机制，提高教师在学校教学和管理工作中的主体地位。完善学校领导方式是减轻教师压力、预防和缓解倦怠情绪出现的重要措施。

（4）完善教师管理制度

校长要以完善教师评价制度为核心开展这项工作。以促进教师的专业发展为根本目标，建立发展性的教师评价制度，摒弃以优秀率、升学率、及格率为导向的终结性评价制度。减少不必要的检查、评比、考核等，给教师尽可能多的自由时间和空间，使教师拥有更多的专业自主权和更大的自由度，为教师自主性、能动性和创造性的充分发挥创造条件，使教师的自我价值得以体现。

（5）积极创设教师专业发展良机，打造教师专业发展平台

为教师专业发展提供坚实的保障，努力创造教师专业发展的契机，满足教师自我价值提升的需要。同时应将建设学习型校园作为学校建设的目标，营造良好的教师学习和互助氛围，形成“人人爱学习，人人有习学”的新型校园。

案例：北京市某中学的教职工厨艺大赛

北京市某中学每年都举办教职工厨艺大赛，凡是本校教职工均可参加，比赛现场气氛活跃轻松，教师们纷纷亮出绝活，当场献艺，“煎炒烹炸”样样精通；没有参赛的教师则担任评委，仔细地品尝着一道道美味佳肴。学校领导、普通教师放下彼此的身份，轻松地交流着烹饪心得，侃谈着工作和学习。通过举办这项比赛，加强了教师之间的交流，形成了和谐的同事关系，减缓了教师工作压力，有效地激励了教师的工作积极性，消除了教师的职业倦怠。

四、做好教师专业发展规划

进行合理的规划是做好任何一项工作的前提，教师专业发展也是如此。从教师个体层面来看，校长需要帮助教师设计自身的职业生涯发展规划；从教师群体来讲，校长需要制订科学合理的学校人力资源发展规划。因此，做好规划是引领教师专业发展的重点工作。

1. 如何指导教师个人的职业生涯规划

简单地讲，教师制订职业生涯发展规划就是教师设计自身专业发展道路的过程，是为自己的专业发展进行合理安排与设计的过程。

实践中，校长不可能亲自动手为每一名教师制订个人的职业生涯发展规划，但是，校长可以在教师职业生涯发展规划的设计过程中扮演“好参谋”“好顾问”的角色。

（1）帮助教师分析工作环境

校长代表了学校层面，学校能为教师提供何种发展条件与保障，作为学校领导者的校长最清楚。校长需要向教师全面准确地介绍学校信息，包括：学校具有的优势、劣势和总体环境，学校发展的战略构想，学校发展的中长期发展目标，学校发展的特色定位，学校的各项规章制度，学校为教师专业发展提供的资源条件和平台保障，学校对教师专业发展的具体要求和激励手段等。

（2）帮助教师形成正确的职业生涯规划目标

对于教师职业生涯发展规划来讲，确定正确的发展方向和目标是至关重要的。“不识庐山真面目，只缘身在此山中”，一些教师对自身的定位往往存在偏差，他们或者对自身的发展抱有较高的期望和不切实际的幻想，或者对前途抱着无所谓的态度，一切“顺其自然”，因而使自身的职业生涯发展规划总显得比较浮躁。当自己的规划在实践中不能被很好实现的时候，教师又往往自怨自艾，将责任推给学校、推给环境、推给他人。在这项工作中，校长的核心职责在于“指导”，准确了解每一名教师的特点，充当职业规划师的角色，帮助教师合理分析自身。这种引导应从五个方面进行。

你是什么样的教师？

作为教师你想做什么？

作为教师你能做什么？

作为学校的教师你能获得什么样的支持？

你最终能成为什么样的教师？

校长要在引导过程中帮助教师形成专业自我，树立正确的职业观。第一个问题是帮助教师对教师角色进行准确的认知与定位，第二个问题帮助教师理解教师职业及本职工作，第三个问题帮助教师正确认识自身的能力与潜质，第四个问题帮助教师正确认识学校的各类资源，最后一个问题帮助教师树立正确的职业理想。

（3）对教师职业生涯发展规划书提出具体要求

教师职业生涯规划的书面形式是职业生涯发展规划书。在制订确保目标实现的发展规划文本方面，校长需要对教师提出更为具体的要求。这些要求主要体现在内容和可实现性两个方面。

从内容方面来看，一份标准的教师职业生涯发展规划主要包括三大部分内容：一是对环境和自身的分析；二是确定职业生涯发展目标，包括总的定位和目标、具体的分项目标；三是达到目标应该采取的各种发展措施和所需要的各种条件。① 从规划实现性的角度来讲，教师的职业生涯发展规划应该目标清晰明确，各层级目标方向一致，对教师具有一定的挑战性，具有一定的灵活性，能够随着环境的变化而调整，能对教师产生内在的激励作用，各阶段路线划分与安排具体可行，并有明确的时限和标准可供评价与检查。

案例：某校教师职业生涯规划书

第一部分：我眼中的自己。充分认识自己的发展状况，概括一下自身的优势劣势

结合自身的具体情况填写

第二部分：别人眼中的自己。充分了解他人对自己的评价，认清自己在团队中的位置

结合自身的具体情况填写

第三部分：职业发展目标与行动策略

1. 我的三年目标（可从教育、教学、教科研方面谈，也可从成长梯队角度谈）

2. 我的学年目标（可从教育、教学、教科研方面谈，也可从成长梯队角度谈）

3. 具体措施（打算通过什么途径、什么培训达成目标，应具有可操作性）

第四部分：目标实现程度

自我评价目标实现程度：

学校领导评价目标实现程度：

---

2. 如何制订学校层面的教师人力资源规划

从团队层面来看，教师职业生涯发展规划表现为教师人力资源规划，是在学校层面对教师队伍整体的发展进行的预测、设计和活动安排。

一份科学、合理的教师人力资源规划应该以学校所处的环境、学校的实际

① 钟祖荣．教师专业化发展的重要一环：制定教师专业发展规划［J］．中小学管理，2004（4）：45－46.

办学条件变化以及学校组织发展战略为基础，以对学校教师队伍供求状况的科学预测为主要依据，对教师人力资源供求预测和分析既应注重教师的数量也应注重教师的质量，同时要列明规划实施需要配套的人力资源政策与有效措施。

案例：广东省中山市某学校的教师五项全能大赛

为了培养“学习型”教师队伍，发挥青年教师在教育教学中的生力军作用，中山某学校开展了青年教师教育教学“五项全能”比赛。“五项全能”是指青年教师专业所需的五项基本功（教育、教学、科研、书写、特长）。“五项全能”比赛，整体全面规划设计，分期按序逐项进行（五项中的每一项细分为几个子项，一学期进行一个子项）。通过比赛逐渐形成了“赛前：学习，研究；比赛：观摩、学习；赛后：评议、分享”的教师培养新模式。

---

3. 鼓励教师合作

在实践中鼓励教师合作，可以采用两种形式。一种是非正式的教师合作形式，如教学伙伴、导师制、协同教学、互动式研讨等，这种形式具有困难分担、资源共享、相互支援的特点。在日常的合作活动中，教师能够放开自己，与同伴进行切磋、协调与合作，共同分享经验、互助学习，彼此支持，实现共同成长。第二种是正式的教师合作形式，如集中备课、教研沙龙、教师联盟（教师专业发展学校）等。这是一种类似于教师共同体的正式的教师合作组织，其倡导共同体中的教师在教育教学过程的各个环节进行合作。在与他人的合作中，教师能够认识到其他教师独到的长处和经验，反思自身的差距与不足，正确认识自己的专业发展水平，从而不断提高自身的教学水平和教学效果。总之，教师合作共同体是教师之间互相交流、互相教学的互助合作活动，它是一种目标导向的活动，是为达成一定的教学目标而展开的。

专栏

鼓励教师合作策略的实施

活动形式

- 协同教学
- 教学伙伴

- 导师制
- 互动式研讨
- 集中备课
- 教研沙龙
- 教师联盟

实施要点

- 实施教师间的交互评价的教学模式
- 建立导师工作激励制度
- 建立教学组织的整体激励机制
- 设定教师合作共同体的目标管理机制

案例：广东省中山市某中学的教师专业发展学校

中山市某中学成立能有机地把教、学、研融于一体，把继续教育、学历教育、教师自主成长结合到一体的组织，命名为教师专业发展学校。该学校由教师发展管理委员会和教师自主成长委员会组成。前者是教师专业发展的服务机构，后者是教师专业发展学校的核心机构，包括“三坊三吧”，即青年教师工作坊、骨干教师成长坊、教育名师培育坊，学历进修吧、健康服务吧和心灵氧吧。“三坊”的主要作用是促进教师专业化发展，把通识内容转化为具体的教育教学行为；“三吧”的功能是缓解教师的工作压力。

案例：广东省中山市某中学的教师联盟

中山市某中学成立了基于教师专业发展学校的教师联盟，除了鼓励教师参加联盟各分部的活动之外，其最大的特点在于对联盟进行目标管理。学校与教师共同商讨联盟各分部的长远和近期活动目标，对目标实现程度进行定期、科学的考核，以目标实现的程度为依据对联盟各部进行资助，这样就有效地保证了联盟既能够实现教师专业发展的功能，还能保证活动的效能，更保证了联盟活动始终保持正确的轨道。

4. 促进教师转变为研究者

校本教研是一种综合性的教师专业发展策略，也是最重要的一种教师专业发展策略。本章第二节将专题介绍校本教研。

第二节　校本教研与校本培训

一、有效组织校本教研

校本教研的理论和实践基础是教师成为研究者。从教书匠向研究者的转变有利于教育理论与教育实践的衔接，有利于教育教学质量的提高，有利于教师教育教学工作的规范化与科学化。教师的教育教学研究也是教育科学繁荣的需要，有利于促进教师专业发展，增强教师职业的价值感、尊严感，从而有利于教师专业地位的提升。

专栏

研究型教师与非研究型教师的对比

	研究型教师	非研究型教师
情感	① 从社会生命和精神生命的角度看待教师职业，追求自我的实现。 ② 具有强烈的职业道德和责任心。 ③ 对同事信赖，注重合作。	① 从生存角度看待教师职业，追求物质生活的富足。 ② 责任感欠缺。 ③ 强调个人的实践经验。
认知	① 具有以科研带动教学，以教学促进科研的意识。 ② 具有开放而又合理的知识结构，有教育科研的意识与能力。 ③ 能对自己的教育科研的成败进行正确的归因。	① 认为科研是大学或研究机构的事，中小学教师的任务是教学。 ② 教育科学知识相对薄弱，缺乏相应的科研意识与科研方法和能力。 ③ 归因的失当。

续表

	研究型教师	非研究型教师
意志	意志坚强，能够应对教育科研中的困难与挫折。	不愿承受科研中的困难与挑战。
行动	① 反思、创新的行动模式。 ② 互动的师生关系。	① 操作、重复、传递和模仿的行动模式。 ② 教师权威型的师生关系。

引自：田爱丽．国内外教师成为研究者研究综述［J］．师资培训研究，2002（2）：38.

校本教研为教师向研究型教师转变提供了平台。成功的校本教研要体现出以下四个特点。首先，校本教研的主要目的是解决教育教学中存在的实际问题，在解决问题的过程中帮助教师形成反思的自觉意识，促进教师向研究型教师转变，最终实现教师的专业发展。其次，校本教研的主体主要是一线的教师，充分发挥一线教师从事教研的积极性、主动性是校本教研取得成功的关键，同时要积极倡导教师与教师以及教师与研究者之间的合作。再次，校本教研的研究内容是教育教学实践过程中遇到的实际问题，要把校本教研的关注点落到教育教学实践上。最后，校本教研的研究方法主要体现出行动研究的特点，即实践工作者就是研究者，研究的环境是具体的工作环境，研究的目的是解决实际的问题和改进实际工作，强调在行动中研究和在研究中行动。

有效地组织校本教研活动，下面三个问题校长们应该做到心中有数：一是如何选择适合学校实际的校本教研活动类型；二是如何正确指导教师开展校本教研活动；三是应给予何种支持以确保校本教研活动顺利开展。

1. 选择适当的校本教研活动类型

校本教研的真正内涵就是教育行动研究。行动研究是以教师为研究者，以教学的相关活动为研究题材，以日常的教学情境为研究情境，以教学活动的改进为研究目的的研究活动。其主要目的是解决教育实践中所存在的实际问题，研究的主体是教育行动实践者，这是在真实的教育教学实践过程中的研究，而且其研究具有动态性。常见的校本教研活动形式包括以下几种①。

（1）教例研究

教例研究主要针对班级管理方面的事件及问题。参与研究的教师首先把实践中发生的问题（往往是反映教育实践矛盾性、复杂性、包含了当事者困惑和疑虑的问题）以及处理问题的全过程以记叙文的形式写成教例，进而围绕教例展开集体研讨和分析，在此基础上形成教例分析报告，最后通过特殊教例的分析获得新发现，或者通过对同类教例的研究概括出一般性结论。教例研究是由五个环节构成的整体循环过程："教例描述—教例分析—教例归纳—新教例创设—专题研究"。在进行教例研究的过程中要注重以下几点：教例描述应准确翔实地记录事件经过和教学效果，并记录教师本人的原始想法；教例研究应以研究小组的形式进行；应出包括问题的发现与界定、问题成因与症结、问题的解决方法和反思与讨论四部分在内的完整的分析报告；要从众多相似的教例分析中归纳出带有普遍性的问题。

（2）教历研究

教历研究主要针对课堂教学方面的事件及问题。标准的教历应包括四部分：教历背景，通常记录任教者姓名，记录时间、科目与专题、任教班级、学生人数，记录所包含的时间跨度；教历设计，要写明教学目标、教学内容、使用的教学材料以及运用的教学方法；教历进程描述，要求教师详细记录教学过程，包括各个教学环节实际运用的时间，教师根据教学进展情况临时改变计划，对教学内容、方法、步骤等所做的调整及其原因，课堂管理与辅助教学行为，主要指课堂问题行为管理、师生情感互动过程等；课后反思，主要记录同行对教学的评议与自我反思。教历可以作为教师总结经验、发现问题的依据，同时成为教师认识自己及教学实践的重要材料。

（3）经验研究

在校本教研中，每一位教师通过有关自身教育经验的故事、口述、现场观察、日记、访谈、自传或传记甚至书信来接近经验和实践本身，以文字、音像等物化的方式，记录、整理、总结和发表教师的教育经验，实现教育经验的澄清、保留与交流，使之成为教师自身专业发展的动力源泉，成为学生发展、学校发展乃至整个教育事业发展的动力源泉。经验研究有两种典型的形式，一种是经验总结，一种是经验移植。

---

① 徐斌艳．教师专业发展的多元途径［M］．上海：上海教育出版社，2008.

（4）课题研究

课题研究主要由教师和校外研究机构人员合作完成。课题研究的一般程序为：选择出有价值的问题，对问题的陈述方式进行完善，对研究活动作出科学、简明的严格界定，并进行深入的分析、预测和评价，把“问题”转化成课题，这样自下而上地把教师个体提出的问题转化成“研究共同体”持久关注的问题，把学校发生的真实问题概括、提炼、升华为课题，再运用规范、科学的研究方法，由教师和专家共同对课题进行科学研究。

（5）实验研究

为解决教育教学实践中出现的问题，教师提出实验的目标和假设，以一定的学生群体为实验对象，制订具体的实验措施并进行组织实施，最后检验措施的实际效果，从而得出解决问题的思路和方法。这就是实验研究的基本做法。

2. 给予专业的校本教研活动指导

不同的校本教研活动类型具有不同的程序和侧重点，实践中校长需要具体把握。各类校本教研活动会遵循基本的“五步”活动流程：“选项题目—收集资料—分析资料—形成行动策略—事实与检验行动策略”①。在每一步中，校长都可以对教师进行有针对性的指导。

（1）指导教师确定教研选题

指导教师确定教研选题，校长需要帮助教师明确我国教育改革与发展的趋势，将学校的特定环境和具体条件与教师自身的专业发展程度以及科研能力和水平结合起来考虑，指导教师从学校和日常教育教学事件、偶发事件等活生生的实践中发现问题，确定问题。

好的选题的标准主要是：第一，实践性。即所选择的课题一定要针对自己的教育教学实践，并以改进实践为目的。第二，可行性。即自己要具备研究该课题的主客观条件，问题的难度要适中。第三，科学性。即所选择的问题是值得研究并且需要研究的问题。

可以鼓励教师通过反思自己的教育教学实践发现问题；从新的教学观念、思想与本校教学实践对照来发现问题；通过本校与其他学校的教学实践对照发现问题。

---

① 饶从满，杨秀玉，邓涛．教师专业发展［M］．长春：东北师范大学出版社，2005：213－215.

（2）指导教师收集资料

指导教师运用多种方法收集资料，包括自述与回忆、观察和记录情境、角色扮演、轶事记录、各种检查表、问卷、访谈等，也可以借助于文献资料、录音、录像、档案资料等。

鼓励教师善用观察法，注重培养教师的情境分析能力和全方位考虑问题的眼光，对教师进行观察程序和观察方法的训练。注意提醒教师：在观察前明确观察对象，在观察中有效控制与预防观察中的偏见，提高观察中捕捉实践的技巧与能力；在观察后，详细记录当时的情况，以备事后使用。

（3）指导教师分析资料

首先，教会教师学会选择资料。仔细阅读资料，区分重要与不重要的资料，聚集相似的资料，将复杂的资料排序、简化。

其次，教会教师解释资料。提醒教师注意寻找资料中不同要素之间的关系，用比较容易理解的方式呈现被选择的资料，可以用图表或者线条的方式对资料中的有关主题进行强调。对现有的材料需持有批判、怀疑的眼光。要保持一种开放的心胸，对现有的理论或自己的发现进行质疑。最后对资料中呈现的一些关系作出意义解释，建构可以应用的实践性理论，理论要符合所研究的情境，与研究重点有关，并且有助于教师了解自己的教学工作。

（4）指导教师形成行动策略

首先，帮助教师明确问题的核心，确定重要因素和对象以及研究的关键人物；其次，设计可行的研究计划，包括程序、步骤、时限、需要的各类资源等。

（5）指导教师实施与检验行动

帮助教师从方案所获的效果、是否产生了负面效果或者意料之外的效果以及效果持续的实效性等方面判断研究行动是否成功。帮助教师分析成败的原因，执行方法、策略构思、教学情境等各环节都对结果产生了哪些影响。如果行动失败，就需要重新考虑研究的起点与路径，收集资料，分析问题，改进原有的行动策略或者重新建立行动策略。

3. 提供有力的校本教研活动保障

校本教研的有效进行离不开学校提供相应的保障条件。以下五个方面是校长在组织和开展校本教研活动的过程中应着力从学校层面加强的工作。

（1）注重提高教师的科研素养

决定校本教研质量的关键因素是教师的科研素养。在实践工作中，应将强化教师教育科研意识、完善教育科研道德、丰富教育科研知识和提高教育科研能力这四个方面作为提升教师科研素养的突破口。注重丰富教师的专业背景，巩固教师的专业信念与专业意识，积累各类教学研究的知识，锻炼自身的教学研究能力。

（2）善于发挥专家的引领作用

提升教师的科研素养，一方面，要靠教师自我学习，在研究的过程中通过加强自我积累等途径来弥补不足。另一方面，学校也可以邀请高等学校或者研究机构中的教育理论工作者、科学研究专家到学校对教师的校本教研进行指导，如果专家引领活动能够形成定期、定主题、定人员等成熟的机制，将帮助教师在短时间内提高科研理论水平和方法技能。

（3）培养学校管理团队的科研意识

校本教研开展是否有成效和顺利与否，与学校领导的态度有极大的关系。学校领导尤其是校长重视校本教研将是对教师从事科研活动的极大鼓舞。校长一方面要在学校中大力提倡教师的校本教研，另一方面要带头进行教育科研，并对教师的校本教研进行有针对性的指导，建立健全校本教研的管理与保障制度，进行科学化的规范与管理。

案例：浙江省温岭市某中学的校本教研制度

温岭市某中学注重校本教研制度的建设，以制度促活动，取得了较好的效果。其校本教研制度包括学校领导的讲座制、骨干教师论坛制、青年教师双学小组制、人手一课题制、论文汇编制、校刊出版制、教师培养的流程管理制、骨干教师津贴制、各学科说课上课评课制、爱心助学制、教学进步奖制、改正不足点制、青年教师自主发展设计规划与调控制等，以完备的制度保障有力地支持了学校校本教研活动的顺利开展。

（4）时间与物资条件保证

学校应鼓励教师运用各种类型的研究途径进行校本教研，对教师校本教研提供物质和制度的支持与保障，实施递进性的教学研究行为与策略、完善整合教学研究成果、帮助教师制订计划、对研究中的盲点和困惑给予知识的指导与分析和点拨。还要保障教师从事校本教研、不断充实提升自我的时间。

（5）构建研究共同体

研究共同体通常有两种类型：一是由学校内部教师组成的校本研究团队，

二是由学校教师与专业研究者组成的研究团队。教师间的精诚合作有利于校本教研活动的顺利展开，和谐的协作关系有助于形成浓厚的研究氛围和愉快的工作环境，专业人员与教师之间各自的优势与特长，也有利于出产更有成效的校本教研成果。

案例：天津市某小学创设三级校本教研体系

天津市某小学为更好地推进校本教研，创建了三级校本教研体系。

校级教研：学校组织并确定研究内容，全体教师共同参与的教师教研活动。如：教学年会、论文交流、课改论坛、专题讲座、专家报告、基本功考核等。

分学科大组教研：分管各学科的主任组织并确立教研内容，各学科教师分别参与的学习和教学研究活动，按惯例分为：语文大组、数学大组、外语大组、科任大组。活动内容有：教学分析、课例展示、专题研究、经验交流、教学工作阶段小结等。

分年级（学科）组内教研：由各学科（年级）组长组织并确定内容，组内教师共同参与的学习和教学研究活动。例如：教育教学理论学习、教学反思交流、集体备课、说课、听课、评课、随机生成教学问题的研讨、个案分析等。

二、提高校本培训效能

1. 准确了解教师的培训需求

教师在教育教学实践中扮演着多重角色，不仅是有效的知识和技能的传授者，还是有效的学生管理者、学校组织发展目标的实现者等。多重角色从不同角度对教师的内在素养提出了多重的要求，教师在工作中也会产生不同的发展诉求。因此，教师的专业发展需求存在着极大的差异性。提高校本培训的针对性和有效性需要对教师的培训需求进行准确把握，有效的校本培训是建立在教师需求评估基础上的。教师培训的需求评估一般包括组织分析、人员分析和任务分析三个方面。①

---

① 龙君伟．校本人事开发与管理［M］．北京：高等教育出版社，2002.

（1）组织分析

组织分析主要是根据学校发展的战略方向，在学校组织的管理体系内考虑实施培训的必要性。主要包括以下几个方面。

学校的环境分析：如国家的教育法律法规，新的教育技术的采用，课程标准的变化等。

学校的现状及发展战略分析：如学校的特色发展方向，学校的中长期发展目标等。

学校可以投入的培训资源分析：学校能够投入的培训资金状况，学校现有的可供培训使用的设施设备状况，学校能够利用的外部培训资源状况。

（2）人员分析

人员分析的核心主要是确定作为培训对象的教师的学习准备情况。

分析教师的职业生涯发展阶段：了解全校教师处于教师专业发展各个阶段的人数及特点。

分析教师的知识、能力现状：找出当前教育教学问题的根源是知识欠缺还是技能缺乏。

分析教师的专业发展类型：确定教师是属于实干型、研究型还是反思型。

（3）任务分析

任务分析的主要目的是获得当前学校教师工作活动的详细情况，完成学校主要教育教学任务所需要的知识和技能，学校组织需要提供的工作环境和条件。

常见的进行教师培训需求调查的方法包括观察、调查问卷、访谈等。校长可以根据学校教师队伍的规模和特点进行选择，也可以将几种方法进行整合。根据多渠道收集到的反馈数据，在反复分析的基础上，获取教师培训需求的准确信息，并据此制订校本培训的计划方案。

2. 开展形式多样的培训活动，提供多元培训内容

校本教师培训应时刻体现出“发展性”，而不是将落脚点放在给教师“查缺补漏”。校本培训活动的组织需要特别关注与支持和推动教师专业发展，满足不同教师的不同专业发展需求，将促进教师个性化、高水准发展作为培训的主要目标和内容。

从培训内容方面来看，专题式、菜单式、积木式的培训内容体系已经成为现代教师校本培训的重要趋势。校本培训的内容设计应该建立在教师选择的基础上，贯彻教师需要什么就提供什么的原则，使教师校本培训的内容体现出

“课程超市”的特征，避免“讲座讲座，讲讲坐坐；顾问顾问，顾顾问问”的呆板形式，把教师需求内容融入培训课程之中，建立起“消费者导向”的教师培训思想，实践“按需培训”的理念。

在确定教师校本培训内容的过程中，一方面要关注教师的专业发展阶段，可以对新入职的教师、中青年教师、骨干教师和任职年限较长的教师提供不同的培训内容；另一方面要对教师所需要的知识与技能分门别类，可以提供基础性课程、本体性课程、发展性课程、实践性课程、拓展性课程的不同组合。

在培训内容确定之后，就需要寻找恰当的培训形式来有效地传授这些内容了。校本培训的形式多种多样，这需要校长综合考虑培训的内容特点、接受培训的教师特点、学校的实际条件和时间条件等综合因素，合理选择培训模式。常见的校本培训方法包括专家讲座、专题研讨、观摩与考察等。无论选择哪种培训模式都需要遵循形式与内容的有机统一、结构与功能的有机统一、理论与实践的有机统一的原则。

3. 校本培训的管理体制

校本培训是促进教师专业发展的重要途径，也是学校常规工作的重要一环。学校可以根据实际情况成立专门的校本培训管理机构，加强校本培训的组织、领导、协调与管理工作，保证培训时间、场地、人员及培训内容的落实，使校本培训走上规范化、制度化的正轨。

在机构成员的组成上，要体现全员性的特点：校长是校本培训工作机制的设计者和负责人，全面统筹领导学校的校本培训工作；副校长负责校本培训的具体管理工作；教务部门承担校本培训计划、课程内容设计、时间地点安排、宣传工作；教师代表负责培训的实施和收集教师的反馈信息；校外专家负责指导和参与培训活动；社区和家长代表帮助解决培训过程中学校不能解决的问题。在此基础上，形成校长统筹领导、具体部门管理，各部门密切配合、校内外资源协调共享的校本培训管理体制。

4. 组织有效校本培训的流程及要点

组织校本培训不是一件轻松的工作，再能干的校长也需要学校全体成员的配合和支持才能完成。组织校本培训的程序通常包括五个阶段，下面简要介绍每个阶段的工作要点。

（1）发起培训

组织培训也需要一个比较好的“机遇”。在不恰当或者不合适的时机举行培训，往往得不到教师们的关注和全情投入。培训可以由教师自主发起，也可以以学校的名义正式开展；可以是一次性完成的，也可以分成阶段，做成系列精品型的；可以是教师根据自身的教育教学困惑提出的，也可以是领导团队成员根据学校管理的实际情况提出的。总之，培训的发起是要经过审慎思考的。

在发起培训的阶段，讲清楚培训的目的，才能使培训者和受训者知道他们在做什么，这么做有什么意义。只有思路统一了，行动才会配合心中意愿，共同把培训做好、做精。校长作为领导者的一项重要的工作是研究培训针对的问题，向教师阐明培训的益处，并使大家清楚自己在培训中要做的事情。

（2）启动培训

在启动培训的过程中，校长首先要表明作为学校管理者对培训的积极态度，从而为培训奠定良好的基调。要对教师积极参加培训进行恰当的鼓励，使大家重视培训，能够积极地调整时间和工作来配合培训的开展。

校长要事先就培训所针对的问题和教师进行探讨和沟通，解释这一类问题对教育教学工作可能带来的影响，简略地发表自己的观点或者鼓励大家思考解决问题的方法，带着问题参加培训，会增强培训的效果。

（3）设计与实施培训

根据前两个阶段与教师之间的沟通探讨和了解到的情况，校长要指导培训者将培训的目标具体细化，使整个培训能够做到重点突出、焦点明确。明确培训目标可以借助“SMART”策略，即具体的、可评价的、可完成的、现实的、定时的。

培训者在培训过程中要注意观察教师的受训表现，观察他们的表情、动作和眼神，通过细心的观察可以了解到教师对哪些内容是感同身受的，对哪些内容是迷惑不解的，对哪些内容是跃跃欲试的。这些重要信息对于将培训内容落实到学校实践具有重要的作用。

（4）培训总结

校长在培训后组织教师进行总结讨论是必要的。通过讨论可以对培训内容进行实践化的提炼，帮助教师统一对培训内容的认识，达成如何解决教育教学实践问题的共识。可以对教师进行培训满意度的调查，对培训本身的质量、培训组织工作的质量以及自身在培训中受益的程度进行了解，这将有利于今后培训工作质量的提升和改进。

（5）后续工作

培训和其他学习性活动一样是不断前进的，要努力使学校各个阶段的培训工作形成体系，内容要系统化、活动要连贯化、培训人员要稳定化，这样才能保证教师接受整体培训，对实践工作的帮助效果也会越明显。校长可以在培训的基础上，鼓励教师确立新的工作目标，引导教师沿着培训指引的道路继续前行探索。

第三节　不同教师群体的专业发展

教师专业发展具有终身性和多元性。这一方面说明，年龄不同、水平不同、身份不同、资历不同的教师都面临教师专业发展的问题；另一方面也说明，针对不同的教师专业发展阶段设计不同的教师专业发展内容，强调不同的发展侧重点，采用不同的引领方式，才能更有效地促进教师的专业发展。因此，教师专业发展也需要做到“因材施教”。

一、青年教师的专业发展

校长总是对年轻教师寄予厚望，把学校发展和成功的希望寄托在这些年轻人身上。在青年教师的专业发展过程中，校长起到至关重要的作用。正确认识青年教师的专业发展特点，是有效引领这一群体实现专业提升的前提和基础。

1. 青年教师的专业发展特征

（1）专业知识储备不足

尽管顶着“科班出身”的光环，但青年教师的专业知识储备并不一定能满足教育教学实践所需。新教师刚从学校出来，学科知识的储备基于“学术”体系，并没有转化成学生可以接受的“学习”体系；大学课堂中积累的理论虽数量众多，但并没有经过实践的历练，不能直接转换为有效的实践技能；缺乏教育管理知识，面对形形色色的学生，往往束手无策。

（2）教育教学经验欠缺

教育教学实践经验的欠缺也常常使青年教师陷入迷茫。有的教师把课堂教学视为简单的军事化控制，追求完成固定的程序，结果造成了呆板、了无生气的课堂氛围；有的新教师很重视课堂的活力和良好氛围，与学生“平起平坐”，却造成了课堂的失控；还有的教师一味地模仿别人，尤其是模仿老教师的一言一行，却导致自身没有获得足够的职业认同，丧失了教师的威信和职业自信。

（3）教学基本功不扎实

在教学准备这一环节上，许多年轻教师忽略研究学生，仅仅关注教学内容以及教学方法的研究，属于本末倒置，不能有效保证良好的课堂教学效果；在撰写教案这一环节上，很多年轻教师只注重写教案，不注重写学案，教案中仅仅体现了教师教的步骤，却缺失了设计或者思考学生学的进度，这是写教案的重大缺失；在批改作业这一环节上，一些青年教师拿红色的批阅笔当剪刀使，学生作业本上满是显眼红叉，而有的青年教师却为了融洽师生关系，放松标准，虚空表扬并加分。

（4）教学模式定位模糊

很多青年教师在教学定位方面摸不准方向，有的教师用自己学得最好的方式来教学，而有的教师用其曾经被教育的方式来教，却很少或很难结合自己的特长和学生的特点，摸索创新属于自己的教学模式。

（5）学校认同感薄弱

除教学挑战外，新教师还面临着融入学校文化环境的问题。他们感到孤立，强烈希望得到学生、家长、教师和管理者的认可；但是，由于刚刚从学生身份转换到教师，他们在惶恐不安中寻找自己的角色定位。由于缺乏社会知识和人际交往经验，往往觉得在处理与同事（尤其是中老年教师）、校长、家长和社会有关方面的关系上，困难重重。同时，由于不熟悉学校文化环境及组织关系，新教师很难在学校中找准自己的位置，建立起具有牢固职业认同的关系网络。

2. 青年教师专业发展引领策略

朝气蓬勃的青年教师群体是学校的宝贵资源，帮助青年教师迅速成长，不仅有利于学校教师队伍整体质量的提高，更有利于学校长远发展。引领青年教师的专业发展，校长需要在以下四个方面进行努力。

（1）对青年教师抱有高期待

我们常常要求教师对学生要抱有高期待，其实在引领青年教师的专业发展过程中，校长也需要对青年教师抱有高期待。作为学校的“一家之长”，校长需要了解每一名成员的优缺点，相信人的潜力是无穷的，不拘一格降人才，相信学校的每一名教师都能通过自己的不懈努力创造属于自己的成功。校长需要对每一名青年教师的事业都充满期望，“不抛弃、不放弃”，让每一名教师都能感受到来自学校领导的关注的目光。校长应尽可能地结合学校和教师的特点为教师设定事业发展的目标，帮助教师制订合理的个人职业生涯发展规划。

案例：某小学校长对教师的十大期望

一个常常问自己：该读的读了吗？二个常常问自己：该看的看了吗？

三个常常问自己：该说的说了吗？四个常常问自己：该问的问了吗？

五个常常问自己：该听的听了吗？六个常常问自己：该想的想了吗？

七个常常问自己：该写的写了吗？八个常常问自己：该准备的准备好了吗？

九个常常问自己：该做的做到了吗？十个常常问自己：还能做得更好些吗？

（2）建立新教师成长的外部机制

为青年教师创造良好的专业发展外部环境是校长引领工作的重中之重。良好的外部成长机制由三个方面构成，包括：学校文化、教师学习共同体和青年教师成长激励机制。在本书的第三章和本章的第一节对学校文化和学习共同体的内涵和建设途径有比较详细的论述。这里简要介绍一下青年教师的激励机制。

校长可以根据青年教师成长的特点，最大限度地调动这一群体的积极性：从生活上多关心多帮助青年教师，消除青年教师的后顾之忧；建设目标管理机制，综合运用精神激励和物质激励等手段来激发青年教师实现自我价值；从理念上引导教师，加强职业道德修养，热爱教育教学工作，热爱学生，增强事业心和责任感，产生自我成长的动力；建立完备的青年教师培训体系，帮助青年教师完成从学生到教师的角色转换，适应教育教学环境，进一步巩固专业知识、提升专业技能，熟悉教师常规工作，增强工作信心。

（3）校长与专家、熟手联袂

校长一个人的能力毕竟是有限的，校长有必要寻求盟友、寻找伙伴，共同努力，构建立体的青年教师专业发展专业成长平台。这些盟友包括校内熟手型、专家型教师，还有大学等科研机构的教育专家、学者。在实践层面有一线的熟手和专家引领帮扶，在理论层面有专家学者指明方向，再加上校长从中搭桥引线、监控督导，青年教师的专业发展活动势必成效显著。

发挥好“搭桥引线、监控督导”的功能，需要校长起到灯塔作用，指明正确的方向。校长需要通过不断的学习认真领会教育理论、国家政策，努力提升自身的理论素养，练就一双慧眼，找到能为学校发展服务的专家。还应该培养“打开大门办学校”的观念，不仅要把专家请进学校来，还要形成成熟的机制，不是仅仅走个过场，而是要使专家扎下根来，与青年教师进行定期、定题的亲密接触，为青年教师的教育教学实践把脉诊断、献计献策。

（4）深度参与青年教师成长历程

课堂教学是青年教师成长的重要阵地，深度参与青年教师的成长历程，校长需要立足于课堂，多与青年教师在课堂中进行交流。

其一，通过评课深度了解教师。了解新教师的基本功（设计、组织与实施、驾驭活动和管理班级的能力等）、教学风格、教学潜能……只有了解和掌握了新教师的教学特点、水平，才能运用有效的方式给予指导，从而加速新教师的成长。

其二，改变评课态度。首先要多鼓励，少批评；其次要耐心倾听，避免评价的片面性掩盖其好的想法和做法；最后要讲究“评说”艺术，注意保护新教师的自尊心、积极性与教育个性。

其三，给予具体指导。指导应力求做到全面（从教学方案到组织与实施）、有重点（从活动目标、环境创设到每一个环节的设计）、具体明了（哪个部分需要调整或改进、怎么调整或怎么改进），让新教师明确改进的方向和策略。切忌泛泛而谈，使其感到无所适从。

专栏

新教师成长路上必须要记住的五个字

- 兢：兢兢业业、尽职尽责
- 精：精心观察、精谨钻研
- 静：静心探索、勤于反思
- 净：耐住清净，不图名利
- 敬：敬业乐群，服务学生

二、骨干教师的专业发展

骨干教师就是在工作动力、人格、业务等方面已经具有较高的专业素养的教师，他们有自我效能感、成就感、自我价值实现感。骨干教师是学校的中流砥柱，抓好这一群体的专业发展，关乎整个学校的教育教学质量。

1. 骨干教师培养工作存在的误区

（1）重选拔，轻管理

各个学校都非常重视骨干教师的选拔，制订了详细的选拔标准，帮助有能力的教师脱颖而出。然而，有些教师在获得荣誉之后，在工作中却并无多大建树。这与学校对骨干教师的后续考核与管理不到位有直接关系，一些学校对骨干教师的考核，大多是走走过场，造成骨干教师感受不到专业发展的压力与动力。时间一长，进取的意识就淡薄了，自然就不会有多大进步。

（2）重提拔，轻发展

在骨干教师选拔出来之后，或其在教学和科研做出一些成绩之后，有些学校采用提拔骨干教师担任学校行政或教学部门的领导职务的方式，显示学校对骨干教师价值的重视，却没有采取其他有效措施激励骨干教师继续努力，在业务上实现持续发展。

（3）重待遇，轻支持

为了吸引、稳定、激励骨干教师，很多学校纷纷推出优惠政策和条件，对骨干教师给予比一般教师优厚的待遇。但是，过多的物质刺激，诱导一部分骨干教师把个人精力集中到物质分配上，滋生了索求物质待遇的倾向。学校单纯利用物质刺激的做法不但没有促进骨干教师的专业成长，反而成为骨干教师发展的障碍。

（4）重使用，轻提高

有些校长认为，骨干教师已经是教师队伍中的拔尖人才，职称和学历都已经达到了较高或最高层次，没有继续参加培训和进修的必要。骨干教师的主要任务是代表学校外出参加比赛，争金夺银，在完成自身的教学任务之外，要带青年教师，每周听课、评课、上课，开教研会、座谈会等。

（5）重业务，轻思想

骨干教师应具备比较全面优秀的素质，无论是业务素质、文化素质，还是思想道德素质、身心素质都应该是比较突出的。但是，现在一些骨干教师的思想素质状况并不尽如人意。在中小学校园里，存在大量的骨干教师“一招鲜吃遍天，学校纪律全靠边”的现象，这是令校长头痛的一件事情。这与学校在选拔和培养骨干教师过程中只注重业务水平，不注重思想道德水平有直接关系。

2. 骨干教师的专业发展特点

出现上述误区的原因在于对骨干教师的专业发展特点把握不准确，因此出现引领工作在目标、手段上的偏差。因此，正确把握骨干教师的专业发展特点是做好其培养工作的前提。实践中，骨干教师体现出以下特点。

（1）追求成功的动机更加强烈

骨干教师热爱教育工作，对国家社会的发展以及学生的终身发展有高度的责任感，希望在教育教学工作中做出较大的成就。

（2）为自我发展设定了更高的标准

骨干教师通常为自己的专业发展确立了比较高的目标。在目标指引下，骨干教师对自我专业发展设定了相对较高的标准，在工作中用高标准要求和约束自我。

（3）更善于反思与学习

在业务能力上，他们善于学习勤于实践，有比较丰富的知识，有正确的教育观念和思想，对教育的功能和规律有比较深刻的认识和把握，有丰富的教学经验和熟练的教学技能，能够自如同时又有创造性地处理和解决问题，能够取得满意的教育效果。

引领具有上述特点的骨干教师的专业发展，就不能将专业发展活动仅仅定位于教育教学知识和技能提升上，而更应将专业精神的升华、专业结构的更新、骨干带头作用的充分发挥、建立宝贵资源网络积累优势、加强自我监控等作为主要目标。

对于骨干教师的发展来说，只是学习是远远不够的。骨干教师是学校中的精英群体，促进骨干教师专业发展的关键是为骨干教师寻找迈向更高水准的工作追求和不竭动力。这就不能在原有的工作基础上原地踏步，要寻求为骨干教师创设更新的、更高层次的专业发展平台，让他们有机会在更高的水平上去发挥自己的能力，发展自己的专业。因此，骨干教师的培养重点是专业发展平台的搭建，其要点是：基于实践、注重发展和专业自主。从一定意义上说，学校给骨干教师搭建什么样的平台，决定了一个学校骨干教师队伍发展的水平。以创设平台为重点，引领骨干教师的专业发展需要遵循两个主要原则。

首先是实践性原则。骨干教师在实践中仍需要进行继续教育和专业培训。至于这个特殊群体应该接受哪些方面的培训，就要根据他们的实际工作和学校为其设定的发展平台的需要来决定，在实践过程中提高骨干教师的教学能力。对于教科研方面的骨干教师，则可以通过让他们实际参与一些优质的课题研究，在实际操作中提高科研能力。

其次是个性化原则。一个学校骨干教师的数量是相对有限的，因此完全有可能在集体培训的同时，针对每个骨干教师的实际情况决定他们各自的培养和培训计划，提高培训的针对性。

案例：北京市某中学骨干教师培养四部曲

树典型。积极宣传学校涌现的数名优秀教师和学科带头人的敬业、爱生、勤奋、进取的先进事迹，发挥他们的示范、导向和辐射作用。

搭台子。鼓励并推荐骨干教师参加各级各类教学竞赛活动，为他们展示教改成果提供舞台，创设竞争向上的氛围。

铺路子。选送骨干教师参加各种培训、学习，学校制定政策，在教育培训问题上给予必要的支持。

压担子。让骨干教师挑起教育教学重担，安排他们到毕业班把关教学；让他们参与有关课题的研究，挑起教学科研的重任。

---

3. 骨干教师专业发展引领策略

骨干教师是学校教育、教学的宝贵资源，是推动学校发展的重要动力。除了要充分发挥他们在本职工作中的重要作用外，还应该依托骨干教师本身的优势，发挥他们对周围的辐射作用，以促进广大教师教育教学能力的提高，推动学校教学质量的提升。促进骨干教师的专业发展可以参考以下五项策略。

（1）以教育科研为先导

没有科研的教育是脆弱的。学校可以要求每位骨干教师根据自己的教学实际寻找研究课题，或根据学校的实验课题承担若干课题，设计可行的课题研究方案，并根据方案有步骤地进行教学研究。成立以骨干教师为核心的课题研究小组，充分发挥骨干教师的带头作用，带领其他教师的科研意识与专业发展。

（2）以“传帮带”工程为契机

坚持“传帮带”的优良传统。可以通过制度将“传帮带”固定下来，要求每位骨干教师带一定数量的青年教师，明确师徒双方的职责与义务，对传帮带的各项活动数量及质量进行明确规定，例如双方听课的节数、撰写教学感悟和论文的数量等。以制度化的形式增强骨干教师的模范意识和责任感，与青年教师之间形成教学相长的良性合作关系，实现骨干教师与青年教师的共同成长。

（3）以确立目标为动力

每位骨干教师要有自己追求的目标，没有目标就没有动力。在一年时间内要在现有成绩上向更高层次迈进一步。如已获镇优秀课教师的要向县、市级目标前进，获市教坛新秀的向教学能手进发……

（4）以骨干教师组织为平台

学校可以通过设立研究课题、编写校本教材、建设品牌学科、建立学科教学工作室、举办教学研讨会总结骨干教师的教学成果等途径，为骨干教师的发展搭建舞台，扩大骨干教师在专业领域的影响，同时带动其他教师在参与这些活动的过程中取得进步。

案例：北京市某中学成立“校内专家团”

学校中特级教师和省级以上骨干教师占到教职工总数的20%。为了充分调动这个特殊群体的积极性，学校专门成立了以特级和骨干教师为中坚力量的“校内专家团”。这个专家团不但要参与学校教育教学工作改革规划的研讨制订，还要分年级、分学科为教育教学实践作出不定时、不定形式的指导。这个团队活跃于学校的领导层，忙碌于为普通教师工作解惑中，为学校的改革和发展作出了重要贡献。学校对这个“专家团”有统一的领导，但又能适度给专家型骨干教师一定的专业自由和自主；而且学校根据校本发展情况，对这个专家团队进行集体和个人评价，以保证这个团队积极不懈地为学校发展贡献力量。

三、班主任的专业发展

班主任是连接学校、家庭、社会的纽带，是落实学校各项工作的中坚力量，是学生全面成长的导师。班主任是学校中的重要群体，对于学校的质量和发展具有重要的意义。班主任不仅直接面对学生，是学校教育过程中对学生影响最大的人；班主任还要作为学校与家庭的联系纽带，与家长紧密合作共同教育学生。为此，班主任既要承担教育教学任务，又要承担班级管理的任务，实践中班主任要比一般教师牺牲更多的时间，付出更多的辛苦和努力。

在引领班主任专业发展的过程中，校长首先需要了解班主任成长的规律；其次要明确班主任角色，为班主任的专业发展设定具体的目标和标准；最后设计符合班主任成长规律的专业发展策略。

1. 班主任专业发展特点

（1）班主任成长具有阶段性

班主任的成长绝不是一蹴而就的，其专业素质和专业能力要经历一个发生、发展、逐步完善的动态过程。从新任班主任、熟练班主任，再到有经验的班主任、有一定专长的班主任，最后发展为优秀班主任和专家型班主任，其各个阶段的知识储备、思维方式和专业能力都表现出鲜明的特点。

（2）班主任成长具有自主性

班主任专业发展的核心是自觉性和能动性。班主任自身素质水平与不断提高的职业要求之间的矛盾是班主任专业发展的原始动因，班主任自主发展实践活动是其专业化发展的根本动力，班主任在内在发展需求的驱动下能动地对外在条件或影响作出认知和选择，是围绕着自己的发展目标主动采取的行动，最终也成为班主任专业发展的直接和现实的力量。

（3）班主任成长来源于实践

班主任专业发展的过程有鲜明的研究性和方向性。许多优秀班主任善于根据文化、自然等资源优势和本班学生特点，开展创新性班级活动，走科研校本化之路。这种实践，不是随意的、短时的、无序的，而是有目标导向性、计划性、高质量的班级教育教学活动，对班主任成长的速度和程度有着极大的促进作用。

（4）班主任专业发展具有高标准性

胜任班主任的标准表现为：了解和掌握更多的教育科学知识和专业知识；具备一定的组织管理能力；多才多艺；具有一定的教科研能力，善于研究班级德育和班集体建设与管理过程中遇到的问题；具有熟练运用网络开展德育工作的能力；具有高尚的道德品质。

2. 班主任专业发展引领策略

（1）建立健全班主任管理制度

班主任管理制度中最重要的是两项：班主任的选拔任用制度和班主任的绩效制度。在班主任任用方面，要做好教师承担班主任工作的兴趣调查，既不能为了兼顾班级学科教师的工作方便来选取班主任，也不能把对班主任工作感兴趣的老师拒之门外。设立公正、公开、公平的班主任选拔任命程序，不搞暗箱操作。

在班主任评价制度方面，重点是通过评价激励班主任的工作热情。设立班主任奖项是一种卓有成效的方法。可以将班主任奖项划分为序列，从高到低依次为“专家型班主任”“特级班主任”“模范班主任”“优秀班主任”，将班主任的称号与骨干教师、优秀教师等称号的待遇相对应，享受相应的政治待遇和经济待遇。

（2）开展班主任专项活动

校长可以在学校内部开展针对班主任群体的丰富多彩的活动，促进班主任素质的全面提升。要注重活动的时效性、趣味性，不能使活动成为班主任工作的新负担。常见的活动包括：班主任读好书活动、征集和评选学生管理的“金点子”和学生成长的典型案例、开展优秀班主任工作手记展评活动、建立班主任工作论坛等。

案例：浙江省宁波市某学校的班主任工作论坛

为加强学校的班主任队伍建设，做好学期初新老班主任的交接和新任班主任的培养工作，打造一支业务素质高、管理方法科学的班主任队伍，以达到自我提高、互相学习的目的，学校在每个学期初都举行“班主任工作论坛”。论坛上，来自高、中、低段的班主任分别从教育对象的特殊性、自己在实际工作中的做法等方面对班主任工作进行详细介绍。参加论坛的班主任还结合自身的工作经历进行深刻研讨，相互交流彼此的工作心得，论坛结束后，还结合论坛撰写心得体会。参加论坛的班主任都觉得参加这一活动收获颇丰。

（3）关心班主任生活

校长要注重提升班主任的经济待遇与政治待遇。各学校可以结合学校的实际情况，在结构工资方面体现对班主任的倾斜。在具体操作上，各学校采取目标管理的方式，实行“优管多得”。提高经济待遇并非激发班主任工作热情的唯一办法，但待遇的提高意味着对班主任工作的进一步肯定，也意味着对工作要求标准的提高。提高政治待遇体现在职称晋级首先要考虑班主任，并优先考虑国家、省、市级优秀班主任教师以及长期从事班主任工作的教师。学校还需要尽可能地为班主任的工作、学习和生活创造良好的条件，解决他们的实际困难。

（4）跟进培训，提升班主任专业素养

提高班主任的校本工作素养。可以组织的岗位培训分为“上岗培训”“岗初培训”“个体培训”“网络培训”四种形式。

首先，基于通识教育的上岗培训。这一培训形式目的在于把特定的观念、技术讲授给班主任。每一学期组织培训过程中，学校可以将“班主任工作的内容”“班主任的特殊能力”等主题模块编印成培训材料，且材料汇编中载入最新研究成果；培训形式可以采用管理人员讲解和个人阅读相结合的形式进行。在文本培训结束后，组织教师观看著名教育改革家的教改经验录像，组织外出参观考察，要求班主任结合看录像和参观考察的情况以“新时期如何做班主任”为题，以研究报告的形式写总结。培训时间在开学前的新学期工作准备中进行。

其次，立足校本的岗初培训。教会教师如何分析学生家庭背景、居住区域等基本信息，在此基础上确定新一轮工作重点；帮助教师分析不同学生的成长需要，提高工作的针对性；教会教师与不同类型家长进行有效沟通的技巧等。

再次，区分差异的个体培训。对每一位班主任而言，能弥补其知识缺陷与能力不足的培训才是最有效的。为此，学校可以购置有关班主任工作的书刊、音像资料，便于相关班主任自主学习选用；学校还要注意经常性地搜集有关班主任工作的研讨会、培训会信息，根据会议主题指派相应的具有研究兴趣或知识体系不足的班主任参加。

最后，挖掘潜质的网络培训。由于信息技术的普及，网络生活也成了班主任的重要生活方式；班主任的任务繁重，无法长时间脱离岗位参加专业培训；整齐划一的培训又使班主任处于被动的学习地位，不利于挖掘班主任的自身潜质。基于上述三点考虑，班主任培训可以以网络培训的形式进行。可以要求班主任参加一些教育行政部门、大型网站组织的网络培训，让班主任的案例学习、问题研究、互动研讨有机地结合在一起，使参训班主任立足岗位就可以经常性地学到新东西，也充分挖掘了自身的课程资源与潜质。

第四节　教师评价与激励

一、科学评价教师

除了开展丰富多彩的教师专业发展活动和校本教研之外，对教师进行卓有成效的评价和激励也是促进教师专业发展的重要途径。做好教师评价工作是校长的一项重要职责，校长需要从以下四个方面深入地思考这项工作：为什么评价、谁来评价、评价什么和怎么评价。

1. 以教师评价促进教师专业发展

传统的评价更多地体现为一种奖惩性评价，是以加强教师绩效管理为目的，主要用于对教师做出解聘、晋级、嘉奖等环节的管理。这种评价对于实现教师队伍管理的规范化无疑具有重要的意义。但是，奖惩并不是教师评价的全部目的。从更为重要的层面上来看，教师评价的落脚点和归宿应该是“促发展”。也就是说，教师评价的最终目的是通过全体教师的共同进步，促进每一位教师的未来发展，促进学校和学生的未来发展。

教师评价是通过对教师进行“一诊断、二反馈、三预测”来促进教师专业发展的。教师评价结果是对教师的工作业绩和能力水平的一种准确诊断。教师评价通常通过全面的信息收集，在多方评价人员共同分析的基础上作出的相对准确的判断，评价结果能够帮助教师判断自身的专业发展水平，明确自身的优势和不足，形成对自身发展和工作的正确认识。通过将教师评价结果反馈给教师本人，在学校管理者和教师之间达成共识，这种共识有助于学校帮助教师形成正确的职业生涯发展规划，设定合理的工作目标和绩效标准，这对教师的工作和发展无疑具有重要的指导意义。最后是预测，教师评价结果可以帮助学校管理者预测教师专业发展前景、潜力和发展水平，从而为设计有针对性的教师培训计划提供依据。

2. 邀请多方人员共同评价教师

多元评价是教师评价需要遵循的一项重要原则。教师评价要求尽可能拓展获得评价信息的多种渠道，信息渠道不仅来自校内，也可来自校外；既来自同事，也来自上级和学生。获得评价信息的渠道越广泛、越多样，对教师评价的结论就越准确、越丰富、越充实。

评价主体多元化的优势在于使教师评价更加民主，促进多元评价主体的优势互补、相互配合，建立相互对话与协商的机制；可以多渠道地收集信息，多视角地观察教师的工作表现，获得更加全面、客观的评价结果；使教师评价活动成为一种交互活动，使全体参与者相互吸取经验教训，取长补短，共同进步。[①] 根据不同的评价主体，实践中的教师评价形成了几种比较成熟的形式。

（1）“校长—同事”评价

又称为三人评价法，是指建立由第一评价者（校长）、第二评价者（同事）和评价对象（接受评价的教师）组成的评价小组，由第一评价者与第二

---

① 王斌华．教师评价：绩效管理与专业发展［M］．上海：上海教育出版社，2005：59.

评价者共同对评价对象进行评价的方法。①

（2）同行评价

同行评价，通常和同行帮助相连，即有经验的教师作为新教师的指导者，帮助新教师增长知识、提高技能；或是作为遇到问题的新教师的咨询顾问，通过观察、分享观点和技能，向他们提供支持，并为他们介绍有用的材料，努力提高教师的质量。②

（3）自我评价

教师的自我评价是基于其自身的实践，结合自己接受的教育理念作出的，其结果更容易得到教师本人的接受。教师通过自我评价，对自己的教学工作进行诊断，就会发现自己的教学设计、教学实施以及实施结果中存在的问题，了解自己的优势和不足。出于改进教学的内在需求，教师就会主动改进设计、重新实施，以求提高实践的质量。③

自我评价可以是每天一次，也可以是每周一次。将教师基于课堂视频的自我评价作为反思的素材，一方面使教师容易发现自身的问题，另一方面使专家的指导有据可依。评价结果的解释适宜采用标准参照的方法。④

（4）学生和家长评价

由学生和家长对教师的教育教学业绩、能力与水平进行评价也是近年来的重要教师评价方法。学生和家长评价的方式一般包括表格评价、口头表达式评价和书面表达式评价。

案例：某小学的学生评价教师活动

某小学定期开展学生评价教师的活动。由学校统一发放评价表，学生进行无记名投票。学生评价教师表上的具体内容包括：对各科教师教育教学的满意度，选出心中的好老师，为教师的教育教学工作提出改进的建议。学校以此活动为契机，努力构建一种民主、平等、和谐的师生关系，在教师中形成爱岗、敬业、合作、团结的氛围，积极倡导教师用自身的人格魅力感染学生，争做学生的好老师。

---

① 王斌华．教师评价：绩效管理与专业发展［M］．上海：上海教育出版社，2005：232.
② 孙静．当前美国中小学教师评价的主要方法［J］．外国中小学教育，2007（7）.
③ 孙艳平，姜超．指向教师专业发展的教师自我评价探析［J］．教学与管理，2008（6）：29.
④ 张娜．用“T型模式”评价教师［N］．中国教育报，2009－07－14（6）.

实施多元评价，校长可能会面对这样一个现实的问题：多元教师评价的结果不可避免地受到评价主体的评价能力、评价视角、人际关系、价值观念等众多因素影响，极易出现评价结果不一致的现象。在这种情况下，校长需要把握好方向，以正确的评价理念和评价方法为指导，以公允的态度来处理多元评价主体的评价结果。

首先，要充分相信参与评价的多元主体，相信他们的参与有助于教师自身的发展，相信他们能够本着对学校工作负责的态度，客观地作出自己的评价意见。

其次，要引导教师客观地看待评价结果，利用其中的积极因素。当外在评价与教师自我评价结果发生冲突时，校长需要树立“重在解决问题，促进教师的反思与改进”的观念，强调评价不是简单地给教师下结论，而是为教师发展提供良好的外部支持。

最后，帮助教师树立端正的心态，勇于面对问题，不要纠缠于评价内容表达的细节等问题之中，要珍视这样的交流机会，不断反思意见背后所隐藏的东西，发现自己教学中的问题和不足。

3. 形成全面系统的评价内容体系

全面性原则也是教师评价的重要原则之一。教师评价不是仅仅针对教师绩效，而是要求对教师的职业道德、学科知识、教学能力、个人专业发展等进行全面的评价。

教师评价要体现出全面性，教师的职业道德、专业知识、专业技能、工作业绩、教学科研以及专业发展都是教师评价需要考察的内容，这些内容又体现在教师爱岗敬业、热爱学生、专业知识、学科知识、课堂教学任务、教学方法、课堂满意率、教学成绩、学术交流、学术互助等复杂的工作行为之中。教师评价的内容千头万绪，如何从这些看似都很重要，哪个都不舍得放弃的评价指标中理出清晰的主线，将评价内容有机、合理地融合到一份教师评价体系之中，客观地评价教师的绩效和专业发展水平，确实是校长面前的一道难题。这里向校长介绍一种依据“金字塔”理论的整合方法，以期对教师评价指标的设计有所帮助。

金字塔模型的总原则是整合教师胜任力评价、教师绩效评价和教师效能评价的核心内容。金字塔模型从教师职业的特点出发，将教师应当具备的素质、应当承担的职责、应当达到的目标、应当实现的发展结合在一起，根据教师胜任力评价、绩效评价和有效性评价的契合点，将教师评价内容体系建成一个由成分、维度和指标构成的系统结构。用这一模型可以将教师评价内容整合为外在教育教学行为表现和内在基本素质两大维度。①

（1）外在教学行为表现

课堂教学：以有计划、有目的、有系统的方式促进学生知识、情感与技能成长的一系列事件，它包括对教学的计划、实施、评估、反馈与调整的过程，也包括对教育政策、教育对象与教育材料的理解，学习氛围的创设，为改善教学而进行的科学研究。

行为管理：学生课堂行为的管理，对学生课堂外的在校行为的管理。

心理辅导：教师对学生心理需求的认识、心理问题的诊断与干预，人际关系的培养，社会交往能力的培养等，以促进学生积极心理品质形成与发展的行为。

（2）内在基本素质

动力系统：主要包括工作积极性（责任心、进取心）、工作价值观、职业认同（其中热爱学生是重要指标）。

自主发展系统：主要包括教师自主发展与自我管理，如目标系统（教师生涯规划）、反思意识与反思能力、科研能力（行动研究）等。

资源系统：主要包括教师的认知能力、教师知识等。

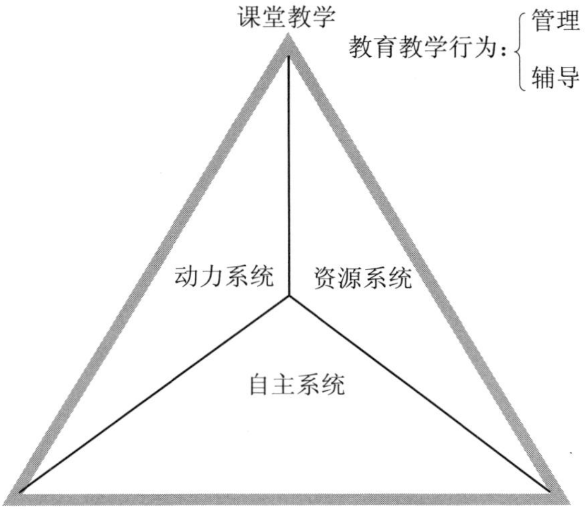

图 5－2　教师评价的金字塔模型

① 孙炳海．用“金字塔模型”整合评价内容体系［N］．中国教育报，2009－07－14（6）．

专栏

美、英教师评价的指标体系

1. 美国全国专业教学标准委员会标准

- 教师要关心学生以及他们的学习
- 教师掌握所教的学科和教学方法
- 教师负责管理和监控学生的学习
- 教师系统思考自己的工作，吸取经验教训
- 教师是学习共同体的成员

2. 英国教师评价指导大纲

- 学习环境的营造
- 满足学生需求
- 教学管理
- 建立关系
- 课外工作
- 行政工作
- 专业发展

4. 灵活运用多样的评价方法

多元评价原则的另一项要求是综合运用多种评价方法，将定性与定量方法相结合，既对信息和评价结果等进行量化处理，又要兼顾教师工作有其特殊性和复杂性，注重教学任务的多样性、教学过程的复杂性、教学手段的灵活性、教学成效的长期性和教师言行的示范性等质化指标。

（1）教学档案袋法

这种方法要求教师建立自己的过程性教学档案袋、结果性教学档案袋或展示性教学档案袋，通过开放的多层面的评价，使教师充分感受自己进步的过程、特点、经验和教训，提高教师的反思能力，促进教师的专业发展。①

案例：某小学的教师档案袋评价

某小学的教师档案袋评价以记录进步、激发潜能，促进教师自我反思、自我评价，交流经验、完善自我，为学校发展提供依据为主要目的。档案袋的内

① 王斌华．教师评价：绩效管理与专业发展［M］．上海：上海教育出版社，2005：150.

容包括各类荣誉称号、成果记录、知识与技能鉴定、教学后记、个人反思、个人觉得有促进自我提高价值的内容等八项。档案袋由专人负责管理，平时加强监督和指导，并与年中与期末考核相结合，定期、分层展示，各显所长、取长补短。

（2）听课评价法

听课评价可以运用随堂听课、常规听课和微格教学评价选择评价素材。听课评价法采用量化积分和质化评议相结合的办法。考评者根据评价指标的规定对教师一系列有效行为的频率进行统计，从“几乎没有”到“几乎总是”几个程度描述进行频率记录，听课后对记录进行汇总，合成总分。在听课后，要组织参与听课评价的人员对教师的课堂教学行为和效果进行综合评议，总结出优点和缺点，最后结合量化评价得分，得出最终的评价结果。

（3）目标合同评价法

教师（团队）与学校组织共同制订目标合同和实现目标合同，由学校和教师（团队）共同评定目标合同的完成情况，以此作为教师评价的结果。操作步骤：教师（团队）展开自我评价、教师（团队）起草合同目标、教师（团队）与学校领导共同商定目标合同、实现合同目标、评价教师（团队）进步。双方可以共同商定上述绩效完成程度的不同标准，划分出等级，作为评价的依据。

二、有效激励教师

激励中小学教师的积极性是学校工作的重点之一，这一工作直接影响学校管理效能的发挥和学校教学质量的提高。在教师激励过程中，校长需要树立“以人为本”的管理理念，将教师视为学校办学根本，充分依靠教师、尊重教师，激发教师的参与意识、主动性、积极性和创造性，充分了解和研究教师的心理特点、职业特点，了解教师需要、动机、目标现状，摸索适合学校办学实际和符合全体教师利益的教师激励方式。只有这样才有助于充分发挥教师的作用，才能有的放矢地做好管理工作，提高教育质量和管理质量，促进教育改革。

1. 教师激励的基本原则

一个好的激励策略，能满足教师的需要，有利于高层次人才的稳定；一个好的激励策略，能强化教师的角色意识和角色行为；一个好的激励策略，能激发教师的创造性。激励目标实现的根本要求是“以人为本”，切实满足教师的需求。

（1）选择正确的激励时机

在学校管理实际中，并不存在一种绝对有效的、时时适宜的激励时机，激励时机的选择是因人、因时制宜的。作为学校的管理者，应根据具体客观条件，灵活地选择激励的时机或采用综合激励的形式，以有效地发挥激励的作用。

（2）恰当的激励频率

激励并不是越多越好，只有区分不同情况，采取相应的激励频率，才能有效发挥激励作用。在具体的学校管理中，学校管理者应做到具体情况具体分析，给予教师恰如其分的激励。

（3）激励要适度

只有满足被激励者的需要，激励才能得以实现。程度过高和过低都不能实现有效的激励，校长需要在激励的过程中把握好“度”。如果“过度”，会使被激励者产生过分满足感，感到轻而易举，丧失上升的动力；如果“不足”，会使被激励者产生不满足感、失落感，从而丧失继续前进的动力。

（4）多样的激励手段

在管理实践中，校长需要了解不同教师群体的不同需求，以及不同专业发展阶段的教师的不同需求，采用多样的激励方式以提高激励的效果。激励的方式多种多样，除了传统的物质激励和精神激励，还有情感激励、公平激励、期望激励、民主激励等。其中尤其要注重情感激励。

案例：广东省中山市某中学的人本化教师激励机制

广东省中山市某中学充分运用市场机制、竞争机制、奖励机制等技术工具来构建激励机制，如竞争型的用人制度、绩效型的分配制度、市场型的组合制度、团队型的捆绑制度、“以奖代拨”的经费预算和结算制度、“三师（师德上做人师、教学上做能师、科研上做名师）工程”、“三体（指‘康体’‘宽体’和‘温体’）计划”等。“三体计划”是从物质和精神层面满足教师不同层次的需求，全面激发教职工自我提升和自我发展的原动力。其中的“康体计划”是引导教师树立“健康第一”的思想，学校定期举办健康讲座，为教师专门开辟健身室和配置各种设施设备，组织教师开展各种形式的体育锻炼。“宽体计划”就是创设宽松环境、舒展身心、提高效率。“温体计划”就是把党和组织的温暖送到教职工的心坎上，千方百计为他们解决后顾之忧，让教师轻装上阵。这样就从物质、情感和精神层面满足教师们多样化、个性化的需求，全面激发教职工自我提升和自我发展的原动力。

---

2. 有效激励教师的策略

（1）以教师需求为基础进行教师激励

教师激励与教师需求密切相关，未满足的需要是激励的开端，而需要的满足则是激励过程的完成。各项教师激励手段的根本目的是满足教师的需求。因此，我们可以将教师的需求进行简单的分类，从而找出对应的激励手段。

教师的需求可以分为外在性需求和内在性需求两大类。外在性需求包括物质性的需求和精神性的需求，前者指由工资、奖金、其他福利待遇等物质性的资源来满足的需求。后者指社会感情性的需求，通常要用友谊、温暖、特殊的亲密关系、信任、认可、表扬、尊重、荣誉等社会感情性资源来满足，这类需要与物质相比是较高层次的，包括工资激励、奖金激励、福利激励、培训激励、社会性激励（友谊、信任、认可、表扬、尊重、荣誉等）等。

内在性需求主要包括过程导向需求和结果导向需求。前者指靠工作活动本身所蕴藏的因素来满足的需求。后者指工作任务完成时教师所感到的自豪感与成就感，对社会、学生以及学校的贡献感，个人的抱负与价值得到实现时的轻松感与自尊感，自己的潜在能力得到充分发挥与利用时的舒畅感。满足教师内在性需求的激励手段包括晋升激励、提升工作的趣味性、改善工作条件、增强工作活动的挑战性等。

不同年龄阶段的教师其外在性教师需求和内在性教师需求也是有差异的，例如，青年教师物质性需求较中年教师和老年教师要强烈，而中年教师在结果导向需求方面又高于青年教师，而老年教师的社会性、感情性需求比较强烈等。因此，在激励教师的时候，要正确分析不同年龄阶段教师的内在性、外在性需求的特点。

表 5－1 不同年龄段教师的激励方法①

年龄阶段	需求特点要素	激励措施
青年教师	外在性需求	薪酬、福利等
	内在性需求	赋予挑战性的工作、培训、兼顾晋升

---

① 唐凯欣．我国城市中小学教师激励研究［D］．长沙：湖南师范大学，2003.

续表

年龄阶段	需求特点要素	激 励 措 施
中年教师	外在性需求	薪酬、福利等
		对工作认可、尊重、给予荣誉等
	内在性需求	赋予挑战性的工作、培训、兼顾晋升
老年教师	外在性需求	对工作认可、尊重、给予荣誉等
	内在性需求	满足老年教师的抱负和人生目标

（2）“积极惩罚”——一种新的教师激励方法

奖励是激励，使先进更先进，处罚也是激励，也可以激发人的精神斗志，使后进变为先进。在一些时候，惩罚会比奖励起到更加显著的效果。当然，对教师进行惩罚并不一定要运用物质惩罚，而应该实施一种新型的“积极惩罚”。积极惩罚是一种人性化的激励措施。实施“积极惩罚”的工作要点主要有四项。①

其一，良性接触：从警告、训斥等转变到非正式会谈。

校长应尽量避免在公开场合批评教师，可以通过良性接触实现与教师的非正式会谈。谈话应站在教师的角度、立场理解教师的内心感受，通过愉快的交流、欣赏的目光和关注的行为方式把校长认可、接纳的行为和学校的要求传递给教师。

其二，积极提醒：从处理、公示等转变到对问题的讨论。

一纸处理通告究竟能起到多大的作用呢？校长与教师双方静下心来，坐在一起认真仔细地共同分析问题，找出导致问题的原因，是不是能使教师更加心悦诚服地接受校长的建议呢？这种探讨还能使校长和教师加深彼此了解，增进双方的共识，促进教师的反思，使教师感受到学校对自身的重视与期望，自然会起到很好的激励效果。

其三，带薪停职：从消极、对抗转变到自主的抉择。

管理者可以要求教师在这一天中必须进行深刻的反省，反思自己的行为偏差。校长不仅要要求教师对个人近期行为表现进行理性审视，还可以在与教师协商的基础上确定反省的方式。这样一来，尽管惩罚实施了，但由于教师的自主选择性，不仅可以缓解因为惩罚行为带来的抵触情绪，也能够落实学校制

① 张锐．积极惩罚：教师管理的视角转换［J］．教书育人，2008（3）．

度，进而实现纠正教师不良行为、激发教师积极性的目的。

其四，惩罚兑现：从惩戒、警示转变到任务的承担。

强化教师的自我责任。惩罚兑现方式可以设计为让教师承担一定的工作和任务，在任务中，让教师逐渐认识到自身的错误，并在任务的履行过程中逐步纠正不良行为，不仅能使教师认识到学校没有放弃自己，更能培养一种责任感，从而在实践中为教师创造改过自新的机会。

案例：美国中小学校长激励教师的一些方法

鼓励教师参加有利于专业发展的课程或工作坊，批准教师各种合理请求。

在每周一次的教师会议期间，把一段教育语录、一个简短的笑话、一个快速的活动内容等融入其中。

在全体教员会议期间，可以放些音乐。因为音乐可以刺激大脑。

鼓励那些有突出能力的教师参加学校之外的团体，如地区或州的学术委员会。

只要有利于教学和学习，可以鼓励教师提出各种教育支持要求。

确保每个教师都是委员会的成员，都有自己明确的任务，并有机会参与到学校决策的制定过程中去。

每周选出一个“本月最佳教师”，并给予相应奖励。

在每周的会议上，要特别感谢那些作出突出成绩的个人或团体。

一个学期，或者一个季度，给每个员工一次可以迟到的机会，而不去责备他们。

在校长出差的时候，安排一个教师做“执行校长”。

在教师休息室里提供免费咖啡。

在一年当中，为全体教职工安排几次午餐。这些午餐可以安排在正常的午饭时间里进行，也可以占用下午固定的会议时间来安排一个全体员工的午餐聚会。

教师们辛苦忙碌了一周，在每周五的早上，为他们提供一份特殊的早餐，包括点心、饮料、松卷等。

12 月通常是非常忙的月份。这时应该安排一些有趣的活动来缓解工作压力。例如：举办游戏活动周，邀请教师参加各种有趣的游戏。

组织一个委员会，专门安排娱乐活动。每周不同小组的教师都会提供不同的主题活动，教师们可以共同分享、讨论。

在欢迎教师病愈返校、庆祝教师生日、表扬教师做出特殊成绩或其他重要的事件时，向教师赠送卡片。

联系家长学校协会、地区商业组织等其他团体，为教师提供各种合理的福利待遇。

从预算中提供合理的经费支持，或者寻求当地的政府或企业提供赞助。

组织一些小型的募捐活动。为教师提供入场券、礼物或赠券，作为对他们的特殊奖励。

组织教师去旅游。

——引自网络：激励教师妙招迭出，http：//www. tzsy. cn/eduarticle/lunwen/guanli/200808/15—184385. htm.

推荐阅读

1. 丹尼尔森，麦格里．教师评价：提高教师专业实践能力［M］．陆如萍，等，译．北京：中国轻工业出版社，2005.
2. 费斯勒，克里斯坦森．教师职业生涯周期：教师专业发展指导［M］．董丽敏，高耀明，译．北京：中国轻工业出版社，2005.
3. 托马斯．R. 高斯奇．教师专业发展评价［M］．方乐，等，译．北京：中国轻工业出版社，2005.
4. 褚宏启．教育人力资源管理：一种管理的趋向［M］．重庆：重庆大学出版社，2003.
5. 傅建明．教师专业发展：途径与方法［M］．上海：华东师范大学出版社，2007.
6. 何国松．骨干教师综合素质的提高［M］．长春：吉林大学出版社，2007.
7. 教育部师范教育司．教师专业化的理论与实践［M］．北京：人民教育出版社，2003.
8. 余文森，边榕．教师专业发展［M］．福州：福建教育出版社，2007.
9. 李镇西．做最好的班主任［M］．桂林：漓江出版社，2008.
10. 刘捷．专业化：挑战 21 世纪的教师［M］．北京：教育科学出版社，2002.
11. 潘海燕，夏循藻．骨干教师成长的秘诀［M］．北京：中国轻工业出版社，2008.

12. 饶从满，杨秀玉，邓涛．教师专业发展［M］．长春：东北师范大学出版社，2005.
13. 申继亮．教师人力资源开发与管理：教师发展之源［M］．北京：北京师范大学出版社，2005.
14. 塔雷里克．玛丽莲．校长引领教师专业发展［M］．卢立涛，安传达，译．北京：中国轻工业出版社，2008.
15. 王斌华．教师评价：绩效管理与专业发展［M］．上海：上海教育出版社，2005.
16. 王建军．学校转型中的教师发展［M］．北京：教育科学出版社，2008.
17. 王卫东．教师专业发展探新：若干理论的阐释与辨析［M］．广州：暨南大学出版社，2007.
18. 徐斌艳．教师专业发展的多元途径［M］．上海：上海教育出版社，2008.

第六章
课程与教学管理

一个有经验的校长，他所注意和关心的问题就是课堂教学……老是忙于开会及其他事务，走不进教室，不接触教师和学生，那么校长的其他工作都失掉了意义。

——苏霍姆林斯基

基础教育课程改革实行国家、地方和学校三级课程管理体制，学校享有了一定的课程开发和管理的自主权。面对日新月异的教育变革，校长如何认识自身课程与教学管理的角色，构建现代教学管理团队，加强对教与学过程的管理，实现新课程背景下的课程体系的开发与管理？本章将围绕校长课程与教学管理的实用策略进行探讨，力图帮助校长提升自身的教学和课程领导力。

第一节　教学人员与组织的管理

一、校长应扮演好教学领导者角色

在提到校长是课程与教学管理者时，一些校长往往会有疑问，校长不应该是领导者吗，为什么还要管课程和教学这些小事呢？我们将逐一分析这些认识误区，并分析校长在课程与教学管理中的角色与任务。

现实的学校管理中，很多校长忙于学校行政事务，奔走于各种检查、会议，无暇顾及课程与教学管理工作，这里既有认识上的问题，也有体制上的问题。实际上，真正高效能的校长能够统筹兼顾，抓住主要矛盾，这既是新的课程改革对学校和校长提出的要求和挑战，也是校长提高工作效能、促进自身专业发展的新的生长点。

1. 校长教学领导者的角色定位

有的校长也许会说，如果校长亲自抓教学，那么主管教学的副校长和教学主任干什么呢？事实上，教学管理强调的是“与教学效能有关的管理功能”。对于校长而言，在观念上应该认识到自己是“教学领导者”，要打造一个教学管理的团队，并一起为学校制订一个教学发展的愿景。应该着重提高整体教学质量，制订教学目标、管理课程与教学、进行教学检查与评价、促进教师专业发展、督促学生学习进步、营造和谐的教学环境等。在这一点上，校长与副校长、教学主任的分工是有着明显差异的，校长应扮演的是教学领导者的角色。

（1）教育理想家

校长要有远大的理想，以教学和学习作为课程领导的核心。校长必须扮演以下两种课程领导角色：第一，课程趋势的感知者。了解未来课程研究与发展趋势，以及目前重要的新兴课程议题，以便于引导学校教育的走向。第二，课程愿景与目标的设定者。带领组织成员对学校教育发展相关资料进行搜集与分析，倡导以建构学校愿景为中长期发展目标。

（2）系统改革者

校长必须了解成功课程改革的系统本质，致力于系统解决教与学的问题，鼓励教师参与有关课程设计、作业评量、学校组织结构以及学校和社会关系的调整和革新。校长在此层面应扮演以下三类角色：第一，课程改革的促发者。第二，课程改革的协商者。第三，课程改革的规划者。

（3）协同合作者

校长必须打破“唯我独尊”和“单兵作战”的观念，明确建立共同合作的专业群体的必要性。校长不仅要接受而且还要欢迎不同理念者，通过讨论、聆听、探索、争论与质疑等方式，得到不同的观点。因此，校长在此层面应扮演以下三类角色：第一，课程合作文化的塑造者。第二，课程合作团队的组织者。第三，课程信息的分享者。

（4）支持促进者

校长应公开支持教育革新，并鼓励组织成员询问以及批判、检查教学及课程，希望由此能发展新的政策、重新设计课程以及建立更为民主的程序，提升学校教育效能。因此，校长在此层面应扮演下列三类角色：第一，课程发展的委托者。第二，课程发展的支持者。第三，课程专业的促进者。

（5）评估反馈者

课程改革需要投入大量的人力和物力，不是一蹴而就的简单事情。校长应加强对课程实施的监督、调控，不断进行评估与反馈。这样，才不至于在课程发展中偏离课程革新的目的与方向。因此，校长在此层面应扮演下列三类角色：第一，课程问题的诊断者。第二，课程成效的判断者。第三，课程评价的反馈者。

2. 校长在教学领导中的任务

对于校长而言，加强教学管理，要力求做到：指挥有力、结构合理、职责明确、运转优化。指挥有力，是指全校有一个统一指挥中心，能够有效地施行计划决策，上下紧密联系，反馈调控机敏；结构合理，是指学校管理组织整体性强，机构健全，层次分明；职责明确，是指管理系统的职责相应，管理幅度合理有效；运转优化，是指明确的岗位责任制，组织之间信息通畅，活动协调，工作效率较高。具体而言，校长在教学领导中应做好以下工作。

（1）提供教学资源

校长应该提供、运用与分配实现成功教学的资源与材料等，以完成教学目标。其中包括引领学校开发适应学生需求的课程，提供丰富的教学资源，介绍新的理念，分配教学任务，促进教师的专业成长等。校长还要积极寻求校外的教育资源和机会。

（2）创设教学愿景

校长应与教学管理团队一起，制订一个适合学校发展和凸显学校特色的教学发展目标，使得这一目标为所有教师所认可和共享。例如：围绕课程改革目标，评定学生的需求，梳理学校下一步的发展思路并建立学校目标，帮助教师了解和认可学校目标的内容，使教师明确在学校教学愿景中被期待的行为。

（3）推进教学过程

按照既定目标，实施和执行课程与教学计划。包括选拔高质量的教师队伍，制定有效的教学管理制度，组织教师开展教学研究，落实课程计划等。

（4）评价课程教学

校长要建立评价机制，定期开展教学检查，进行课程与教学评价，保障教学时间与课程安排，监督学生的进步，确保课程的质量。校长应该经常性地进行课堂观察，组织讨论会，与教师讨论教学问题。引导教师参与设计、搜集资料，分析和评价教师的年度表现。组织教师间的观摩与评价。

（5）建构学习型团体

推动和鼓励学习型组织建设，构建一个重视学习、严谨有序的教学氛围，促进共同学习。开辟教师进修学习的渠道，如召开教学研讨会、教学经验交流会、提升教师的专业知识与能力，鼓励教师开展行动研究和以校为本的教学研究工作等。

二、建立优秀的课程与教学管理团队

任何一所教学效能和管理效率高的学校必然有着完备的教学管理和教学研究组织机构。新课程背景下，校长必须树立新的管理理念，建立一支优秀的课程与教学管理团队。团队要选择那些开放意识强、适应能力强、专业能力强、研究能力强的成员，树立新风气、新面貌，迎接新课程改革的挑战。一般情况下，学校课程与教学管理团队由校长与副校长、相关主任、各学科组长以及骨干教师共同组成。本节重点针对校长对年级组与教研组的管理策略进行解读。

1. 加强年级组管理的策略

（1）选派“好的年级主任”

年级主任是学校管理中连接学校与教师、学生的纽带和桥梁。管理大规模学校的一个年级，就像管理一所小学校，并非易事，必须要有坚强、团结、务实、能干的年级管理班子。年级主任工作的全面性和繁杂性甚至“类似于校长”，要能够成为“聚能核”，整合好人力、物力和财力资源，所以，学校要加强年级组工作，首先就是要选派优秀的年级主任，他们必须是“教学能手”，是教学业务有专长的教师，同时还要有组织管理能力。

（2）处理好年级组权限和职责定位问题

作为校长，到底哪些权力是可以下放给年级组的？一般来说，年级组可以自主调配年级组教师的课务安排，也应有任免班主任和任课教师的主要权力，有权力决定年级组经费的使用与分配，可以对年级组建立规章制度、考评标准进行自主考核。对于校长来说，更多的应该是引导、监控、调配。

（3）年级组应该开好“三会”

三会即“教师会、学生会、家长会”。要根据教学管理的阶段性需要，有针对性地分析年级组管理中的问题，制定对策。

（4）年级组还要重点解决好“三弱”转化工作

“弱学科、弱班级、弱学生”是年级组工作面临的主要挑战。如果能做到“重点突出、难点解决”，年级组的工作自然就水到渠成了。

2. 加强教研组管理的策略

（1）选派“好的教研组长”

教研组长肩负着本学科教师队伍建设和本组教研活动的策划与组织的重要职责。教研组长能力与水平的高低，直接决定着某学科的教学质量和该学科教师的发展水平。校长尤其应该重视教研组长的选拔，教研组长必须是“教学能手”，是有影响的骨干教师，同时必须要有一定的研究能力，能指导和组织教师进行校本研修。

（2）制定教研组工作的基本规范

例如：教研组应有具体、明确、公开的教研工作计划，要求同一备课组的教师集体备课，备课应该做到“四备”，即“备教材、备教法、备学生、备作业”。目的在于教师扎实开展教学研究，研究教材、教法，促进教师成为“研究型”教师等。

（3）指导教研组召开专题教学观摩研讨会

根据教师队伍的现状，针对教材中的难点及教学中的重点环节，组织青年教师的汇报课、骨干教师的优质课、师徒教师中的观摩课等，促进不同教师对教学能力的驾驭，形成良好的重教研、重教学的氛围。

（4）形成教师间常态的互相观课议课制度

日本学者佐藤学曾说，一所学校的课程改革要想取得成功，只有打开每一间教室的大门，让教师们互相评议，除此之外别无他径。以教研组为主体，成立观课、议课小组，深入课堂听课，观察教师的课堂教学效果，并进行集中的研讨评议。

三、依托教师，打造高效课堂

教师是课堂教学的执行者，是课程与教学的专业人员。要实现教学真正的变革，必须依托教师。在对教师的教学领导中，校长应具备以下几方面知识和能力：一是必须具备了解一至两个学科实际知识或发展趋势的能力，能够帮助教师组织和呈现知识的内容，提供教学技巧和资料。二是具有教学策略性知识，能够帮助教师改善教学的过程，包括从陈述目标到选择好的教学方法。三是具备教学视导的能力，包括掌握课堂教学评价的技术，了解教学成果评价的策略，具有与他人良好沟通的能力、与教师合作的能力等。

一般来讲，校长在实际工作中可以采取以下策略来激励教师。

1. 建立促进教师专业发展的激励机制

校长应尊重每位教师的个性，发挥教师的内在潜能，给教师展示的机会，让教师享受成功。只有这样，他们才能够对学校教育有强烈的使命感和源源不断的动力，才会不断地钻研和探索，以课程所需的学术和专业资格，共同参与优质学校教育发展。

2. 为教师提供丰富的专业发展机会

关注教师怎样进行学科课程的校本化实施，定期开展校内的教学经验交流，加强学科教师之间的横向联系，促进教师对所任学科有全面、纵向的了解；引导教师解读课程标准、分析教材，年级组内定期商议学情的变化情况、教学内容重难点突破的地方；邀请校外专家指导，形成“校内同行互助、校外专家引领”的专业发展格局。

3. 促进教师进行实践性反思

课程改革以来，反思的概念已经深入人心。对教学目标在课堂中的实现情况，对教学方法的选择、教学效果的达成、课堂生成的把握、教育资源的提供与利用等内容都可以成为教师反思的内容。经常性的反思能促进教师特定专业行为的改进，指导以后的工作，提高课程实施的效果。校长可以在教研活动中强调教师自我反思，也可以把教师的反思日记作为衡量和评价教师教学工作的一个途径。

4. 提供教师课堂中成功教学所需的建设性意见、资源和条件

校长作为教学管理者的基本角色之一是提供资源支持。对教学任务的分配要有利于教师的专业发展；提前制订好学校校历，以便教师提前安排教学计划；能开发适应学生需求的课程；有组织、有弹性地持续提供丰富的教学资源，鼓励教师参与讨论教学事务，通过举办专业研讨会介绍新的理念，积极寻求校外资源和发展机会。

5. 打造一个有序的、严谨的学习环境，让教师主动、创造性地实施课程

“正如教师营造课堂氛围一样，校长在营造学校氛围中扮演了极其重要的角色。”各项研究证明，学校中优秀的学术能力是学生成功的关键。校长应该致力于构建一个有序、严谨的学习环境，确立较高的而且能够实现的教学目标。校长必须从言行两方面证明一个所有学生都能实现的信念，同时构建一种教师和学生都勤奋工作与学习、追求教与学成功的学校文化。

第二节　教学过程管理

校长需要充分展现出课程与教学方面的知识和技能，加强对课程与教学的视导。本节将重点介绍校长在领导学校课程与教学工作中，在几个关键环节应关注的问题。

一、制订教学计划与目标

1. 分层制订教学计划

校长进行教学领导的第一步是引领学校制订科学合理的教学计划。校长要关注几个不同层次的计划与目标：学年的、学期的、每周的甚至每天的教学计划。对于教师而言，还有每节课的教学目标，这也是校长需要关注的。计划取决于教学时间和教学内容，所有的这些计划都应该相互衔接、协调一致，并且要在学年开始就制订出计划，完成年计划时需要把工作分成学期，把学期分成单元，单元分成周和日。所有的计划都应该是灵活的，大多数的计划都应该包含教学目标。

2. 制订合理教学目标

一般来讲，好的教学目标应具有以下特征。

第一，清楚、明确，具有发展性。对每一个学生都持有清晰、恰当的教学目标的教师往往是成功的教师。

第二，符合整个课程改革的目标和国家课程标准。教学目标的最终指向应该是课程目标。国家课程标准体现了国家对不同阶段的学生在知识与技能、过程与方法、情感态度与价值观等方面的基本要求，规定了各门课程的性质、目标和内容框架。好的教学目标应该符合国家课程标准。

第三，具有层次性。美国的教育心理学家布卢姆等人把教育的基本目标分为认知的、情感的和动作技能的，在实际中这三个领域的行为往往是同时发生的。后来，研究者又把认知维度目标的分类进行了修订，包括记忆、理解、应用、分析、评价及创造。这种观点基本得到认可。

第四，具有弹性。对于经验丰富的教师，计划和目标就是一个创造性解决问题的过程。他们知道该如何完成教学任务，达成既定目标，能预测教学效果及如何实现这些效果。

基于以上认识，校长在制订教学目标时，应注意以下两点。

第一，有效支援教师的教学需求，使教师感受到能与校长产生互动，从而提高实际的教学效果。校长要主动、积极地参与到教师教学中，通过观摩教师教学，与教师讨论教学问题，并提出经验与建议，以增进教学质量。制订学校总体课程计划（包括学校年度主题与目标、学习领域、校本课程、课程统整等）。并协助教师制订学年教学计划（如全学年或学期的活动主题系列与要旨、各年级的主题目标与重点、班级间与各科间的协同合作、班际活动的安排等）。协助教师制订教学方案（如活动主题与目标、统整的范围与架构、实施的时间与节数、教学活动设计与学习活动、评量方式与标准、教学资源需求、时间与空间规划等）。按照短、中、长期目标逐年推动各项方案。

第二，对于新任教师，应帮助他们全面了解学生，包括学生的兴趣、能力、生活经验、理解力、课堂合作能力与水平等。帮助教师把握课程标准。新教师的计划与目标有时候不起作用，原因就是他们缺乏对学科的了解。为新教师指定“师傅”，帮助教师把握课程标准，提出具体的教学策略，并提供给教师所需的人力、物力资源。

二、备课管理

备课管理是教学管理中至关重要的一步，也是校长了解教研组工作状况、把握教学的重要环节。从形式上分，备课包括教师集体备课和个人备课两种形式。

1. 备课管理中存在的问题分析

（1）以“量”为本，形式主义泛滥

一般情况下，许多学校对教师的备课检查，过分强调“量”化考核，检查方法停留在“数教案”这一机械模式，忽视备课的内质，致使许多教师出现了应付检查式的备课、抄教案，甚至是补教案。这种无效劳动，浪费了教师大量的时间及精力。

（2）以“本”为本，权力至上

在课程标准出台以前，以“教学大纲”为纲，以“课本、教参”为本，课程改革以后又以国家课程标准为纲，殊不知课程标准只是最低标准，这种传统教学观念严重禁锢了教师的教学思想，许多教师视教科书为权威，视教参为权威，致使备课出现了千人一面、千篇一律的现象，使课堂教学缺少活力，很难适应新课改的要求。

（3）以“章”为本，教条主义严重

集体备课作为教师开展教学研究的一种形式，本应发挥积极作用，然而现实中“为了备课而备课”的现象比比皆是，不少学校对集体备课作出严格规定，课时统一、授课内容统一、教学方法统一、作业统一，乃至教案的格式也要求统一，严重制约着教师备课的个性化，造成教师的备课形式单一，新型的备课方式不敢采用。对教师的创新备课，缺乏相应的奖励机制，造成“备好备差一个样”，使备课流于形式，泯灭了教师工作的创新性，抹杀了教师的个性。

2. 备课管理的策略

（1）根据现实需要选择备课形式

作为教师校本教研、合作研讨的一种有效形式，集体备课的优势在于解决教师个人难以解决的教学法学习与运用问题。备课最重要的不是备内容，而是备学生、备方法。如果说，围绕教材来备课，集体备课优势明显；那么，围绕学生来备课，个人备课更能解决实际问题。因此校长要引导教师根据现实需要选择备课的形式。加强集体备课的管理，要特别重视个体活动质量的监控，如对集体备课时所提意见的修改、补充、调整、细化等。要狠抓“二次备课”的落实，大力倡导并着重考查个性特长和创造性的发挥，以避免“南郭先生”和常吃“嗟来之食”者的出现。

（2）根据不同群体教师，体现备课管理的层次性

由于教师年龄结构和教学经验的差异性，对备课用整齐划一的标准去要求

显然是不合理的。例如：对于初涉讲坛的年轻教师，必须严格要求，每一课都应该精心准备，并尽可能把教案写详、写细，以促使他们尽快成长为一名合格的教师；对有一定教学经验的中青年教师，则只要求每学期写适当数量的详案，其他可写成实用教案，或在教科书上稍作注释即可；而对于教学经验较为丰富的老教师则可实行教案免检制度。这样，就可以使教师从繁重无效的重复备课、应付检查的桎梏中解放出来，为教师自我充电、教学研究、反思等提供可靠的保证。

（3）建立备课资源库，形成电子资源包

校长应该有“大资源观”和“课程意识”。备完、上完的教学设计怎样更好地发挥价值？教学反思除了订成册还能怎样利用？校长应带领学校及早着手建立教学资源库，收集电子资源包。资源库建立时，应按不同年级不同学科进行分类，每一学科又可结合自身特点设立相应栏目。每个学科下面的子目录，可设优秀教案、故事、典型课示例、优秀课件、开放题设计、疑难问题辨析、教学案例分析等。教师如果需要，可直接从资源库撷取资料。由于教学资源丰富，教师有了时间上和精力上的保证，创新型的教学设计便会大量地涌现出来，这些教学设计同时又成了新的教学资源。有了这种资源观和课程意识的校长，积累下来的绝不仅仅是备课资源。

（4）整体性、捆绑式评价，提高集体备课实效

在评价的措施上，应更多地采取整体性、捆绑式评价：既注重在教师个体层面上开展各种评优争先活动，更要在教师群体的层面上开展各种争创活动，诸如先进教研组、先进备课组、先进年级组、优秀师徒“对子”评选等；在奖金的使用上，应减少对教师个体的直接奖励的份额，增加对教师群体组织奖励的份额，由年级组、备课组作“二次分配”，强化组际之间的竞争力和组内成员的聚合力，以促进备课组成员的自主合作，和谐发展。

三、课堂常规管理

校长该怎样认识“符合新课程理念的课堂”？符合新课程理念的课堂教学常规应该是什么样的？首先让我们一起来看两个具体的案例。

案例：江苏省某中学的课堂教学策略

江苏省某中学从20世纪80年代提出“没有教不好的学生”的办学理念

开始，就在不断探索改变课堂低效、无效、负效的教学策略，形成了一套“先学后教，当堂训练”的课堂教学策略。“先学”：不是指让学生泛泛地、单纯地看书，而是指在教师简明扼要地出示学习目标、提出相关自学要求、进行学前指导后，学生带着思考题在规定时间内自学相关的内容。“后教”：不是教师漫无目的地教，而是在学生充分自学后，针对学生自学过程中暴露出的问题，让已会的学生来教不会的学生，学生与学生之间进行合作实践、合作探究、合作学习。对于学生都不会的问题，教师再进行点拨。“当堂训练”：在“先学”与“后教”的基础上，进行当堂训练，检测学习目标的达成度。这一环节让各类学生展示成果，实行学习互助，让学得好的帮助学得差的，思维快的帮助思维慢的，思维正确的帮助思维错误的。这对于尖子生而言，也是一次提高的机会，他们在帮助他人的过程中提升了自己。

案例：北京市某学校课堂教学常规

第一，构建“三讲”“三不讲”的有效课堂。“三讲”指讲重点、难点、盲点；“三不讲”指：学生已经知道的不讲，学生自己能学会的不讲，讲了学生也不会的不讲。第二，开发学案，依据学生认知规律进行内容整合。学案是教师针对教材内容、学生实际、高考要求进行整合研究而开发的一种引导学生提前学习与主动学习的资料。教师将学案提前一至两天发给学生，让学生将自学教材与思考学案中的问题结合起来，教学生学会学习。第三，删除无效教学环节，对课堂流程再设计。第四，剖析课堂的每一个教学环节。采用问题板、课内 5 分钟检测条、课内小组讨论题、向邻居请教等形式抓落实，效果较好。学校规定，教师课堂讲授的时间必须少于留给学生思考、练习、讨论、交流的时间，把课堂逐步还给学生。

通过案例可以看出，高效课堂教学的核心要素应包括以下几个方面。

1. 开放、探究的学习方式

新课程提倡“改变过于强调接受学习、死记硬背、机械训练的现状，倡导学生主动参与、乐于探究、勤于动手的学习方式”。优秀的教师即使在班级规模较大、教学任务比较繁重和教学时间较为固定的情况下，也能够采用合作学习、探究学习等启发学生的思维，培养学生的创新精神和实践能力。“先学后教”很好地阐明了这一问题。

2. 高质量的学习水平与效果

有效的课堂必然是学生深入思考和深度思维的课堂。根据学生在课堂学习过程中的外显行为特征，可以来评价课堂教学中学生群体的学习水平。例如：学生是否能够积极地参与课堂、是否懂得独立思考、能否主动探究、能否自由地表达、是否善于合作、是否富于想象力、是否敢于质疑和否定、是否有浓厚的学习兴趣等。

3. 民主、协作的学习环境

优质的课堂，应该是宽松、民主、平等、互动、利于学生自主学习和交流的课堂，应该是有着丰富的学习资源，为学生自主学习过程中碰到的各种困难提供必要的帮助的课堂，应该是有着发挥学生个性、各抒己见、鼓励探究和质疑的课堂。正是因为有了民主、协作的学习环境，这些学生们才有了充分的自主实践和大胆探究。

4. 对学生学习方法的有效指导

上述两个案例充分说明，教师是否能够指导学生进行思维的碰撞、平等的协作是课堂教学是否有效的重要标志。叶圣陶先生也曾说过，教师“不是教学生，乃是教学生学”，并且“要极力地锻炼学生，使他们得到观察、知疑、试验、实证、推想、会通、分析正确种种能力和态度，去探求真理的源泉”。可见学习指导在教学中的重要性。校长在关注“教”的同时，也应关注学生的“学”，关注对学生学习方法的指导。当然，校长不能像教师一样深入课堂亲自指导学生，更重要的是要加强教师对学生学习方法的指导。具体来讲，可以采取以下策略。

一是倡导“爱学习、会学习、赞学习”的校园氛围。校长应鼓励教师关注学生的学习状态，培养学生良好的学习态度和正确的学习方法，并把握学生的学习特征。二是不断建立健全与学生学习有关的制度体系。校长思考的是学校学习体系的构建，这一体系可以包括以下内容：学生学习情况定期诊断制度、学习差异状况分析制度等。三是要鼓励教师定期了解学生的学习情况。这是搞好学法指导的重要前提，否则学法指导就是盲目的、无效的。教师要根据学生的实际情况选择学法指导的途径、方法、时机，明确指导的目标和方法，并做好相应的准备。众所周知，不同的学生在知识、能力等方面均存在差异，不同层次的学生对学法的重要性以及总结学法的能力也有所不同。因此，教师要兼顾这些差异，有针对性地进行辅导，对不同条件的学生提出不同的要求，针对其薄弱之处有针对性地给予指导。

案例：北京市某中学注重学习方法指导

北京市某中学从20世纪80年代开设学习方法课，实行的“学校、年级、学科、个别”四级学习方法指导制度，在调动学生学习的积极性、指导学生科学地学习、发展学生的学习能力方面起到了很好的作用，旨在让学生受益一生。发起这一制度的原校长龚正行在他的著作《给新校长的50条建议》中有9条谈到了如何加强对学生学习的指导与管理。这9条分别是：建议把对学生的学习管理提到议事日程上来、建议加强对学生现状的调查、建议调动起学生学习的积极性、建议提高学生学习的科学性、建议教学安排要有利于学生的学习、建议加强对教师和家长的培训、建议指导学生的假期生活、建议上好学习指导课、建议指导学生临考准备和考场发挥。

四、课程与教学的监控与评价

课程与教学的监控与评价是指依据一定的客观标准，以搜集相关信息为基础，运用科学的方法，对课程的实施及师生的教学活动及其效果进行价值判断的活动。对课程与教学的监控与评价，旨在保障课程、教学的实施质量，同时也促使校长更积极地参与课程实施的过程，促进学校的进步。

1. 校长要在学校系统内建立科学易行的评价体系

监控与评价应是一个持续性的评价过程，是一个侧重于激励、反馈、交流、改进功能的动态评价体系，立足点是看教师在课堂上有没有创意、有没有创新，学生的学习活动有没有自主性和创新性。评价教师和学生的创新性没有固定的参照模式和标准，因此操作起来不是很容易。在这样的情况下，有些学校领导者为了省事而因循旧的评价体系。校长应转变观念，建立发展的、激励性的、综合的评价体系。

2. 校长要切合本校实际确定新的课程评价方式

不同的学校有不同的教育目标和任务，校长要在众多的课程评价模式中找到适合本校实际的评价模式。例如：优质学校和普通学校在师资配备上不同，面对的学生底子和素质不同，就不能运用统一的评价模式。目前的评价项目繁多，如果校长没有针对本校实际选择有效的评价项目，就会令教师疲惫不堪，最终使评价流于形式。如何做到对学生的评价简洁有效而又不增加教师的负担？应通过评价、引导，将教师的精力主要放在学生的成长而非评价上。在评价指标设置上，减少一些机械性的评价指标，为教师腾出一些反思和自由创造的空间。

3. 要着力建立科学合理的教学评价和教师评价制度

校长需要致力于建立科学的、发展的、全面的和多元的教学评价制度。在考核评价中，不能只看考试成绩，紧盯升学率，而需要兼顾师风师德和从教态度、学识水平和基本素质、教育教学能力、教学成绩等几个方面进行全面考核评价，关注教师的品德、人格、专业、学识、态度、水平、能力和业绩。需要广泛吸纳教师参与，建立民主的评价机制。坚持多元评价的方式，把学生评价、教师评价、家长评价、学校评价、社区评价结合起来综合评价。把量化评价与质性评价、过程性评价与发展性评价有机结合起来。

第三节　听课与评课

一、一堂“好课”的标准

什么样的课才算是一堂“好课”？确切地说，“好课”并不是一个规范性的概念，而是一个描述性的概念，与之类似的概念还有“有效教学”“优质教学”等，但实际上说的都是课堂教学的评价标准问题。首先让我们一起来看看专家们的论点。

“好课”要做到五个“实”：有意义的课——扎实的课；有效率的课——充实的课；常态下的课——平实的课；有生成性的课——丰实的课；有待完善的课——真实的课。

——叶澜

分析：叶澜教授的这一观点，对“好课”的关键特征进行了分析：要符合课程标准的要求，符合学生学习任务的要求，促进学生对知识的理解。在教学条件有限的情况下，教学可以充分地实现教学目标，完成教学任务。教学成果具有生成性，能够做到教学相长。“好课”不应该是摆设或者修饰，而是常态下的课，有非常强的普适性。

“好课”要做到十个“化”：课堂教学的生活化、学生学习的主动化、师生互动的有效化、学科教学的整合化、教学过程的动态化、教学资源的优质化、教学内容的结构化、教学策略的综合化、教学对象的个别化、教学评价的多元化。

——郑金洲

分析：这可以说是给“好课”提出了一个全景式的描述，评价对象包括了学生、教师以及课堂教学活动的各要素，但是仔细分析不难看出，侧重点仍在评价教师。从标准的设计策略来看，既有教学要素分割策略，又有教学行为分析策略，因此，存在标准之间的重叠。

有效教学应该包括5个基本要素：（1）学习共同体：教师和学生共同参与创造性活动；（2）语言发展：通过课程发展学生的语言能力，提高学生的文化素养；（3）情境性学习：教学联系学生真实的生活，促进创造性学习的理解；（4）挑战性教学：教学应该具有挑战性，发展学生的认知思维；（5）教育性对话：教师通过对话进行教学，特别是进行教育性对话。

——美国多元化与卓越化研究中心（CREDE）

分析：这5个标准，强调教学过程中师生之间的积极对话，强调学习与学生的已有经验和生活的联系，重视评价学生的发展水平，并且针对每条标准提出了具体的指标，更加具有操作性。

二、校长如何听课

1. 校长听课不同于学科专家、教研员听课

从听课的目的看，要“既看别人，又看自己，反思自身管理的效能”。从学科教学专业的角度看，听课、评课是学科专家和教研员的任务。那么校长听课，与学科专家、教研员有什么不同呢？校长听课的不可替代的功能何在呢？

校长听课，不仅要关注课堂教学师生思维水平的发展、教学效能的高低，关注课堂折射出的学科教学意义和价值，还要超越学科，看学校所倡导的教育理念、办学思想、改革措施对课堂的影响，从而在整体上检验与反思治校策略与办学方向。这种从管理的职能出发、超越了学科的听课，才是校长听课的根

本出发点。当然这要求校长建立从“平视”甚至是“俯视”到“内视”的多维视角，既看别人，又看自己，从教与学的行为中看到自身管理行为的镜像，才能够更加准确地捕捉到课堂中那些对改进管理有效的真实信息，并实施有效的改进。

从听课的效能看，“产生一种优化课堂的影响力，并且一举多得”。与学科专家、教研员、教师听课不同，校长听课能产生一种优化课堂的影响力。这种影响不同于制度影响，但是比制度影响更为有效。一方面，校长深入课堂，是一种有效的信息传达，可以影响教师更加注重日常的课堂，更加注重自己在课堂中的精力投入和行为改进。另一方面，教师有自己的专业能力优势和教学实践的长处，通过听课，校长可以发现和肯定他们的优势、长处与经验，并将他们的经验在教师中及时推广。此外，校长可以通过听课，听出管理、听出服务。比如：听一节科学课，可能对于教学工具、实验设备的配置情况就摸了底。听课时教研组长、年级组长、班主任往往陪同，通过听一节课，结合自己的理解，对教研组长和年级组长的工作就有了了解，对班级管理也有了判断。

2. 校长应有选择地听课

听课可以根据目的分为两类：一类是校长们都熟悉的以考核考评为目的的听课，另一类是以教师专业发展为取向的听课，这种课不以考核为目的。

从“应然”的意义上说，这两种课不应有什么差异。但实际上，从这两种课的过程来看，前者似乎只有一个环节，就是“听课”，听过课之后几乎没有什么讨论，常常给个评价或权威意见就完事。而第二种课通常有 3 个环节——听课前的共同准备、听课过程、听课后的共同讨论，其中听课后的讨论是重要的一环，通过讨论达到预定的听课目的，进行的讨论通常是不带有评价色彩的，讨论中有充分的交流切磋。

以考核考评为目的的课校长几乎人人听过，而且按照常理，新入职教师的课是必听的。校长们听课存在的差异主要体现在对“以教师专业发展为取向的课”上，或多或少，或深或浅。而正是这种差异，反映着校长的教育观、教学观，也体现着不同校长教学领导力的差异。

案例：“巡视和听课使我耳聪目明”

丁校长是江苏省某高级中学校长，在学校，所有师生都知道丁校长是这样日复一日开始一天工作的：早晨 7：15 准时到校，逐个教室查看学生早读，习惯性地巡视教研组办公室。第一节课后率领全校教职工做广播操，接着连听2节课。很多人不理解，校长工作那么忙，为什么还要这样呢？“巡视和听课使我耳聪目明。”丁校长这样说。

---

3. 校长应带着问题听课

从教育科学研究的意义上说，听课应当更名为“课堂观察”。课堂观察，应该是观察者带着明确的目的，凭借自身感官及有关辅助工具（观察表、录音录像设备），直接或间接地从课堂上收集资料，并依据资料作相应的分析、研究。此处所指的明确目的显然应当为“促进教师发展”，而不是“评价教师”。

在这个基础上，我们来分析校长进行课堂观察要注意的问题。从课堂观察的流程来看，主要包括课前会议、课中观察和课后会议等主要步骤。在这个过程中，校长们应该思考：我想观察什么？我如何观察？观察得来的数据又如何处理？这些在传统的听评课模式中并不关注的问题，却是课堂观察的重要议题。

进行课堂观察，首先面临的问题是观察什么，即观察的目的。像传统的听评课那样做随意式的记录吗？关于这一点，在课前的教学管理团队会议中就应该解决（校长进行课堂观察往往有一个团队，应该讨论确定具体的目的）。例如：为了诊断教师对课程标准的把握是否准确，和教师是否能把握住课堂生成性，这两个内容在观察时差异性就很大。

明确了要观察的目的与内容，接着就要考虑如何观察。课堂观察和一般的观察不同，它要借助一定的工具。而工具的选择或开发也必须在进入课堂之前做好准备。无论是在已有的工具中进行选择，还是自主开发新的工具，都要从观察的目的与内容的特征出发，因为工具是为观察服务的。最后采用的工具应该符合两个标准，即效度标准和实用性标准。带着明确的目的和准备好的观察工具，进入课中观察阶段，即观察现场并做好记录。

观察完了之后还要做哪些工作？校长和校长带领的团队进行完课堂观察，往往需要先整理、汇总个人观察的资料和信息，根据之前确定的观察目的展开讨论，把每次课堂观察作为诊断教育教学、促进教师发展的途径。

三、校长如何评课

1. 校长“评课”评什么

一般来讲，校长在评课时，应关注两方面的内容：一是通识性知识，二是学科特色。关于通识性知识可以从以下几个方面考虑（参见表6－1）。

表6－1　中小学课堂教学评价指标①

评价项目	评 价 要 点
教学目标	符合课标要求和学生的实际程度
	可操作的程度
学习条件	学习环境的创设
	学习资源的处理
学习指导与教学调控	学习指导的范围和有效程度
	教学过程调控的有效程度
学生活动	学生参与活动的态度
	学生参与活动的广度
	学生参与活动的深度
课堂气氛	课堂气氛的宽松度
	课堂气氛的融洽度
教学效果	目标的达成度
	解决问题的灵活性
	师生的精神状态

关于学科特色方面的内容，要以具体学科而定。下面以音乐课的学科特色评价指标为例予以说明。评价音乐课可以从以下几个方面着手。

（1）音乐音响活动的设计。

第一，音响活动的时间比例适当；

第二，音响活动的种类选择合理。

（2）音乐听觉能力的培养。

第一，教师的听觉训练切实有效；

第二，学生的听觉能力有所提高。

（3）音乐审美情感的激发。

第一，突出音乐审美情感的体验；

第二，注重音乐审美情感的表现。

---

①　北京市基础教育课程教材改革实验工作领导小组．中小学课堂教学评价方案及实验研究［M］．北京：首都师范大学出版社，2004：6.

2. 校长评课怎么评

作为校长，可能是优秀教师出身，曾经在某个学科有着不凡的教学成绩和突出的建树。当校长后尽管离教学远些了，但评本学科的课还是可以的。可是，如果遇到跨学科评课，比如：文科出身的校长要去评一节物理课，或者对英语一知半解而要去评一节全英语对话的英语课，该怎么办呢？一般来讲，校长评课应评价一些通识性的知识，不要求对各学科都比较精通。因此，校长在评课时应注意以下几点。

（1）校长评课应把握“六个转变”。即：从关注教师的教转向关注学生的学、师生之间的互动；从关注知识点的掌握转向关注学习的过程与方法，以及学生情感态度价值观的形成；从关注学生回答问题转向关注学生发现问题、提出问题；从关注教科书内容的解读转向关注课程资源的开发与利用，强调联系社会、自然、科技和现实生活；从关注单一化的教学手段转向关注多种媒体的科学选择和合理利用；从关注结果的评价转向关注课堂教学中的过程性评价。

（2）校长在课堂观察中，在检查表上记录时间、频率和有关内容，课堂观察后，举行小型讨论会，并将记录和建议及时反馈给教师，以改进教学。可以要求教师参与观察教育结果的分析，要求教师与校长合作设计、搜集资料、分析和评价教师自己的年度表现，要求教师观摩其他教师的教学并给予反馈，对实习教师或教学能力不足的教师给予进一步的帮助。

第四节 学校课程体系建设

一、校长应树立正确的课程观

1. 校长应树立“课程”意识

《基础教育课程改革纲要（试行）》明确指出，要改变课程管理过于集中的状况，实行国家、地方、学校三级课程管理体制。我国基础教育课程管理权力下放的进程迈出了实质的一步，学校具有了课程管理的权力。

学校管理课程，实际上是肩负起了“课程管理”和“教学管理”的双重职责，这突出了学校的主体地位。学校不是课程的被动执行者，不像原来那样只能执行教育行政部门颁发的教学计划、大纲与教科书，而是可以根据自身的实际情况对上级颁布的课程计划进行二次开发或创造。不仅如此，学校的课程管理还突破了学校只是“法定课程的实施者”的界限，可以根据自己的实际情况自主地开发和管理校本课程。学校不仅是法定课程的主动实施者，而且还是校本课程的研发者。

2. 怎样才算是“开足开齐”课程

首先让我们一起重温一下《基础教育课程改革纲要（试行)》对国家课程设置的规定。

要改变课程结构过于强调学科本位，科目过多和缺乏整合的现状，整体设置九年一贯的课程门类和课时比例，并设置综合课程。

小学阶段以综合课程为主。小学低年级开设品德与生活、语文、数学、体育、艺术（或音乐、美术）等课程；小学中高年级开设品德与社会、语文、数学、科学、外语、综合实践活动、体育、艺术（或音乐、美术）等课程。

初中阶段设置分科与综合相结合的课程。主要包括思想品德、语文、数学、外语、科学（或物理、化学、生物)、历史与社会（或历史、地理)、体育与健康、艺术（或音乐、美术）以及综合实践活动。积极倡导各地选择综合课程。学校应努力创造条件开设选修课程。

高中阶段以分科课程为主。为使学生在普遍达到基本要求的前提下实现有个性的发展，课程标准应有不同水平的要求，在开设必修课的同时，设置丰富多样的选修课程，开设技术类课程。积极试行学分制管理。

从小学至高中设置综合实践活动并作为必修课程，其内容主要包括：信息技术教育、研究性学习、社区服务与社会实践以及劳动与技术教育。

作为学校的教学领导者，校长必须保证学校各学段和各年级的周课时总量、各学科的课时总量、各学科在全部课程总课时中的比例符合教育部的要求。不能随意更改课程门类和课时数量。

学校可以根据自身的实际情况创造性地实施国家课程，但是进行国家课程校本化实施，并不就是完全靠教师去任意发挥和创造，而是必须以国家课程标准作为指南和准则，落实课程标准中规定的课程目标，关注学生学习的过程和方法，以及伴随这一过程产生的积极情感体验和正确的价值观。不能把国家课程的校本化实施归为校本课程开发的范畴。规定国家课程的功能、领域、门类、目标、内容、要求、课时比例等，其权力主体和责任主体首先是国家，而不是学校。例如：在校本课程的开设过程中，出现了“校本教材”“语文校本课程”“数学校本教材”等说法和做法，但实际上，语文、数学等是国家规定的必修课，属于国家课程的范畴，学校虽然可以根据实际情况创造性地执行国家规定，但是不能改变语文、数学学科的国家课程地位，因而以上提法和做法是不恰当的。

二、校本课程的开发与管理

1. 正确认识校本课程开发

（1）国家为什么要下放课程权力、提倡校本课程开发？

纵览当今世界各国基础教育课程改革的发展趋势，一种是权力下放，如法国、瑞典、日本、韩国等具有中央集权传统的国家，另一种是权力集中，像英国、美国等一些原先实行学校自主或地方分权的发达国家。这两种趋势看似相反，实则相成。许多国家和地区都试图寻找一种动态的平衡和最佳结合点、生长点。

长期以来，我国基础教育课程管理的权力高度统一和集中，这对于处理统一的国家基础和共同的国民价值等带有根本性、长期性和基础性的问题至关重要，但是一旦固定下来，用于处理所有教育情境下的课程问题，其内在的固有缺陷也就突出起来。校本课程开发则是为了尊重学校环境的具体性和师生的独特性与差异性，这一点恰恰是国家课程开发所不容易兼顾的。

三级课程管理政策的建立，核心就是由原来高度集中统一的管理模式转向权力分享和责任分担的课程管理模式，走国家、地方和学校共同建设课程的路子。对于校长来说，只有把校本课程开发放在三级课程管理政策的大背景下来考察，才能更好地理解和有效地把握校本课程开发工作。

（2）是不是每一所学校都有能力进行校本课程开发？

校本课程开发强调的是，学校在具体实施国家和地方课程的前提下，通过对本校学生的需求进行科学的评估，充分利用当地社区和学校的课程资源，采用选择、改编、新编的方式，提供多样的、可供学生选择的课程。

那么，是不是每一所学校都有能力进行校本课程开发？一般认为，进行校本课程的开发，需要具备如下必要条件：（1）国家和地方教育行政部门创设的客观环境和课程政策。（2）校长具有坚定正确的办学理念。（3）学校有一个民主开发的组织结构。（4）学校有一定的课程改革的实施基础。（5）课程资源的保障。

2. 校本课程开发的具体方式

校本课程开发的具体方式主要有三种：课程选用、课程改编、课程自编。

课程选用，是校本课程开发中最普遍的活动，是指学校从众多可能的课程项目中决定学校付诸实施的课程计划的过程。可在国家或地方所提供的课程项目清单中选择所要开设的课程项目，在不同版本、不同编著者的不同风格的教材中选择适合自身特点的教学材料及配套资料等。课程选用时一般从结构性、一致性、完整性和适切性几个角度进行评判和选择。

课程改编，是学校根据自身的现实条件，对已有的课程进行局部的内容修改或结构调整。可以是对国家规定的核心课程的某种形式的改造以适应具体的学校和教学情境，可以是对引入的校外课程的重新改组，可以是对学校自身开发的课程的进一步的改进，也可以做学科之间、学科与活动课之间、同一学科内部不同教学内容之间做适当的补充、整合等。

课程自编，是指全新的课程单元的开发。例如：突出学校特色的“特色课程”“乡土教材”等，此外，涵盖社会变革和科技进步等新兴的专题或学科领域，也属于课程自编活动。

3. 校本课程开发的基本步骤

校本课程开发的目的是更好地尊重和满足学校的多样性、差异性，因此每所学校的校本课程开发活动的目标和内容是具有特殊性的。但是这也并不影响我们归纳出进行校本课程开发的基本步骤。结合我国课程管理的现状，进行校本课程开发应该包括以下几个步骤。

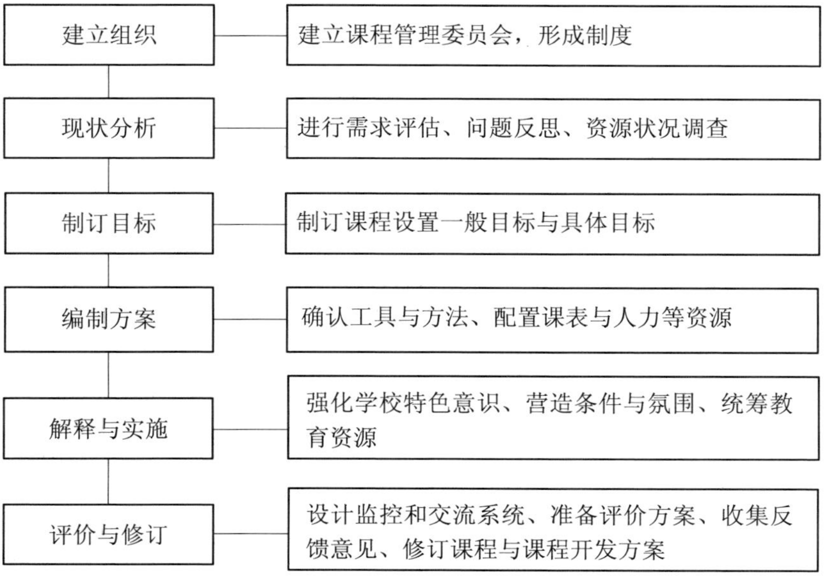

图 6－1　校本课程开发的几个步骤

4. 校长如何对校本课程进行管理

（1）明确三级课程管理政策背景下学校被赋予的课程管理权力

学校有如下课程管理权力与职责。

其一，根据教育部和本省（自治区、直辖市）课程计划的有关规定，从当地社区和学校自身的实际出发，规定学校当年的课程实施方案，报县一级教育行政部门备案。

其二，根据教育部颁布的《校本课程开发与管理指南》，结合本校传统和优势，独立自主或与校外有关机构或人士合作开发校本课程，供给学生选择。校本课程开发方案必须在规定时间内报县一级行政部门审议。

其三，学校有权力选用经国家一级审定或省一级审查获得通过的教材。教材选用应体现民主的原则，应该有教师、学生代表参加，并通过多种途径听取家长意见。

其四，学校有权力与责任反映国家和地方课程计划在实施中所遇到的问题，同时建立校本课程的内部评价机制，以保证校本课程与国家课程、地方课程在总体目标上的一致性和互补性。

其五，根据上级教育行政部门的规定，结合本校实际情况，对学校的所有课程实施管理。特别是对教学、评价和考试、课程资源开发和利用等方面要进行自我监控，确保学校基本办学标准的稳定和提高。学校要建立教师、学生、家长及社区代表有效参与学校课程管理的机制等。

（2）正确认识校长在校本课程开发方面发挥的作用

校本课程开发是体现学校教育哲学思想和办学宗旨的重要活动。尽管学校教育哲学思想和办学宗旨可能是集体智慧的结晶，但是我们很难设想如果作为领导者的校长没有教育思想和教育境界，学校能够形成高明的教育哲学传统和办学宗旨。实际上正是校长引导着学校整体精神的形成和发展方向，推动着学校课程的“校本化”进程。

因此，一个优秀的校长在校本课程开发方面的影响不能仅仅停留于具体的行政事务方面，更应该在教育思想境界方面提高修养和发挥作用，为培养学校传统和办学特色出思想、出思路、造氛围。还应该具备识别学校整体资源的能力与知识，能够把握资源、敏锐地识别由各种团体和渠道发动的有意义的校本课程开发活动，并进行二次利用与设计。

（3）把握校本课程管理的重点环节

校长课程管理的环节一般包括以下几个方面。

第一，对课程质量的管理。包括课程实施前的管理及实施后的管理，实施前的管理主要设计课程目标的合理性、教师开发校本课程的能力以及开展教学的资源条件；课程实施后可根据学生的总结与反应、教师的总结、课程委员会的评价等来判断课程实施的状况。

第二，对学生选课的管理。在中小学阶段，囿于学生的经验和能力，选课的能力和机会受到局限，应该通过加强教师的引导、学生尝试性的体验等措施来了解学生的真实需要和课程对于学生真正的价值，并有针对性地作出相应调整。在中学阶段，应该尽可能创造条件让学生有自主选择校本课程的机会。

第三，对课程评价和修订的管理。校本课程的评价包括评价学生的学习、评价课程的呈现形式（如自编教材）等。对学生学习的评价通过教师根据考勤情况、学生提交的作业和总结、报告、小组评议等给出学生的课程成绩。对自编教材的评价与修订通过教师实施课程的感受与总结、课程委员会评价等方面获得有关信息。

推荐阅读

1. Allan A. Glatthhorn. 校长的课程领导［M］. 单文经，等，译．上海：华东师范大学出版社，2003.
2. A. W. 霍伊，W. K. 霍伊．教学领导：基于研究、通向学习成功的指南［M］. 2 版．徐辉，张玉，译．北京：中国轻工业出版社，2006.
3. 北京教科院基础教育课程发展研究中心．努力构建适合学生发展的地方课程与校本课程［M］. 北京：首都师范大学出版社，2005.
4. 布拉德利．课程领导：超越统一的课程标准［M］. 吕立杰，等，译．北京：中国轻工业出版社，2007.
5. 褚宏启．教育人力资源管理：一种管理的趋向［M］. 重庆：重庆大学出版社，2003.
6. 崔允漷．校本课程开发：理论与实践［M］. 北京：教育科学出版社，2000.
7. 杰拉尔德·C. 厄本恩，等．校长论：有效学校的创新型领导［M］. 黄崴，龙君伟，译．重庆：重庆大学出版社，2004.
8. 吴刚平．校本课程开发［M］. 成都：四川教育出版社，2002.
9. 杨九俊．新课程教学评价方法与设计［M］. 北京：教育科学出版社，2004.

第七章
后勤管理

兵马未动，粮草先行。

——《孙子兵法》

后勤管理是学校管理的重要组成部分。衡量一个学校后勤管理水平的高低，主要看其是否能够满足学校教育教学的需求，看其为师生服务的质量。作为校长，应该如何定位后勤管理在学校工作中的作用？对后勤管理应有哪些应知应会？校长在后勤管理中应当发挥什么样的作用？本章将帮助校长重新认识学校后勤管理工作对于学校发展的独特价值，掌握财务管理、校产管理和校园环境管理的相关知识和技能，使学校后勤管理能够更好地满足学校教育、教学和科研需要，满足师生学习、生活和发展需要，进而达到服务学校整体发展的目标。

第一节　认识后勤管理

学校后勤工作承担着为学校教育教学服务和师生生活服务的繁重任务，它与学校其他各项工作的管理互相联系、互相影响、互相促进，是办好学校的必要条件之一。若一所学校的后勤工作做得好，对于调动教师积极性、提高学校教育教学质量和改变校容校貌会有极大的促进作用。因此，校长应明确后勤工作在学校整体工作中的地位和作用，注重发挥学校后勤管理的独特价值，为学校教育、教学、科研和生活服务。

一、后勤管理的独特价值

学校后勤工作并非都是远离第一线的后方工作、二线工作，真要干在前面。但校长常会习惯性地将学校后勤工作理解为“服务人”、“为别人做嫁衣”的工作。这样，学校后勤管理工作的价值就被降低了。因此，校长应当正确认识学校后勤管理的独特价值和重要作用。

1. 学校后勤体现学校的形象

学校后勤工作的对象是学校财务、学校资产和校园环境等无形和有形的事物，这些事物都能被师生、家长和社会各界人士或隐或显地感受到。随着人们获取信息的途径日益多元化，学生和家长更加倾向于对学校间的财产和校园环境进行比较。因此，后勤管理意味着对学校的一种外在包装，其管理的优劣好坏直接关系到学校的形象。错落有致的校园布局、现代化的文化体育设施、良好的财务情况等，这些可感的后勤管理状态会自然而然地给师生、家长和社会留下对学校及其领导班子良好的第一印象。

2. 学校后勤管理彰显办学实力

后勤工作管理学校资产，统筹学校财务，建设校园环境，维系学校硬件和软件方面的正常运转。一所学校的发展和办学质量的提高，离不开教学设备、教室和课桌等基础性物质条件，离不开资金和校园环境等前提条件。优质的后勤管理能为教学提供一个良好的环境和发展空间，能最大限度地将学校资源集中到学校的发展上来。因此，学校后勤管理折射出学校的办学质量，是办学实力的一种体现。

3. 学校后勤管理传递校本文化

学校是文化传递的场所，校本文化是学校办学、教学和管理理念的价值体现。学校后勤管理过程中，管理的制度、原则和方法，管理人员的言行举止都是学校价值取向的具体体现，也是传递校本文化的一种外在途径。校园文化设施本身具有精神取向，常常是作为一种文化象征而放置在校园内。学校管理者应有意识地布置和维护好校园内的文化设施。

4. 学校后勤管理反映办学品位

学校后勤管理工作是为学校办学服务的，后勤管理理念是学校管理理念的具体化，后勤管理人员的工作素质、服务意识是该校精神面貌的折射。由后勤管理工作内容（财务管理、校产管理、校园建设）、后勤管理理念和后勤管理人员等构成的学校后勤管理系统能够反映一所学校的发展潜质及学校定位，更能反映出一所学校校长的办学理念和文化品位。

二、学校后勤管理的主要工作

学校后勤部门的工作涉及人、财、物等多方面，可谓面广量大，无所不包。总的说来，中小学后勤管理的内容主要包括财务管理、校产管理、校园环境管理、生活管理等。[①] 校长应当在纷繁的后勤工作中抓住主线、突出重点，做好以下几个方面的工作。

1. 学校财务管理

管财、理财是学校后勤管理最重要、最基本的内容之一。财力是学校财政可以支配和动员的资源，其物质体现就是货币，它是学校教育事业发展的重要资源。学校财务管理，包括编制学习财务预算，对学校预算内资金、基本建设经费、预算外经费等进行收支管理。

2. 学校校产管理

校长要根据教育教学工作和师生的生活需要，采用科学的管理方法，合理分配和有效使用校舍等固定资产，充分发挥其效能作用。做好物品的计划、购置、管理、调配、保养、维修等工作，做到制度严密、维修及时，满足教学和师生生活的需要，努力推进学校教育现代化的进程。

3. 学校基本建设

学校的基本建设，包括校园校舍的长远规划和年度建设计划、物财设备添置的规划和建设等。从校址的选择、总体规划制定、建筑布局设计，到环境绿化、美化等工程安排，要有计划、分批次地组织落实，提供必需的教育教学条件，逐步改善办学条件，为教师的工作和学生的学习创造尽可能好的环境。

---

① 伍德勤．中小学校管理的理论与实践［M］．合肥：合肥工业大学出版社，2011：239.

4. 学校环境管理

为师生员工的教学生活创造一个理想的环境，是学校后勤管理的一个重要任务。校长在搞好学校文化方面，要努力从物质环境和精神环境两个方面一起抓，“两手抓，两手都要硬”，既要优美、宁静、整洁的校园环境，也要在物质环境下体现出学校的精神风貌和独特气质。

5. 后勤管理队伍建设

建设一支精干、敬业、专业技术过硬的后勤工作队伍，是学校后勤工作取得良好成效的关键要素。校长应善于发现人才，建好后勤管理团队；同时，要关注后勤团队建设，让后勤管理和工作人员认识到后勤工作的重要性，敬业乐群，不断提升专业素质。

三、校长管理学校后勤工作的原则与标准

校长应当吸取现代管理基本原则的精神，依据学校教育活动的规律，在后勤管理过程中遵循以下几个原则。

1. 方向性原则

教育教学是学校的中心工作，学校后勤工作要践行服务育人、管理育人的后勤管理理念，其宗旨就是为教育教学和师生员工的学习和生活服务。学校后勤管理的各项工作都要围绕这一总的方向展开。以校长为代表的学校管理者，不但要树立服务学校中心工作的思想，还要懂得学校教育的规律和后勤工作的规律，以便更好地做好服务性工作。

2. 整体性原则

学校后勤管理坚持整体性原则，就是要求校长在后勤管理过程中有战略管理意识，能够从学校整体发展角度把握后勤管理的各个要素，能够基于学校教育教学和师生的实际需要思考问题，而不是仅仅局限于对管理对象各要素（人、财、物、时间和信息等）进行片面的理解和管理，从而从整体上正确处理学校后勤管理与整个学校管理间的关系。

3. 效益性原则

学校后勤工作效益要坚持经济效益和社会效益相统一的原则。校长在推进

后勤管理的过程中，要统筹兼顾好二者的关系，使得后勤服务工作的社会效益和经济效益趋于一致。如出现矛盾，应把社会效益放在第一位。对于为了满足师生员工基本生活需要而设立的服务项目，应以社会效益为主要考核指标；而对于为了师生生活水平再提高的服务项目，则应以经济效益为主要考核指标。总之，校长应把社会效益和经济效益有机结合起来，优化后勤服务工作，提高后勤管理的综合效益。

4. 权变性原则

坚持权变性原则，是指校长在实施后勤管理的过程中，根据管理对象和管理环境的变化，适时实施以不同管理策略和方法，综合运用经济方法、行政方法、法律方法和思想激励方法等有针对性进行管理，以提高后勤管理效能，实现预期管理目标。

专栏

校长后勤管理工作要诀

校长在管理学校后勤工作时，要把握“两个核心标准”和“三个操作性指标”，对学校后勤工作提出如下要求。

一、两个核心标准

标准1：为教学服务

学校的财力、物力应重点放在教学工作上，主要反映的是为良好教学秩序、必要的教学条件和优雅的校园环境提供物质性保障。

标准2：为师生服务

学校后勤工作要为师生提供良好的生活、工作、学习条件，创造优越的工作、学习环境，以便使师生集中精力做好教与学工作，提高教学质量。

二、三个操作性指标

1. 经济上的高效益

核心是“省”，即学校的后勤管理应当讲究经济效益，通过科学管理、科学理财，开源节流，注重成本核算，坚持勤俭办学，提高办学效益。

2. 服务上的高质量

核心是“好”，即后勤工作要发挥“先行官”的作用，超前服务，保证供应，保证教学，让师生满意，将服务上的高质量作为评价学校后勤管理的一个关键指标。

3. 工作上的高效率

核心是“快”。“后勤工作无小事”，后勤工作是一项很琐碎繁杂的工作，事无巨细，都要第一时间做好。学校要在后勤工作机构编制和人员有限的情况下，更加关注效率问题，要以较少的人力办更多的事情，做到又快又好。

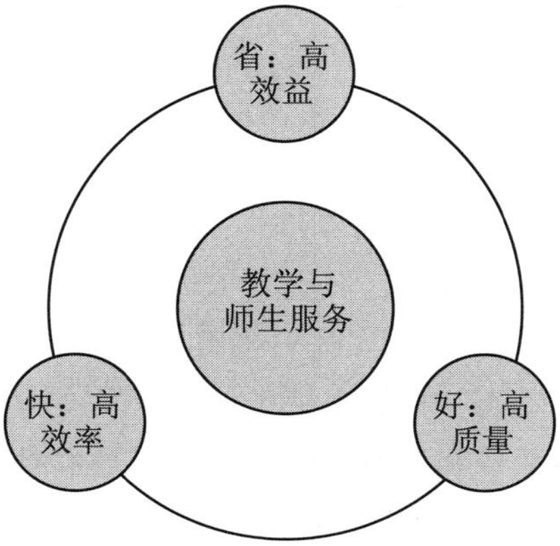

图7－1　学校后勤管理目标

第二节　财务管理

财务管理，即按照国家财政法规的要求，依据学校教育事业的发展计划，进行资金的筹措、计划、组织、使用、指挥、监督、调节等工作。明确财务管理的职能和任务，是校长有效实施财务管理的基础和前提。

一、校长在财务管理中应该知道的事情

1. 国家拨给学校的常规经费有哪些

学校支出一般分为事业费和基建费，其中事业费又包括人员经费和公用经费。[①] 事业费属于常规拨款，刚性较强。人员经费，即我们通常所说的“人头费”，即按照教师实际编制人数核发的教师工资，财政拨到教师银行卡；公用

① 杨卫安．学校经费的使用：在“秩序”中寻求“活力”［J］．教育发展研究，2009（1）：58－60.

经费，按学生人数和定额标准核拨，财政拨款直接到学校专户。基建经费是指按项目核发的校舍建设和维修改造经费。除事业费和基建费之外，学校的常规经费还包括学校用于贫困生生活费和课本补助的专项拨款。

2. 如何申请经费

关于经费的申请，主要分为两种情况。其一，对于常规经费学校首先要合理编制预算。学校日常运转和事业发展所需的经费都要纳入预算，向当地教育、财政等政府部门报告。其二，对于专项拨款经费，要及时关注教育动态。上级教育行政部门或相关机构，会有一些特殊项目预算。校长应紧密关注国家、本省、本地区教育动态，根据本地本校教育发展的实际，申请特殊项目经费。学校用于贫困生生活费和课本补助，其申请基本流程为，政府参考本地区贫困者比例确定学生贫困数→分配给学校名额→学生家庭提出申请→学校公示→教育部门上报财政→在学校发给学生；学校建设维修经费，其申请基本流程为，学校向教育部门申请→发改委批准立项→财政拨款。

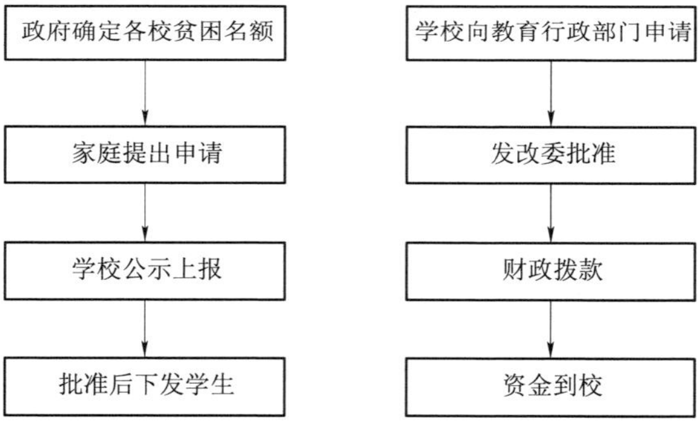

图7-2 学校专项经费申请流程

3. 如何使用经费

关于经费的使用，总体原则就是校长应严格按批准的预算使用经费。其一，专款专用，公用经费不能用于发放教师津贴、补贴，不能用于偿还学校债务，用于学生的钱不能用于教师；其二，调整预算要报上级教育行政部门审批，学校不能自己随便修改；其三，经费去向要公示，要经得起审计和检查。

4. 公用经费可以用来干什么

公用经费是学校用于日常办公、业务活动方面的经常性开支。主要有以下几种使用途径：其一，用于“过日子”，如水、电、暖、交通、邮电等；其二，用于教育教学，如仪器设备、图书资料、教学业务与管理、文体活动等；其三，用于教师培训，按学校公用经费总额适当比例安排经费，用于教师培训的差旅费、伙食补助费、资料费和住宿费等；其四，用于房屋建筑物及仪器设备的日常维修维护等。

5. 校长在财务管理中的主要职责

校长作为学校行政“一把手”要掌握学校财务规律，并运用财务规律，采取有效经费管理措施确保学校财务安全、有序、高效运行，主要有以下几种职责：其一，引领学校科学合理编制学校预算，并对预算执行的全过程进行控制和管理；其二，合理配置学校资源，努力节约资金，提高资金使用效益；其三，对学校各项经济活动的合法性、合理性进行监督；其四，建立健全学校财务管理制度，规范校内经济秩序。

专栏

财务小常识：收支两条线

“收支两条线”是指政府对行政事业性收费、罚没收入等政府非税收入的管理方式，即有关部门取得的非税收入与发生的支出脱钩，收入上缴国库或财政专户，部门不得截留、坐支，财政部门安排给部门的支出不能和收入挂钩，而是根据各单位履行职能的需要按标准核定并拨付的资金管理模式。

深化“收支两条线”管理改革的核心，是按照公共管理的要求，将全部财政性收支逐步纳入政府预算管理，不能游离于政府预算之外、不受社会公众监督。这项改革，从“收”的角度讲，主要是收缴分离，规范政府预算外收入收缴并减少部门、单位占压政府资金。对那些合法合规的收费收入，不再由部门、单位自收自缴，实行收缴分离，纳入政府预算或实行专户管理。从“支”的方面讲，主要是收支脱钩，执收单位上缴的收费和罚没收入不再与其支出安排挂钩。改革的最终目标是编制综合政府预算，逐步淡化和取消预算外收支。

二、校长如何进行学校预算编制

1. 学校预算编制的过程

学校预算是一种系统的方法，以职能、任务及计划为基础，用来分配学校的实物及人力等资源，以实现学校既定的战略目标，提高管理效率。但当前校长在实施预算编制过程中，由于对预算管理理解的片面性以及缺乏处理实务的经验，致使在学校预算管理的实施中存在不少问题和盲区。例如：有些校长仅仅为预算而算，未将预算管理作为实施学校发展战略的有力手段；有些校长认为编制预算属财务部门的事情，与自己关系不大；也有些校长认为计划没有变化快，预算没什么实际价值，等等。

其实，学校预算编制是校长进行财务管理的一项最重要的工作。编制学校预算，一般采用两种基本方法：一是定额法，就是利用预算额测算学校财政支出的一种方法。比如：各学校年初必须根据财政局、教育局下达的综合预算指标，结合本校实际，细化项目，分类核算，以收定支，收支平衡。另一种是基数法（因素分析法），是根据上半年收入和支出情况，考虑增减因素，适当调整和测算收入和支出的方法。其计算公式如下：

计划年度收支 = 报告年度收支 +/ - 增减因素

具体而言，编制经费预算主要包括以下几个步骤：

（1）在校长领导下，召集由学校各有关部门参加的预算编制小组会议，按照“保工资、保运转、保安全”和区分轻重缓急的原则，提出对预算安排的具体建议。

（2）根据上级教育行政部门下达的预算控制数和学校预算编制小组研究讨论确定的预算支出项目，参照原有编制预算，调整编报学校预算草案。

（3）录入生成预算报表，撰写预算草案编制说明。

（4）审核上报。

2. 学校预算编制工作的具体内容

围绕上述编制预算的各个环节，校长应当着力做好以下几个方面的工作。

（1）预算收入的编制

目前，中小学、幼儿园的收入，主要包括市财政预算安排的生均公用经费、“两免一补”费用、寄宿生生活补助、专项资金、学校收取的费用，以及各类捐赠、房租、校办产业、勤工俭学收入等。

表 7 – 1 学校收入预算表

项 目	单 位	金 额
1. 财政补助收入	元	
2. 事业收入	元	
3. 勤工俭学收入	元	
4. 其他收入	元	
合 计	元	

各类学校的各项收费都是国家财政资金，必须使用财政部门监制的事业性收费票据，要严格执行边收边缴、先缴后支、审批使用的原则，严禁坐收坐支。各项收入必须全部纳入学校预算，统一管理，统一核算。严禁设置“账外账”或设立“小金库”。

（2）预算支出的编制

学校进行预算支出的编制，需要考虑：① 编制工资福利支出预算；② 编制对个人和家庭的补助预算；③ 编制商品和服务支出预算；④ 编制其他资本性支出预算。

表 7-2 学校支出预算表

项　　目	单　位	金　　额
支出合计	元	
一、工资福利支出		
1. 基本工资	元	
2. 津贴补贴	元	
3. 奖金	元	
4. 社会保障缴费	元	
5. 伙食补助费	元	
6. 其他工资福利支出	元	
二、对个人和家庭补助		
1. 离休费	元	
2. 退休费	元	
3. 退职费	元	
4. 抚恤金	元	
5. 生活补助	元	
6. 医疗费	元	
7. 助学金	元	
8. 奖励金	元	
9. 住房公积金	元	
10. 提租补贴	元	
11. 购房补贴	元	
12. 其他对个人和家庭的补助支出	元	

续表

项　　目	单　位	金　　额
三、商品和服务支出		
1. 办公费	元	
2. 印刷费	元	
3. 咨询费	元	
4. 手续费	元	
5. 水费	元	
6. 电费	元	
7. 邮电费	元	
8. 取暖费	元	
9. 交通费	元	
10. 差旅费	元	
11. 出国费	元	
12. 维修（护）费	元	
13. 租赁费	元	
14. 会议费	元	
15. 培训费	元	
16. 招待费	元	
17. 专用材料费	元	
18. 劳务费	元	
19. 工会经费	元	
20. 福利费	元	
21. 其他商品和服务支出	元	
四、其他资本性支出		
1. 办公设备购置费	元	
2. 专用设备购置费	元	
3. 交通工具购置费	元	
4. 信息网络购建费	元	
5. 其他资本性支出	元	
6. 房屋建筑物购建	元	
7. 大型修缮费	元	

（3）政府采购预算表的编制

按照政府采购目录和有关要求，学校商品和服务支出预算中安排的取暖用煤采购，其他资本性支出预算中安排的图书购置、仪器设备购置、多媒体教室装备和新建校舍，均应进行政府采购，因此，上述支出项目需填报“政府采购预算表”，如表 7－3。

表 7－3　政府采购预算表

项　　目	计量单位	数　量	金　额 （元）	拟采购时间 （年月）
合　计				
取暖用煤购置	吨			
新建校舍	平方米			
图书资料购置	册			
仪器设备购置	台、件			
装备多媒体教室	套			

（4）录入生成预算报表并撰写预算编制说明

学校基本情况表、学校收入/支出预算表、政府采购预算表编制完成后，进行数据录入校验，由软件自动生成总表。同时，根据上述预算表内容起草预算编制说明。

预算编制说明一般包括以下要点：学校基本情况；学校收支预算情况和影响预算年度收支的主要因素（包括学校的发展变化情况、上级出台的影响收支的政策等）；预算年度收支预算的测算依据和项目支出基本思路；对今后预算工作的建议和意见。

以上工作完成后，由校长负责组织预算编制小组再次进行审核，如审核无误，形成学校预算草案，由校长和填报人员签字并加盖学校公章，在规定的时间内按程序上报上级教育行政部门。至此，预算编报工作全部完成。

3. 学校预算执行与决算

预算编制定稿，并由经费主管部门批准后，学校必须严格按照预算认真执行。校长、后勤总务主任要完善监督机制，坚持财务公开制度，要经常对学校经费开支情况进行检查和监督，加强过程监管，确保经费合理、科学使用，并根据重点工作和突发工作调剂资金余缺。决算即学校预算执行的年终总结，也是最后检查学校财务工作是否做到了为教学服务和为师生生活服务。[1] 学校在年度决算之前，要做充分的准备工作。学校要成立以校长为组长的决算工作领导小组，做好清理预算执行情况、清理各项收支款项、清理各项往来款项、清查各项财产物资以及清理各项财务档案资料等工作。

学校决算最终要以决算报告形式呈现。决算报告主要包括预算收支的实际完成情况和事业计划的完成情况，在决算过程中，学校要努力做到数字准确、内容完整、说明充分、报送及时，总结预算执行过程中的经验，对存在问题要提出改进意见和措施，为下年度预算的编制提供参考。

4. 学校财务管理制度与财务监督

目前学校的财务人员主要由学校教师兼职担任，很多财务管理是做流水账，还没有做到真正的科学预算，因此要加大财务人员的培训力度，实现规范的预算编制和财务管理；同时，要建立健全完善的财务资料归档制度，上级主管部门应当定期检查，确保制度的严密性。

建立公开的财务监督制度，除了上级主管机关有权监督学校的财务情况，学生家长和学校所在社区的群众对学校的财务也有知情权和监督权，学校应当通过定期的布告、会议、展板等形式向社会公开。下面为某小学2008年度预算编制说明，仅供参考。

案例：2008年度预算编制说明[2]

根据财政局、教育局关于农村中小学预算编制的有关文件要求，结合我校实际情况，我们编制了2008年度学校收支预算，现就有关情况说明如下：

一、学校基本情况

我校属农村完全小学，现有在职教职工20人，专任教师20人，退休人员1人；现有教学班6个，在校生167人，其中贫困学生8人；现有校舍建筑面积750平方米。

二、预算收支情况

（一）预算收入情况。2008年，我校预算收入总额为45970元，其中：财

---

① 伍德勤，张乐群. 中小学管理的理论与实践［M］. 合肥：合肥工业大学出版社，2011：234.

② 见 http://blog.sina.com.cn/s/blog_4b35546d01008xyo.html.

政补助收入为45970元。

（二）预算支出情况。2008年，我校预算支出总额为45970元。

1. 对个人和家庭的补助880元，其中：对个人和家庭的补助支出880元。

2. 商品和服务支出41090元，其中：办公费10000元、印刷费3000元、咨询费500元、水费200元、电费2200元、邮电费2800元、取暖费6000元、差旅费1000元、维修费8000元、会议费800元、培训费900元、招待费500元、劳务费3000元、其他商品和服务支出2190元。

3. 其他资本性支出4000元，其中：办公设备购置3000元、专用设备购置1000元。

三、预算年度收支预算的测算依据和项目支出基本思路

（一）预算年度收支预算的测算依据。

根据财政局和教育局编制年度预算的有关文件要求，我校2008年度预算编制的预算依据主要包括：

1. 预算内公用经费执行标准：每生每年60元。

2. "一费制"收费平均标准：小学杂费210元。

3. 职工福利费提取比例为：按教职工基本工资的2%。

4. 工会经费提取比例为：按教职工工资总额的2%。

5. 教师培训费提取比例为：按照学校年度公用经费总额的5%。

6. 医疗保险缴费比例为：按教职工基本工资的6%。

（二）项目支出的基本思路。

为改善基本办学条件，我校需安排资金用于校舍维修改造，以彻底消除安全隐患，确保师生人身安全。除安排用于维持正常运转的经费外，按照"普九"达标标准，我校必须解决图书、仪器不足问题，学生课桌凳不足问题，需安排相应的专项公用支出。

四、对今后预算工作的建议和意见

我校地处边远地区，基础办学条件十分薄弱，希望教育局领导在审核我校预算时，对我校给予重点支持。此外，中小学预算的编制是一项系统复杂的工作，数据量较大，涉及政策面较宽，对预算编制人员的要求极高，因此，建议教育局定期对各学校预算编制人员进行业务培训，以利于提高我们的业务素质，确保预算编制工作的圆满完成。

三、学校如何进行政府采购

1. 学校进行政府采购前的必备条件

（1）资金要到位。资金不到位或者不足是不能进行政府采购的。如果属于财政拨款，那么就要在年初作出预算。

（2）对将要采购的物品或设施设备的数量、质量、参数、价格（预算）要了解清楚。

（3）根据要采购物品或设施设备的特点，提出必要的培训、维护、维修意见。

（4）提出其他特殊的要求和意见。

2. 办理政府采购的手续

（1）学校责成某个部门具体负责办理政府采购的各种手续。

（2）填写各种申报手续（表格）。一般来说，需要填写“资金来源说明”、“政府采购申报表”。如果学校采购资金在20万元以下的（有些地方的规定金额可能不同），可以办理“分散采购”，即非公开招标方式的采购；20万元以上的（有些地方的规定金额可能不同），采购项目必须在地方政府采购中心公开招标组织采购。只有在非常特殊的情况下，并经地方政府财政局批准，才可采用非公开招标方式采购。

（3）报上级主管部门批准。

① 将“采购计划”、“资金来源说明”、“政府采购申报表”等报教育行政部门和财务部门批准（盖章）。

② 将上述材料报财政局相关部门批准（盖章）。

③ 将上述材料报政府采购办公室批准（盖章）。

④ 采购中心根据上报的材料确定政府采购厂商。

⑤ 学校与厂商签订合同。

⑥ 进入采购收货阶段，学校要组织人员进行验收。

案例：北京市某学校让资源的使用者负责招投标

在许多学校里，大多数采购或工程项目，往往都是由后勤系统全权负责招投标工作，这样做的好处是有利于统一管理，弊端是往往难以有效满足资源使用者的现实需求。

为了让使用资源的人有权决定资源的配置方向和配置方式，让资源更好地为学校和师生发展服务，北京某学校尝试让资源的使用者负责招投标工作。学校明确和规范了学校招投标工作的流程，全面公开招投标的范围、要求和参加招投标人员的相关信息，以公开促公平、公正。

每项招投标工程都由相关的师生员工组成招投标委员会，根据不同的项目确定其主任委员。如果是实验器材购置或教室改造，那么分管教学的领导便自然成为主任委员；如果是外教公寓装修或国际课程资源购置，那么分管目标教育的领导则义不容辞；餐饮公司的更换、便利店经营公司的竞争，则由负责学生工作的干部领衔。

教师和学生代表参与招投标，不仅是民主、公平的需要，更是对他们的眼光和视角的需要。许多时候，从师生眼睛里发现的问题或从他们的大脑里想出的办法，常常是一些管理者难以预料甚至是难以企及的。

专栏

《中华人民共和国会计法》摘要（2000 年 7 月 1 日）

第九条　各单位必须根据实际发生的经济业务事项进行会计核算，填制会计凭证，登记会计账簿，编制财务会计报告。

任何单位不得以虚假的经济业务事项或者资料进行会计核算。

第十条　下列经济业务事项，应当办理会计手续，进行会计核算：（一）款项和有价证券的收付；（二）财物的收发、增减和使用；（三）债权债务的发生和结算；（四）资本、基金的增减；（五）收入、支出、费用、成本的计算；（六）财务成果的计算和处理；（七）需要办理会计手续、进行会计核算的其他事项。

第十一条　会计年度自公历 1 月 1 日起至 12 月 31 日止。

第十二条　会计核算以人民币为记账本位币。

业务收支以人民币以外的货币为主的单位，可以选定其中一种货币作为记账本位币，但是编报的财务会计报告应当折算为人民币。

第十三条　会计凭证、会计账簿、财务会计报告和其他会计资料，必须符合国家统一的会计制度的规定。

使用电子计算机进行会计核算的，其软件及其生成的会计凭证、会计账簿、财务会计报告和其他会计资料，也必须符合国家统一的会计制度的规定。

任何单位和个人不得伪造、变造会计凭证、会计账簿及其他会计资料，不得提供虚假的财务会计报告。

> 第十四条　会计凭证包括原始凭证和记账凭证。
>
> 办理本法第十条所列的经济业务事项，必须填制或者取得原始凭证并及时送交会计机构。
>
> 会计机构、会计人员必须按照国家统一的会计制度的规定对原始凭证进行审核，对不真实、不合法的原始凭证有权不予接受，并向单位负责人报告；对记载不准确、不完整的原始凭证予以退回，并要求按照国家统一的会计制度的规定更正、补充。
>
> 原始凭证记载的各项内容均不得涂改；原始凭证有错误的，应当由出具单位重开或者更正，更正处应当加盖出具单位印章。原始凭证金额有错误的，应当由出具单位重开，不得在原始凭证上更正。
>
> 记账凭证应当根据经过审核的原始凭证及有关资料编制。

第三节　校 产 管 理

校产是保证学校完成各项任务的物质基础，校产管理是学校后勤管理工作的重要组成部分，管好、用好校产，延长校产使用年限，提高校产使用效率，是贯彻执行勤俭办学、提高教育事业经费使用效益的重要方面。

校长对于学校的校产管理，主要包括以下工作。

一、校址选择和总平面布局

1. 校址选择

校址选择关涉到一个良好的教学环境选择问题。良好的教学环境不仅可以促进学生身心健康和提高教学效率，还可以激发学生情感，使学生热爱学校、热爱生活，培养学生的精神文明。因此，新建学校的校址选择、校舍设计、施工、教学设备建设、校容装饰都应符合科学。校址选择一定要符合科学，要把目前和长远利益结合起来加以考虑。[①] 因此，新建校校址选择要适当，总体而言可考虑如下因素。

（1）校址选择要以方便学生就近入学为原则。例如，在城市中，中学服

---

① 见 http：//www. tingtuba. com.

务半径不宜大于1000米，小学服务半径不宜大于500米。走读小学生不应跨过城镇干道、公路及铁路。有学生宿舍的学校，不受此限制。

（2）地势平坦、干燥，地基坚实，要保证校园阳光充足，空气流通。例如，一定要避开地质构造薄弱地带，泥石流、山体滑坡多发区，河滩、河床故道，矿山挖矿采空区，风沙口等地。

（3）要有足够的用地面积，保证校舍建筑用地、体育活动场地和绿化用地。

（4）环境要清洁安静。要避开噪音的喧扰和三废（废气、废水、废渣）污染的危害，不要在靠近车站、码头、工厂、医院、影剧院、菜市场、垃圾场和铁路等的地方修建学校。例如，学校主要教学用房的外墙面与铁路的距离不应小于300米，与机动车流量每小时超过270辆的道路同侧路边的距离不应小于80米，小于80米时，必须采取有效的隔声措施。

2. 学校用地组成及标准

根据《中小学校建筑设计规范》（GB J99—86）（以下简称《规范》）规定，学校用地应包括建筑用地、运动场地、绿化用地三部分。各部分用地的划分应符合下列规定。①

（1）建筑用地、运动场地、绿化用地之间要有绿化带隔离，用地范围应划至绿化带边缘；无绿化带隔离的，应以道路中心线为界。

（2）学校建筑用地，应包括建筑占地面积、建筑物周围通道、房前屋后的零星绿地、小片课间活动场地。由于各地区用地紧张程度不同，难以用建筑密度的计算方法来确定建筑用地定额，因此采用容积率（容积率＝建筑面积/用地面积）的计算方法来确定。《规范》建议，小学不宜大于0.8，中学不宜大于0.9。建筑面积内除教学、行政办公用房、体育建筑外，还包括：有住宿生的中学宜有部分学生住宿用地，自行车棚用地；在采暖地区，当学校建在无城镇集中供热的地段时，应留有锅炉房和燃料、灰渣的堆放用地。

（3）学校运动场地，应包括体育课、课间操及课外体育活动的整片运动场地。运动场地应能容纳全校学生同时做课间操。小学每学生不宜小于2.3平方米，中学每学生不宜小于3.3平方米。

（4）学校绿化用地应包括成片绿地和室外自然科学园地。小学每学生不宜小于0.5平方米，中学每学生不宜小于1.0平方米，中师、幼师每学生不宜

---

① 国家计委．中小学校建筑设计规范（GB J99—86）［S］．2004.

小于2.0平方米。从目前实施情况来看，随着素质教育的深入和对校园环境营建的更高要求，学校运动场地和绿化场地的用地指标都显偏低，因此在可能情况下可适当提高该指标。

3. 校园功能分区

学校总平面基本包括以下几部分：教学用房、教学辅助用房、行政管理用房、服务用房、运动场地、绿地、自然科学园地及生活区（学生宿舍、食堂、教师宿舍等）。各部分之间应分区明确、布局合理、联系方便、互不干扰。要在“适用、经济、在可能条件下注意美观”的建筑方针下，尽可能给师生的教学生活创造一个优美的环境。一般来讲，要做到以下几个方面。

（1）动静分区。动静分区有几个层次的含义，首先，应当做到教学区与运动区二者分区明确，互不干扰。教学区要求安静，避免外来人员的干扰；而运动场地是学生活动的场所，比较喧哗，因此它与教学区要保持一定距离。其次，在教学区内，音乐教室、舞蹈教室、劳技室等艺体类教学区与普通教室区之间都应有一定的分区。

（2）学寝分区。即教学区与教职工生活区和学生宿舍区应有较为明确的分区。

（3）教辅分区。即教学区与后勤辅助区（如行政办公区、校办产业区）之间应有较为明确的分区。

总之，针对学校总平面的基本组成部分，建筑用地、体育活动场地及绿化用地，应按学校的教学活动与管理的规律，各组成部分间的相互关系，各部分的使用功能，物理环境等要求进行总体布局，在分区明确的前提下做到有机联系。

二、校舍管理

校舍即学校的各种用房。校舍的管理包括校舍的新建、扩建、修缮和合理使用等。中小学的校舍用房主要包括教学用房、办公用房、辅助用房、生活用房等。① 建筑，包括教室、实验室、活动室、图书室、教职工办公室等，各用房的安排要符合教育卫生要求，有利于教师和学生的身体健康。学校校舍的建设，应参照国家行政主管部门下达的国家标准，根据学校规模和具体条件通盘

① 伍德勤，张乐群. 中小学管理的理论与实践［M］. 合肥：合肥工业大学出版社，2011：240.

考虑、设计和实施。

1. 教学用房

主要指教室，是校舍的主体部分。教室又有普通教室和特殊教室两种。普通教室就是学生平时上课的教室，特殊教室包括音乐教室、舞蹈教室、电化教室和其他各种实验室。普通教室和特殊教室之间应保持一定的距离，以免互相干扰。

教室是学生学习的主要场所，建筑规格和室内设备，都要适合教学要求和学生年龄特点。（1）教学面积要达到国家规定的标准。（2）教室的光线要充足，以保护学生的视力。如果光线暗淡，就会既影响学生视力，又影响师生的情绪，易于引起疲劳感，降低学习效率。自然照明是教室的主要光源。主要采光窗户要开在学生座位的左侧，不致产生阴影，以利学习。窗户要装透光率大的玻璃，采光系数不能低于1∶6。人工照明最好采用荧光灯，早晚灯光照明要求不低于160瓦。（3）教室要有良好的通风条件，经常保持空气新鲜。窗户应左右对开，使空气对流。（4）应根据不同地区的情况，安装降温取暖设备，教室内温度以保持在16℃左右为宜。（5）窗户面积总共不少于12平方米。窗台距地面0.9—1.0米，墙壁颜色以白色、乳色等浅色为宜。每间教室要有两扇门，以宽1.0米、高2.5米为宜。教室高度不低于3.4米。

实验室面积应大于普通教室，在70平方米左右，每个座位不少于1.5平方米，并配备有辅助房间，用于保管实验仪器、试剂和模型等设备，以及实验管理人员日常工作和准备实验用品。辅助房间位置要靠近实验室，面积不小于18平方米。实验室内设上下水道和电源装置，并配备防火、防毒等安全设备。

2. 办公用房

办公用房包括办公室、教研室、会议室、大礼堂等。办公室不宜邻近教研室，以免影响教师备课。大礼堂不要靠近教室、教研室和办公室，以免干扰教学和办公。

3. 辅助用房

包括图书室（馆）、阅览室、仪器室等。图书室（馆）与阅览室应在一起，应设在学校适中的地点，仪器室和实验室应在一起，房屋要比较坚固结实，并都应配备消防设备。

4. 生活用房

主要包括学生宿舍、教师宿舍、厨房、食堂及厕所等。宿舍、厨房和食堂应远离教学区，教师宿舍和学生宿舍也应适当分开。各种用房要注意合理使用，提高使用率；要妥善养护，及时维修。危房应立即停止使用。

三、设备管理

学校中的教学设备包括教室的设备、实验室的设备、图书阅览室的设备和体育卫生方面的设备。

1. 教室的设备

教室内的设备主要有课桌椅、黑板、电灯、讲台、多媒体设备等。课桌椅的大小高低，应适合学生的身高、身材，否则会影响学生身体的正常发育。黑板有木制、玻璃制、水泥制、塑料制等多种，可根据学校的经济条件配置。但不管什么材质，最重要的标准是不反光。教室内还应配有辅助性的轻便小黑板供教师使用，以节约课堂书写的时间。

教室的设备要登记造册，开学时由后勤部门清点后交给班主任，学期结束时再由班主任按册移交给后勤部门。

2. 实验室的设备

实验室是学生学习自然科学的重要物质保障，学校应创造条件，设置学习所需实验室。临近实验室应设仪器室和实验药品室。

实验室要有教师的实验演示桌和学生用的实验桌，要安装电源、自来水管和水池。购买的仪器、设备和实验药品，要验收、登记造册，分专柜保管。

实验室的设备由实验员负责保管，规模小的学校由任课教师负责保管。

3. 图书阅览室的设备

图书阅览室是学校不可缺少的教学场地，应选择在校内比较安静的地方。可分为图书资料室、阅览室和教师备课室三部分。学校对图书阅览室应从经济上、人力上给予大力支持。图书的数量至少为学生数量的 8 倍，内容为适合学校教学和少儿阅读、扩大少儿知识面的各种少儿读物，且要不断更新补充。要有足够的书架和书柜予以陈设。藏书室原则上设在一楼，以免藏书过多过重，发生安全事故。藏书室地面应铺设防潮板，以免图书潮湿发霉；室内要南北开窗采光，并有通风设备。学生阅览室内要有专门的桌椅设备，规格不一，便于高矮不同的学生自由选择。灯光条件要好，以保护学生视力。教师备课室专供教师备课使用，室内要陈设各种工具书和教学参考资料。要有专门设计的备课桌椅，简朴舒适，座位数量应相当于教师总数的1/4—1/3。随着教育改革的发展，学校要努力创造条件，设置信息室，为教师和其他工作人员的教学科研工作提供信息和资料。

案例：某小学图书室管理制度

第一，凡本校师生员工均可到图书室借图书，不对外借阅。

第二，每天上午、下午为教师借阅时间，课外活动时间为学生集中借阅时间。

第三，借书人员要在征得管理人员同意后方可进入图书室。严禁将危险物品带入图书室，不准在图书室内吃东西、吸烟、会客或大声喧哗。

第四，配备的图书必须有益于学生的身心健康，坚决杜绝不健康的书籍进入学校。有关人员要按照计划及时添购图书，做到图书不断更新。

第五，图书管理员要模范执行图书室、阅览室的规章制度。树立为教学服务、为师生服务的理念，熟悉业务，努力做好图书资料管理工作。

第六，建立学校书刊的目录，进行书刊分类，依架摆放；做好书刊的剔旧工作；新书和师生还书要及时整理，分类上架。

第七，保持图书室内的整洁卫生，每天拖扫地板和擦书架；注意室内通风，注意清扫书刊上的灰尘以及检查有无虫蚀、潮湿、鼠咬等情况。

第八，管理人员应高度注意室内的安全，随时注意照明线路有无损破，如发现安全隐患要随时报告，及时消除。每天上下班前应关好门窗。

---

4. 体育卫生的设备

体育活动场地和体育器材，是办好学校的必要条件之一。运动场地应平均每个学生10—15平方米，最好达到20平方米。还应做到集中与分散相结合，即既有较大的田径场，又有小块的活动场地。有条件的学校应修建一个含400米环形跑道在内的标准田径场，其他场地则应根据《中小学体育课程标准》的要求和学校实际，分块建立。还可修建风雨操场，以便雨天上课和活动。

体育器材也要根据《中小学体育课程标准》的要求来充实。要特别注意安全，如单、双杠要牢固，沙坑要保持松软，跑道无碎石、瓦砾和玻璃片。

体育设备要有专人保管。购回的设备要及时登记、造册，损耗的体育器材要登记注销。体育场地和体育设施要经常检查、维修，防止发生体育事故。卫生室的医药购置、使用和保管由校医负责。

四、宿舍管理

宿舍管理直接关系到学生的学习和生活。学生宿舍要由后勤部门统一管理，严格按制度执行。

1. 科学制订作息时间表

学生学习、休息、活动要有规律地交替进行，作息时间要科学合理地安排，保证学生足够的睡眠休息时间和吃饭活动时间。同时，作息时间的制订要根据季节、地区适当调整，但不要频繁变动。

学校还应指派专职或兼职的生活指导教师，用正确、健康的思想指导住校生的生活，后勤部门在生活上要给予关心和帮助，特别是要关心女生的身心健康，指派女教师为其提供生活指导。

2. 做好宿舍的常规管理

学校应完善宿舍的卫生管理条例，养成学生良好的卫生习惯。可以开展“文明寝室”评比活动，养成学生爱护宿舍、按时作息的良好行为，创造整洁简朴的生活空间。同时，保证学生宿舍开水的及时供应，在北方，要搞好宿舍的冬季采暖工作，经常进行设备设施的检修和人员的检查，这些事关学生生活的细节，是宿舍管理工作的重点，于细小处见温暖，体现学校的人文关怀。

3. 完善宿舍的制度管理

学校应建立完善的宿舍管理制度，使管理有据可依，为学生的生活创造完好的空间。对于宿舍的设备设施如电灯、床铺、衣柜等，要建立检查和维护制度，避免安全隐患威胁到学生的人身健康。要求学生不得在宿舍私自接电源、插电褥、做饭，不得放置危险物品。同时，未经学校批准不得随意串动寝室和留外人住宿。这些条例事关学生的生活和安全，每一个细节都应严格按制度执行，同时也不能完全拘泥于制度，要以学生为中心灵活改进。

4. 做好配套设施的管理

学生宿舍管理不仅仅指宿舍楼的管理，还包括其附属的生活服务设施和文娱体育活动场所的管理。扩展宿舍管理范围，将对改善学生生活、学习起到积极的作用，创造优雅健康的学习生活环境，形成团结活泼的集体生活氛围。

五、食堂管理

食堂管理工作关系到全校师生员工的切身生活利益，越来越受到广大学生及家长和全社会的关注。如何保证学生食堂的饮食安全与健康，保证师生身体的安全健康，是大家十分关心的问题。

1. 保证营养

食堂膳食的品种和质量是衡量食堂管理工作的一个重要指标，要根据用膳者的需要进行品种的丰富，提高食品的营养搭配，根据教师脑力劳动特点和学生身体生长发育的需要，主副食一定要富有营养价值，搭配合理，符合营养学的要求。

2. 经济核算

食堂管理工作必须做好经济核算，精打细算、降低成本，提高食堂效益。食堂应实行成本控制：（1）采购质优价廉的主、副食品，尽力控制采购成本；（2）科学制订食谱，做到单菜核算，按量烹制食品；（3）饭菜明码标价、按质计价，及时公布食品价格；（4）坚持出入库制度，记好账目，做好日核算、旬核算、月核算。

3. 服务便利

有严格的就餐制度，但如有因工作和学习而早到和迟到的师生就餐时，食堂应提供方便。不断扩大服务项目如安排课间餐、夜宵（面向住宿师生）等，尽可能满足师生员工的需要，还要考虑特殊用餐群体如少数民族师生的就餐需求。做到服务热情、周到，注意食堂的清洁、卫生以及价格，真正提高食堂的质量。

4. 制度建设

食堂管理要重视制度建设。在人员管理中，要建立招工招聘、考核激励等制度。食堂人员也要建立严格的岗位责任制，以积极负责的态度进行管理。实行干部聘任制和全员劳动合同制，按需定岗，遵照“四公开”原则，即编制公开、岗位条件公开、职责公开、待遇公开，进行双向选择，择优上岗。严格建立食堂的值班制度，做好食堂的安全检查。

要建立原料采购和监督制度。应制订原料采购细则，明确采购人员职责，采购标准。要按卫生部门的相关要求，做好留餐备检工作。要建立食堂设备设施的保养和检修制度。制定卫生清洁制度、定期检查维修设备的制度等。针对内部人员用膳，食堂内部工作人员可以按照一定标准在食堂进行就餐（标准依地区、学校而定)，超过限额自己补足差价，严格账务的登记。

六、校产管理的整体思路

校长在进行校产管理的过程中，一定要把握以下基本点：办学条件、管理制度、使用效率和队伍建设。

1. 逐步改善办学条件，实现标准化办学

办学条件是校长进行校产管理首先要关注的问题。校长首先要确立“安全”意识，学校的校舍、设施设备都要符合国家的质量标准和相关规范，使学生和教职工在使用和生活过程中保证安全。其次，要有“够用”意识，学校的办学条件以及校产的配备一定要满足学校正常教育教学的需要，满足师生正常工作、学习和生活的需要。最后，校长还应该将“好用”始终放在心上。“能用”“够用”是基础，“好用”是校长需要去认真思考的问题。

2. 健全组织机构，规范管理过程

健全机构、规范管理是提高校产使用效率的前提。建立在校长的领导下，后勤处具体负责、总管学校财产，各有关人员具体负责管理的校产管理组织体系。规范管理过程，加强制度建设，注重管理效益。

要建立“统一管理、专人负责”的校产管理制度。“统一管理”指完善各种财产的领导体制、执行体制、咨询体制、监督反馈体制。完善校产的购置制度，使用、借用和检查制度，赔偿制度，维护和修缮制度，报废制度等。“专人负责”是指校产管理要实行目标责任制，责任落实到每个管理人员，使层层有目标，人人有责任。

3. 优化管理队伍，提高人员素质

加强校产管理队伍建设，提高管理人员素质。对校产管理人员实行统一管理、定期考核，及时选拔责任心强、业务素质高的人员充实校产管理队伍。校产管理人员不宜随意更换，要保证校产管理队伍的稳定性。对于管理人员也要落实岗位责任，分工管理，制订具体的管理权限，定期检查总结，做好记录，学期末召开校产管理与使用反馈会，每位负责人需向相关主管部门汇报管理与使用情况，严格管理责任制。针对不同的业务性质和业务需要，组织不同内容的培训班，提高校产管理人员的业务素质。

4. 监督校产运行，提高使用效率

校产的维护和修缮要由专门技术人员进行，包括日常的检查、清洁和调整。检修要及时、专业，降低不必要的损失，提高使用效率。

加强校产管理意识。通过召开会议、下达文件和其他宣传手段，提高相关部门的校产管理意识，同时加强各部门间的联系，树立管理意识，把搞好校产管理作为学校后勤管理中的重要目标任务。

第四节　校园环境管理

校园环境直接体现一个学校的精神面貌和组织管理水平，也直接影响着师生的心理状态和学校秩序，它既是学校精神文明的标志之一，也是构成校风的一个重要组成部分。因此，校长应力求创造一个良好的校园环境，做好校园总体规划，注意校园绿化、美化，搞好环境卫生。

一、校园环境管理的内容

校园环境如同学校的“外貌”，关乎学校的形象。校园环境管理具体包括学校建筑、道路、场地、绿化、环境卫生与保护、师生仪表等内容的管理，是一项立体化的管理。若对校园管理做具体分类，则可分成校园绿化管理、校园环境卫生管理、校园文化设施设备管理。校长应全面地关注校园环境各个方面的管理。

1. 校园绿化管理

校园绿化要有长远规划，它属于学校总体规划的一项重要内容。学校绿化也应该体现学校的特点，尽量与学校的教学活动结合起来，如与自然常识教学、植物教学等相结合，使学生在绿化活动中能够运用和巩固所学的知识。还应从有益于师生学习和生活角度出发，确定不同区域的绿化安排，如教室、实验室、阅览室等用房周围不宜种植乔木，操场周围不宜种植灌木。校园绿化应由专人负责，同时也可以和学生的劳动教育结合起来，分组、分区负责，并建立完善的评比奖惩制度。

2. 校园环境卫生管理

搞好学校环境卫生，保持学校的整齐清洁，既能体现学校集体的精神面貌，又能对学生的思想道德情操起潜移默化的作用。学校要按照《学校卫生工作条例》的要求，配置卫生设施，及时清理垃圾、杂草等，经常保持校园的干净、整洁。要搞好校内的卫生管理，防止水质腐败和滋生蚊蝇。整个校园环境要做到：教室无纸屑，地面无痰迹，墙壁无尘污，课桌无笔迹，厕所无臭味，花木无折损。学校在组织清洁卫生工作时，要动员全校师生员工参加，各负其责，分工具体，责任明确。在组织清扫工作的同时，还要加强思想教育，培养学生维护公共卫生、保持整齐清洁的习惯。

3. 校园文化设施设备管理

校园文化设施设备管理是指校园内以启迪和教育学生为目的的文化小品、宣传设施和人文景观的建设及维护，以促进学校文化建设为目的。作为培育新人、传递知识的学校，校长们都会寻求有效的途径向师生表达出学校特殊的文化氛围。雕塑、碑记、壁刻等文化小品，黑板报、宣传栏、阅报栏等宣传设施，标注名字的花草树木等，这些校园文化设施都是营造文化氛围的很好的载体。

专栏

学校人文景观的设计

学校人文景观是学校校园环境建设的一个重要组成部分，在某种意义上，学校环境建设最根本的目的就是寓情于环境之中，寓教育于景物之中。校长要特别注意利用和创设一些学校人文景观，以强化学校文化的教育作用。

1. 充分利用学校已有的人文景观，挖掘其独特的教育作用

每所学校在其历史发展过程中都留下了各个不同时期的建筑和人文景观。这些历史遗迹作为文化的结晶和凝聚物，成为学校成长过程的历史见证。它的存在能丰富学校环境的内容，使学校环境具有一种时间上的连续性。另外，它往往与重大的历史事件或某个名人有联系，因而具有特殊的内涵和美丽，使师生得到精神、品格上的熏陶。

2. 积极创设学校人文景观，赋予其深刻的教育意义

在学校物质环境建设的过程中，应积极创造条件，赋予学校方方面面以一定的教育意义。在这方面，陶行知为我们树立了光辉的榜样。他在创设晓庄师范学校时首先把学校所在地“小庄”改为“晓庄”，寓以“日出而作”之意。

3. 巧借自然之物，达成教育目的

不仅学校中的各种设施能够寓以一定的人文意义，产生一定的教育影响，而且校园内的一草一木都可以作为思想教育、精神陶冶的依托。

校园文化设施是校园中的物质文化和精神文化的物质体现。校长应充分挖掘和发挥文化设施的教育作用，把校园营造成追求真善美的教育仙境。校园文化设施的育人内涵是人为确定的。因而，校园文化设施管理应注意的几点是：（1）文化设施的教育导向应当明确和正确；（2）内容要健康，能激人上进；（3）主题鲜明但不失时代特征；（4）表达方式上应追求艺术性，尽量避免教条式的僵化；（5）位置安排上要独具匠心，富有可观可感性。

从学校的实际情况和长远发展来说，文化设施应追求对本校优良传统和办学特色的反映，注重选择和确定能代表学校精神的文化设施，以便凝聚师生对学校的向心力，对外展现学校风采。

二、如何进行校园环境管理

1. 规划

“凡事预则立，不预则废”，校园环境管理也不例外。要管理好校园环境，就要有一个经过科学测定的校园环境规划。这是管理好校园环境的基础，也是校园环境建设的行动指南。

学校环境景色，不论是物态环境，还是非物态环境，都必须有明确目标要求，整体布局，坚持安全、实用、勤俭办学的原则，从学校的实际情况出发，落实各项管理措施，有计划地组织实施创建符合学校特点的净化、绿化、美化

的文明校园，以适应素质教育和创新教育的需求。

校长首先应根据学校发展的宏观环境（主要是国家和社会的政治、经济、科学、文化和教育等发展的大环境）和自身的微观环境（即学校的内部环境建设等），发动师生员工建言献策，集思广益，对学校环境建设作出科学的预测和描画，即有一个明确的学校环境建设的目标形象定位，有一个近期、中期和远期的建设规划，有一个符合学校治校育人目标的环境建设标准。

在物态环境方面，应提出校舍布置、建设风格、采光标准、绿化水平的要求，以及各种橱窗栏目的布点、规格、使用要求与办公室的布置和设施要求等。既要有“大手笔”，从大处着眼，从整体上考虑，又要有“小心眼”，从小处入手，精心设计每一个部件，做到整体和局部兼顾，宏观与微观协调，内部和外部统一，教育和管理配合，等等。

校园文化环境方面，校园伦理环境是校园文化环境的组成部分。从建筑师的视点来看，以校园的建筑及其空间环境为载体，对学校群体或者个人的思想、观念以及教育活动与行为提供支持、发生影响的各种文化因素的总和，构成该校的校园伦理环境。[①] 因此校长要在学校的政治环境、文化环境、心理环境、人际关系环境等方面提出具体要求，比如对于学校的政治环境和人际关系环境建设，就可以提出宽松、和谐、融洽、信任、同心同德、团结协作的要求，对于学校文化环境的建设，则要符合学校长期积淀而成的校风、价值观念体系和常规习惯，等等。

2. 设计

对学校环境的设计与构思，应该遵循这样的思路和法则，即讲究协调和多样的统一，讲究点、线、面的结合，讲究和谐，讲求个性，讲究和而不同、参差错落、浑然一体。统一得好、结合得好，就能展现个性、张扬特色，就能使学校环境整体和谐、浑然一体。学校环境的建设具有多因素、多方位、多色彩、多途径的特点。同时，环境设计的对象总是处在一个具体地段并具有特定的主体，校园环境的主体主要是学生，只有充分分析他们的活动行为及心理需求，才能真正把握住校园环境的本质特征，从而创造出一个真正的以人为本、富有教育意义的活动空间。[②] 因此，学校管理者在设计与构思学校环境的过程中，在“多”字上多下功夫和做文章的同时，还要服务于育人这一核心指标。

---

① 李向峰．校园环境规划与设计的伦理学思考［J］．南方建筑，2003（4）：68－69.

② 汪辉，吴斌．南京实验学校环境设计［J］．山西建筑，2009（10）：10－11.

多因素。学校环境及建设是复合因素共同作用的结果，有主观因素、客观因素，有内部因素、外部因素，有物质因素、精神因素，有管理因素、教育因素，有科学因素、人文因素，等等，这些因素既相互作用，又具有各自独特的价值和作用。同时，它们还综合作用于学校的环境建设；就某一种因素而言，又有不同类别、不同层次的差异。学校内的班级之间、教研组之间、学科之间、部门之间，由于任务不同、情况各异，因而学校环境的设计就必须从各自主体因素出发，兼顾各种相关因素，进行多维度筹划、多侧面思考，进行综合设计、整体设计。

多方位。校园环境建设是一个立体性的工程，在不同的发展阶段有不同的建设要求，在不同的区段位置有不同的布局结构，因此，应该从多角度来进行总体的把握和立体性设计，包括从不同时间时序的发展出发，从不同时空方位的视角要求出发，从教育活动、教学活动、体育活动、美育活动的要求出发，从教师的“教”和学生的“学”的要求出发，从社会、家庭等社会组织对学校的要求出发，等等。

多色彩。当前对于学校环境建设有很强的时代色彩。这种色彩既包括文化色彩，强调民主，还包括物质色彩，比如建筑风格。总之，在学校环境的建设中，要能够既兼顾多种色彩又具有某些独特的色调，那么这样的学校环境也就形成了自身的特点和风格。

多途径。学校环境的建设和管理，也应该通过多种途径来实施。比如，建设校园物态环境，包括建筑、装潢、绿化、美化等具体的环境，应该考虑到建筑学、规划设计科学、园林科学等多方面的知识，讲究视觉效果，讲究赏心悦目，讲究形态、色彩和风格的和谐搭配，讲究浑然天成、整体协调；建设校园文化环境，包括良好的人际关系、融洽的心理氛围、团结向上的进取意识和精神等，应充分考虑运用教育学、管理学、伦理学、心理学等学科知识，讲究互容互补，注重和而不同，注重宽松亲和，兼顾个性和群性的和谐，等等。

3. 实施

有了设计与构思就要实施，与规划设计相比，实施更为重要，或者说，有了设计蓝图以后，实际操作的重要性就凸显出来。

校长要把实施作为学校环境建设的中心环节来抓，要把学校近期的环境建设和中长期的学校环境建设结合起来，着眼于学校环境的这个主题进行长远规划，绝不因为缺乏全面的把握和综合的考量而使得学校的环境建设东一榔头西一棒槌，今天建明天拆，不成体系、不像样子。学校领导者对每项具体的环境建设工作，均应力求做到精心谋划、精心设计、巧于构思、善于布置。

4. 检查

校长对于学校环境建设的检查主要体现在以下几个方面的工作上：一是规范，即看是否达到了既定的标准，是否偏离了学校的教育目标和管理目标；二是方便，即看是否方便于教学、方便于开展各类活动；三是有效，即看是否充分体现环境的教育性；四是适时，即看校园环境建设是否及时、适时，是否适当、恰当。

通过检查可以发现问题，而一旦发现问题，就可以进行及时的修正，同时也必须调整。总之，学校环境建设需要管理者经常回头看一看、查一查，如果有什么问题和缺点需要改正和调整的，应及时予以改正或调整，要么调整原有计划，要么调整实施的方案等。

5. 总结

作为学校管理者，校长应当对学校环境管理和建设的实践经验进行总结和升华。总结强调面向过去，对前面的工作进行梳理概括，包括工作成绩和缺点、经验和教训的归纳和提炼；升华则是面向未来，对前面工作进行理性抽象，使之理论化和系统化，对今后的工作有所启迪和借鉴。

推荐阅读

1. 国家计委．中小学校建筑设计规范（GB J99—86）［S］．2004.
2. 国家农村义务教育经典保障机制改革领导小组办公室．农村义务教育学校预算编制辅导读本［M］．北京：人民教育出版社，2006.
3. 李敏．学校后勤管理规章制度全书［M］．合肥：安徽音像出版社，2006.
4. 王绪池．学校总务管理［M］．重庆：重庆大学出版社，2008.
5. 杨天平．学校常规管理学［M］．北京：人民出版社，2004.
6. 杨颖秀．学校管理学［M］．北京：人民教育出版社，2000.
7. 俞国良．学校文化新论［M］．长沙：湖南教育出版社，1999.
8. 赵中建．学校文化［M］．上海：华东师范大学出版社，2004.
9. 最新学校后勤工作从业规范与管理制度及管理表格实用全书［M］．北京：中国科技文化出版社，2005.
10. 伍德勤．中小学校管理的理论与实践［M］．合肥：合肥工业大学出版社，2011.
11. 威廉·加纳．学校财政：战略规划和管理［M］．孙志军，金平，成刚，译．北京：中国轻工业出版社，2005.
12. 梁歆，黄显华．学校改进理论和实证研究［M］．上海：华东师范大学出版社，2010.
13. 教育部基础教育司．中小学管理文件选编［M］．北京：北京大学出版社，2009.

第八章 安全管理

非止排难于变切，亦将防患于未然？

——唐·陆贽

随着我国教育规模迅速扩大、学生层次日益多样化、新的不安全因素不断增多，中小学生安全事故时有发生。严峻的现实一方面凸显了加强中小学公共安全教育的紧迫性，另一方面使很多校长感到校园安全管理工作的压力越来越大。校园安全管理的意义不言而喻，哪些工作是校长在进行安全管理时最应重视的，学校安全管理最容易出现哪些薄弱环节，如何开展扎实、有效的安全教育工作，这些都是校长需要明确的问题。

第一节　学校安全管理策略

学校安全管理是通过管理的手段，以保护学校财产和师生安全为目的，进行相关决策、计划、组织和控制等方面的工作，以实现控制事故、消除隐患、减少损失，使整个学校达到最佳的安全水平，为师生创造一个安全的学习、生活环境。下面将为校长提供一些基本的学校安全管理策略。

一、校园安全管理的核心工作

1. 构建学校安全工作保障体系

针对校园安全管理工作的长期性特点，学校在配备组织机构过程中，首先应成立由校长、书记、教导主任和骨干教师等组成的学校安全领导小组，负责贯彻、监督、实施安全管理的各项制度与措施。其次，学校要建立与学校安全相关的工作机构。如在保卫处设立治安、消防安全管理办公室，在后勤处设立设施安全管理办公室，在学生处设立活动安全管理办公室。同时，学校应在各部门的职责中加入安全管理责任内容，要明确安全管理的主要责任部门和责任人，同时还要明确协管部门与协管责任人，按照“谁主管、谁负责”的原则，签订学生安全管理责任书，以使安全管理工作“时时有人管、处处有人抓”。再次，建立重大事故和安全隐患报告制度，使各部门间形成健全的信息网络体系，及时排查和发现安全稳定方面存在的问题，能够解决的要采取措施及时解决，不能解决的要向学校及时报告，不得迟报、瞒报，贻误处理时机。学校安全领导小组要定期或不定期对校园安全情况进行检查，定期召开联席会议，及时发现问题、解决问题。

2. 建立健全学校安全预警机制

“安全第一，预防为主”是我国安全工作的指导方针，建立全面细致和切实有效的预防措施是防止安全事故的根本。安全预防是校园安全工作的重点，是主动、积极地预防事故或者灾难发生的有效对策，主要包括如下内容。

（1）建立学校安全预案

首先，校长要引领学校在对校内外环境进行分析的基础上，研究潜在的危机诱发因素，及时捕捉危机爆发前的各种预警信号，加以分析处理，将所有可能的突发危机事件列举出来，并逐一分析其发生的概率，研究其发生机理，预测可能的后果。特别是针对校园安全的薄弱环节和事故易发部位，要认真组织相关专家进行论证、评估。

对校园安全方面的致灾因素与问题进行分类，大致可分为四类：因外在不安全状态引发的安全问题，如地震、火灾等自然灾害，以及爆炸、燃烧等事故；人的不安全行动引起的安全问题，如凶杀、投毒等；学校使用的设备在安全方面存在的缺陷，如电线的老化；学校管理上的缺陷，如没有合理的安全操作规程等。

以火灾为例，其诱发原因可能是自然因素（例如雷击、地震、短路等），也可能是人为灾害（如纵火、爆炸、油气泄漏）。同时，火灾又可能导致爆炸、房屋倒塌、人员挤踏致死等灾害。可见，灾害的成因及致灾是相互关联、相互影响的。因此，要依据学校的地理位置与建筑历史及特点需要，对自然灾害的成灾机理、损失评估与预测方法进行研究，确定灾害产生的可能性及后果，以便于提出相应的减灾措施与方案。

对于人为灾害方面，例如传染病的传播、人为的毒气泄漏、投毒、爆炸、校园暴力、拥挤踩踏等，研究分析其形成的原因与机理、灾害传播途径及其严重危害。根据校园安全危害辨识的要求，校长需要从校园的各种不安全因素中辨识出不可承受的灾害风险，然后运用目标管理方法，对不可承受的风险进行控制。一般是增加投入，调整目标方案，另外就是提高校园的安全管理水平，减少不可承受风险事故的发生。

其次，在辨别校园公共安全危害因素的基础上，学校对可能发生的危机事件要尽快制订相应的危机预案，进行危机管理的模拟训练，并从经费、人力、物力上作好预算安排。学校预案不是简单的一个文本，至少要包括综合预案、专项预案、现场预案等几类。

综合预案。从总体上阐述学校的应急方针、政策、应急组织结构及相应的职责，应急行动的总体思路等，可以清晰地了解学校的应急体系及预案的文件体系，更重要的是可以作为学校应急处置工作的基础和“底线”，即使对那些没有预料到的紧急情况也能起到一般的应急指导作用。

专项预案。是针对某种具体的、特定类型的紧急情况，例如火灾、群体性不明原因疾病、重大食物中毒等而制订的。在综合预案的基础上应充分考虑某特定危险的特点，对应急的形势、组织机构、应急活动等进行更具体的阐述，以使预案更富有针对性。

现场预案。针对特定的具体场所，通常是对该类型事故风险较大的场所或重要防护区域所制订的预案。针对某一具体现场的特殊危险及其周边环境情况，在详细分析的基础上，对应急处置中的各个方面作出具体、周密、细致的安排，因而，现场预案具有更强的针对性和对现场具体处置活动的指导性。

（2）加强预案演练

加强预案演练，就是要体现训练有素的原则。只有进行了必要的演练，才能切实提高应急队伍的素质。要通过演练增强组织指挥人员与安全管理人员对预案的启动、运作流程的感性认识，遇到紧急情况时，能做到不慌不乱，从容应对，冷静处理，果断处置。通过演练，要力争使全体师生都接受主要的安全预案演练训练，掌握必要的逃生和自救技能。

一般来讲，常见的预案演练主要包括：火灾事故的处置和逃生演练、集体活动与大型活动安全防范演练、学生集中上下楼梯演练特别是停电情况下的演练、应对传染病和食物中毒演练、学生意外伤害处置演练、学生走失处置演练、防校园暴力恐怖事件演练、后勤故障演练、重要情况报警、120求救、信息上报演练等。

同时，校长在组织实施校园安全紧急预案演练过程中要注意以下几点。

第一，将预案的演练和宣传教育工作结合起来。

学校要结合预案的演练做好预案的宣传解读工作，使师生明了预案文本的内容，特别是明了预案的操作流程。按照事故前、事故中、事故后的不同情况，分类宣传普及应急知识。事故前教育以了解事故的特征和危害为重点，掌握预防、避险的基本技能；事故中教育以自救、互救知识为重点，普及基本逃生手段和防护措施；事故后教育以总结经验教训、恢复正常的秩序、从心理上如何正确面对为重点。要注重用典型案例开展教育，介绍正反案例，剖析预案的重要性和运用预案的经验。

第二，将预案的演练和日常安全防范工作结合起来。

建立预案，加强预案管理是安全管理的一项重要手段，防范安全事故的发生和扩大是预案管理的主要目的，预案的防范、控制措施和日常安全管理中的防范、控制措施紧密交织在一起。通过预案演练，我们能及时发现日常安全防范措施中的漏洞，有助于改进措施，加强管理。

第三，将预案的演练和队伍建设、设施建设结合起来。

学校要积极开展应急处置工作队伍的技能培训，定期进行应急模拟演练，熟练掌握应急处置原则、流程和具体措施，提高协同作战和快速反应能力。要通过预案演练排查隐患，加强整改，推动基础设施建设与改造，增强物防、技防能力。

第四，将预案的演练和修订完善结合起来。

预案是否完善、实用，只有在投入使用的过程中才能体现。因此，根据演练中暴露出来的问题，一方面要对预案的具体环节作进一步修订，包括职责分工、运作流程、处置措施、保障措施等，使之更加周密、明确、便捷、高效；另一方面，有些预案可能需要合并，有的安全防范工作可能需要专门制订新的预案，或是做进一步的修订完善。

案例：北京市某小学逃生演练

北京市有一所小学，学校对安全教育抓得很紧，学生平时也进行过这样的逃生演练，恰好有一天，学校的教学楼旁边煤气管道泄漏，一遇明火就很危险，或者爆炸，或者发生大火。校长很镇静，立即广播通知所有的班级：“我们现在马上进行一次安全逃生演练，请各班按照原来我们演习的步骤、路线、方法带领学生迅速撤离教学楼。”

他没有把实情告诉教师和学生，怕引起恐慌。大部分教师也以为是突然搞一次逃生演练，所以就按照平时的训练和安排，领着学生迅速地撤离了教学楼。到了安全地带校长才跟师生说，确实出事了，这时候大家松了一口气，悬着的心也放下来了。

---

3. 建立校园周边环境整治与信息沟通机制

校园周边环境的管理，并不是学校一家的事情，涉及公安、文化、工商、税务、城管等许多政府职能部门。因此，校长应引领学校积极配合城管、公安部门依法清理整顿校园周围的非法网吧、书摊、歌舞厅、饮食摊点等，严厉打击扰乱正常教学秩序和危害师生安全的流氓团伙和黑恶势力，对校园周边的道路安全设施和交通秩序进行综合整治，为学校安全创造良好的外部环境。

同时，在学校、家庭、社会和政府间建立一种信息传输和反馈机制，使学校、社会和家庭形成合力，齐抓共管，严厉打击危害学校及学生安全的不法行为，切实改善校园周边环境，营造一个安全文明的校园环境。对于政府方面，一旦有危机事件发生，学校要全面如实地向上级政府主管部门报告并保持紧密联系，使之随时掌握危机事件的发展，以取得支持、指导。对于家长方面，学校要通过印发《告家长书》、家访、电访、召开家长会等形式，及时向家长通报学生在校表现以及学校对学生的要求，积极争取家长的支持与配合；同时要告知家长应当将孩子在家庭和社会交往情况及时与学校沟通联系，一旦发现不良倾向，应及时报告学校，共同研究教育方案，预防严重事件的发生。

4. 加强安全教育

安全教育是指通过形式多样、切实有效的方式，向全校师生传播安全知识，教授安全技能，强化安全意识，提高自我防范能力，调动全体成员重视安全的积极性，把“安全放在第一位”的观念变成每一个人的自觉行动。安全教育的主要内容一般包括：宣传贯彻有关安全的法律法规和规章制度，讲解安全事故案例；认识重大危险部位的提醒标识，掌握了解危险操作规程及安全科学理论等。

学校应根据环境、季节及有关规律，进行防火、防盗、防破坏、防治安灾害事故等“四防”教育，并使之经常化、制度化。同时，学校对学生进行安全教育必须注重心理疏导，加强思想政治工作，教育学生注意保持健康的心理状态，帮助学生克服各种原因造成的心理障碍，把事故、案件消灭在萌芽状态，不断提高师生员工的安全价值观，形成有利于安全的思维模式、精神风貌、职业行为规范、安全舆论和习惯，进而形成稳定持久的校园安全文化。

5. 建立良好的危机恢复机制

人类历史上灾难事件从未间断，人类不但没有因此毁灭，相反，每一次灾难事件都给了人类更多的应对灾难的智慧。学校的危机管理，就是一种产生于灾难应对过程的智慧体现。因此，危机结束后的恢复机制，也是危机管理体系中的重要组成部分。如果处理危机的措施得当的话，不仅能够制止危机的蔓延和进一步扩展，降低危机所造成的损失和不利影响，还有可能为学校的发展提供新的机遇。

（1）果断处理已发生的校园安全事件，及时实施心理干预机制

教育行政部门和学校都应建立安全事故应急处置预案。校园危机事件一旦发生，校长应当冷静下来，迅速、准确地确认危机的类型和性质，以最快的速度启动危机应急预案，并由相关人员组成一个指挥中心，在确定危机性质、估量危机的发展趋势及其后果的基础上，协调校内各部门和相关社会职能机构解决应对危机所需的物资和设备。同时，学校还要采取有效措施，隔离危机，不让事态继续蔓延，力求在危机损害扩大之前控制住危机。

已发生的危机事件除了给师生及学生家长带来人员伤亡或财产损失之外，还会给相关人员造成心理上的创伤。处理校园危机事件时，除了对受害者及家属给予物质上的相应赔偿外，更重要的是及时进行心理干预，即通过心理干预的手段和技巧，对危机相关人员进行心理活动的方向、性质、强度和表现形态的控制和调整，从而使人的心理状态和行为方式归于正常。在校园危机管理体系中加强心理干预，能得到师生及学生家长的支持与理解，使在校园危机中受到极大冲击的师生员工心理得到较好的抚慰，避免事态进一步扩大，尽快恢复学校教育教学秩序。

表 8－1　不同级别安全事故应急措施①

级别	事故类型	应对方案
一级	大面积的自然灾害。如 6 级以上地震（近震）袭击、地陷崩塌、重大气象灾害、大火、战争、瘟疫等，造成整个校园几乎不能正常使用，或凶杀命案、投毒、恐怖袭击。	一级针对全校性的动员，组成以学校主要领导为首的领导机构；多是出现了引起重大社会影响的意外事件，需要学校与政府之间进行协作才能解决，需要启动整个学校甚至社会的应急救助与重建计划，预案涉及面最广。
二级	校园局部的灾害。如建（构）筑物倒塌、失火、水灾、局部流行病、传染病、爆炸、毒气泄漏等事故，造成校园局部的危险区。	二级主要以分管校领导为首、校内相关部门参与的机构，应急预案主要涉及相关主管领导与相应部门。二级预案的社会影响较大，也涉及学校相关部门之间的沟通与联系，需要进行部分相关部门之间的协调。
三级	校园内局部的冲突、争吵闹事、食物中毒等。	三级为部门领导为主、相关事件涉及部门组成的机构。三级预案是经常性发生的，也可以说是属于日常管理中的意外事件应急方案范围，影响面相对较小，需要及早制止争端，进行校园自身的安全检查等。

（2）校园安全事故后的恢复重建

当灾害告一段落后，就进入恢复阶段，恢复的工作依所需时间的长短可以分为两类：一类为修复性的恢复，目的是迅速重建至灾害前的面貌；另一类是转型性的恢复，指经过灾害检讨学习后，针对缺失重新做结构性、长期性的改变再造。

二、树立危机意识，加强与校内外的沟通

1. 树立强烈的危机意识

社会经济环境复杂，学校周边治安、交通情况严峻，学生管理千头万绪，

---

① 叶燎原，刘本玉，缪升，肖梅玲．校园安全管理体系的探讨［J］．工程抗震与加固改造，2005（S1）：39－40.

各类偶发、突发事件不断，给校长的安全管理工作带来了极大的压力和挑战。校长必须树立强烈的危机意识，增强责任意识，不厌其烦地做好各项各类检查和管理，才能确保全校师生生命、财产、交通、心理等安全。校长危机意识的强弱，决定其对危机征兆的敏感程度和对危机冲击的回应能力。如果校长的危机意识比较淡漠，那么不仅会导致一些本来可以预防的潜在危机转化为现实危机，还有可能导致在处理危机的过程中难以形成合理决策，甚至贻误时机。反之，危机意识比较强的校长，不仅能及时发现一些危机征兆并采取有效的预防措施，而且在处理危机的过程中也能迅速决策，使损失降到最低。

专栏

校长安全管理时可依据的法律法规

- 基本法律规定

《中华人民共和国义务教育法》《中华人民共和国教师法》《中华人民共和国教育法》《学生伤害事故处理办法》《中小学公共安全教育指导纲要》《中小学幼儿园安全管理办法》

- 学生安全及周边治安管理

《教育部、公安部关于进一步加强学校安全保卫工作的意见》《教育部办公厅关于加强中小学幼儿园校车安全管理的紧急通知》《教育部关于进一步加强中小学安全工作，预防学生拥挤踩踏事故的通知》《教育部办公厅关于做好预防中小学溺水事故工作的通知》《教育部关于切实落实中小学安全工作的通知》《教育部办公厅关于禁止学校非法组织或介绍未成年学生外出务工的通知》《教育部、住房和城乡建设部关于做好学校校舍抗震安全排查及有关事项的通知》

- 学校卫生防疫与食品安全卫生

《学校卫生工作条例》《教育部办公厅关于印发〈中小学生健康体检管理办法〉的通知》

- 学生伤害事故处理与损害赔偿

《国务院关于特大安全事故行政责任追究的规定》《北京市中小学生人身伤害事故预防与处理条例》

要做好危机管理工作，不仅需要校长的努力，而且需要全体师生的积极参与。只有全体师生都具备一定的危机意识，才能不断提高应对危机的能力，才能在危机面前沉着冷静、随机应变。其一，学校通过专题讲座、讨论会、模拟训练、板报宣传等形式，组织广大教职工和全体学生认真学习《中华人民共和国教育法》《中华人民共和国教师法》《中华人民共和国刑法》《中华人民共和国民法通则》《学生伤害事故处理办法》以及其他相关法律法规，不断增强他们的安全意识和危机意识。其二，学校要收集其他学校危机爆发的典型案例或者本校曾经发生过的危机的所有资料，组织教职工和学生进行认真的学习、讨论和反思，分析当时校方所采取措施的得与失，在潜移默化中增强大家的危机意识。其三，组织广大教职工和学生共同讨论校园危机应对预案，并组织教职工和学生进行模拟演习，使大家在感性体验的过程中逐渐增强危机意识。其四，邀请有关专家组织专题讲座，使教职工和学生掌握一些基本的求生知识和技能。总之，强化广大教职工和全体学生的危机意识，有助于学校预防和应对各种危机。

2. 加强自身与校内外各方的沟通能力

校长应该加强自身与校内外各方的沟通能力。有效的沟通与交流，是形成学校和谐氛围和校园文化的基础。首先，在日常工作中要加强与家长、社区和公众的联系。在危机爆发的情况下，学校需要得到家长、社区和公众的信任与理解，而这种信任和理解是在长期的交流和沟通活动中逐渐形成的。其次，在危机爆发后，要与教职工、学生和校外所有相关单位保持良好的沟通与联系。处理任何类型的学校危机，都需要危机管理机构对各个相关方面进行沟通、协调，以便共同决策、统一行动。在学校内部要做好与师生的沟通与协调工作，避免由于师生心理上过度恐慌而导致危机进一步扩展。在学校外部，既要迅速向当地政府和教育行政部门报告准确的危机信息，以便获取政府及教育行政机构的帮助和支持，也要向家长发出公开信，解释危机的性质和学校已经采取的措施及目前危机的状态，以求得学生家长的理解。与此同时，还要根据危机类型和解决危机的需要，积极与附近医院、执法机构、律师、消防机构、排爆机构等相关机构保持良好的联系与交流，以获得这些职能机构的援助。

第二节　校园安全事故处理

如果真的发生了校园安全事故，那么校长该如何应对？本节着重探讨校园安全事故类别和特点，以使校长对此有个整体的认识，然后就几种常见的校园安全事故的处理进行介绍。

一、校园安全事故的类别及特点

1. 校园安全事故的类别

狭义的校园安全事故是指因过失或者意外而导致的学生人身伤害；广义的校园安全事故则将故意导致的学生人身伤害也包括在内，如将教师体罚学生致伤也视为校园安全事故。

校园安全事故的表现是多种多样的，大致可以分为以下几种。

意外伤害。学生在活动、体育课、打闹、上下楼梯、睡高架床、冲开水等过程中，所受到的无意识的、偶然的伤害。

学生间的伤害。在打架、斗殴等事件中，学生受到伤害。

歹徒入侵。学校开除的学生、社会上闲散人员、不法歹徒混入校园，对学生进行骗钱、打劫、报复或更为严重的侵害。

交通安全。主要指走读生往返过程中，偶发的交通事故，其后果可能不堪设想。也包括校园内的车辆造成的伤害事故。

水电安全。学生在校期间，因接触裸露电线而造成触电事故，甚至引发火灾。学生到池塘或江河中洗澡、垂钓、玩耍，造成的落水、溺水事件。

住宿安全。住宿生在校期间的人身安全问题需要特别关注，尤其需要注意女生，特别是走读的女生，早晚往返学校要结伴而行，或由家长专人接送，防止遇到不法分子的打劫。住宿女生夜晚要关紧门窗，预防可能出现的不法侵害。

食品安全。校外的摊点、小吃、袋装食品由于没有安全监制，其来源、质量无法保障，特别是春夏两季，食物容易变质，学生有可能因此发生食物过敏、中毒现象。

2. 校园安全事故的特点

校园是人员密集、活动频繁且生活工作环境复杂的场所，其安全隐患和安全事故的发生，既有其他领域安全事故的一些共性，又有其自身的特点。

一是安全隐患的细微性。校园的安全隐患往往是某一方面的细小疏漏，或某一环节的不规范，或某一种程序的不落实造成的。比如：某一阀门没及时关闭，蔬菜加工没烧透，门卫没认真检查，地下井盖没盖严，线路没及时更换等。一些细小失误极易导致事故的发生。俗话说，“千里之堤，溃于蚁穴”，安全不可有半点疏忽。

二是安全隐患的广泛性。校园生活涉及师生教学、活动、交往的各个环节。每一个环节、每一时刻都可能存在安全问题。事故隐患是与事物的发展结伴而行的，只要有生活就会有安全问题，只要有人就有安全问题。安全问题无处不在、无时不有，广泛存在于校园生活的每一角落，存在于每位师生的工作生活之中。

三是安全隐患的潜在性。事故的发生有时是事件的组织者存在侥幸心理，对事故的隐患注意不够，教育宣传不够，对发现的隐患及时处理不够。意识上麻痹、思想上放松、行为上粗略，是最大的潜在隐患。

二、学生伤害事故的责任认定

《中华人民共和国民法通则》（以下简称《民法通则》）规定，公民或法人侵犯他人的民事权利，违反民事义务，行为人应承担民事法律责任。在学生伤害事故中，学生的人身或者财产受到了侵害，自然应当由施害人承担相应的民事赔偿责任。《民法通则》还规定，对承担民事责任的公民、法人需要追究行政责任的，应当追究责任；构成犯罪的，对公民、法人的法定代表人应当依法追究刑事责任。

专栏

三种法律责任

- 行政法律责任，是指行政法律关系主体违反行政法律规范，构成行政违法而应当依法承担的否定性的法律后果。
- 民事法律责任，是指民事法律关系主体违反民法的规定，破坏了平等主体之间正常的财产关系或人身关系，依照法律规定应承担的民事法律责任。这是一种以财产责任为主要内容的责任。
- 刑事法律责任，是指刑事法律关系主体实施的行为触犯了刑法、达到犯罪的程度时，所必须承担的法律后果。这种责任的承担方式是刑事制裁即刑罚。

基于《民法通则》及相关法律法规的规定，在学校实施的教育教学活动或者学校组织的校外活动中，以及在学校负有管理责任的校舍、场地、其他教育教学设施、生活设施内发生的，造成在校学生人身损害后果的事故，其责任认定大致可以包括两类：一类是学校因过失应当承担赔偿责任，另一类是学校承担赔偿责任的某些特殊情况。

1. 学校因过失侵权而承担赔偿责任

根据我国相关法律的规定，在学生受到伤害的过程中，学校及教师有过错的，就应承担相应的赔偿责任；没有过错的，就不用承担赔偿责任。

> **专栏**
>
> **相关法律依据**
>
> •《最高人民法院关于贯彻执行〈中华人民共和国民法通则〉若干问题的意见（试行）》第 160 条：在幼儿园、学校生活、学习的无民事行为能力人……受到伤害或者给他人造成损害，单位有过错的，可以责令这些单位适当给予赔偿。（1988 年 1 月 26 日通过）
>
> •《最高人民法院关于审理人身损害赔偿案件适用法律若干问题的解释》第 7 条：对未成年人依法负有教育、管理、保护义务的学校、幼儿园或者其他教育机构，未尽职责范围内的相关义务致使未成年人遭受人身损害，或者未成年人致他人人身损害的，应当承担与其过错相应的赔偿责任。（2004 年 5 月 1 日生效）
>
> •《中华人民共和国侵权责任法》（以下简称《侵权责任法》）（2009 年 12 月 26 日通过，2010 年 7 月 1 日起施行）第 39 条：限制民事行为能力人在学校或者其他教育机构学习、生活期间受到人身损害，学校或者其他教育机构未尽到教育、管理职责的，应当承担责任。《侵权责任法》第 40 条：无民事行为能力人或者限制民事行为能力人在幼儿园、学校或者其他教育机构学习、生活期间，受到幼儿园、学校或者其他教育机构以外的人员人身损害的，由侵权人承担侵权责任；幼儿园、学校或者其他教育机构未尽到管理职责的，承担相应的赔偿责任。

（1）过错责任的承担要件

过错责任的承担要件包括四个方面：

其一，行为的违法性。行为的违法性是行为人承担民事责任的先决条件。违法行为包括作为的违法行为和不作为的违法行为。有些行为在形式上是故意给他人造成损害，如职务行为（如行政拘留和罚款）、正当防卫行为、紧急避险行为、业务行为（医生开刀）、履行法定义务行为（学校依法管理学生）等，但这些行为是经法律允许的行为，故不属违法行为。

其二，有损害后果的存在。损害包括财产损害（直接损失和间接损失）、人身伤害造成的财产损失和精神损害（精神压抑、痛苦等）。若无损害，行为人就没必要承担民事责任。

其三，违法行为与损害后果之间有因果联系。这种因果联系应是内在的、必然的联系。比如：教师批评学生，而后学生自杀。教师的教育管理行为与学生的自杀后果之间便不存在必然因果联系，学生自杀自伤的主要原因在于学生的心理承受能力比较差，如果换一个学生，那么可能就不会是这个结果。

其四，行为人主观上有过错。过错是指行为人实施违法行为时的心理状态，包括故意和过失。行为人主观上无过错，即便客观上造成一定的损害结果，也无须承担民事责任。

（2）过错的类型

过错包括故意和过失两种情况。

故意指的是行为人明知自己的行为会发生危害社会的结果，还希望或者放任这种结果的发生的一种主观心理状态。

过失则是指行为人应该预见到自己的行为可能发生危害社会的结果，因为疏忽大意而未预见到，或者已经预见到，却存有侥幸心理而轻信能够避免的一种心理状态。

案例：课间休息时学生眼睛被扎伤

原告陈某与被告李某同为某中学初一学生，但不在一个班。某日课间，原告陈某坐在自己的桌位上温习功课，被被告李某扔来的一块玻璃片击中致伤右眼，当即被送往市中心医院医治。该院专科检查：陈某右眼视力无光感，左眼1.2，右眼眼压正常，右眼结膜轻度充血，无水肿，角膜中央见“人”字形破口，长约10毫米，下方达角巩缘，边缘不整齐，伤口洁净，有巩缘处见小块虹膜贯通伤，右眼内容物脱出，右眼内出血。两家家长就赔偿问题不能达成协议，诉至法院。

本案是学校课间休息时学生之间所发生的人身伤害事故，学生陈某为受害人，李某为加害人。诉讼案由是人身伤害的赔偿问题。李某的行为为违反民法的行为，符合承担民事责任的四个要件：（1）有损害事实的存在。陈某右眼虹膜贯通伤，右眼内容物脱出，右眼内出血，这是直接的人身损害。（2）李某的行为属于违法行为。（3）李某主观上有过错。李某对陈某的人身伤害不是出于主观上的故意而是出于主观上的过失。（4）李某的行为与陈某人身受伤害之间有必然的因果联系。在本案中，学校并无过错，因此，应由李某承担全部民事责任。

（3）判断学校是否因过失而承担相应责任的流程

学生伤害事故中，学校是否因为有过失而承担相应赔偿责任，大致可以参照图 8－1 的流程来判断。

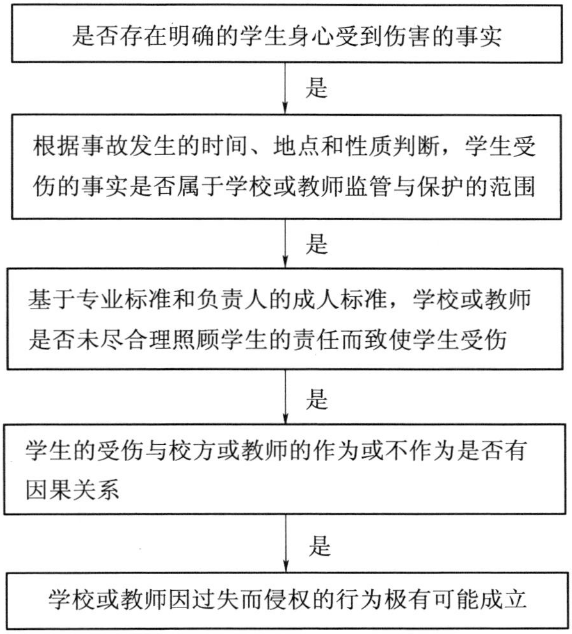

图 8－1　判断学校是否因过失而承担相应赔偿责任的流程

2. 学校承担赔偿责任的特殊侵权形式

（1）职务侵权导致的损害

职务侵权行为的民事责任是指国家机关或国家工作人员侵权的民事责任。《民法通则》第 121 条规定：“国家机关或者国家机关工作人员在执行职务中，侵犯公民、法人的合法权益造成损害的，应当承担民事责任。”教师在教育教学及管理学生的过程中因方法不适当而侵犯了学生人身权利的现象也属于职务侵权。

案例：黄老师因公致学生受伤诉讼案

王某系某小学的学生，黄某系该校的教师。某日上午，班主任黄某按照学校的工作要求，欲把学校新发放的扫把挂在墙角上，遂利用第二节与第三节课的课间时间在墙上钉铁钉挂扫把，在钉铁钉过程中，铁钉折断而射伤了围观的王某的左眼睛。黄老师对王某的左眼进行了简单清洗，然后让其继续上课。第二天，王某觉得左眼疼痛难忍，告知父亲，王父到学校问清情况后，见原告的伤情严重且无好转迹象，遂于第三日送王某到市中医院治疗。医院对王某的眼伤做初步消炎和眼角膜修复术治疗，对于摘除白内障、晶体植入术，因晶体浑浊，不能同时治疗，建议出院，待续治疗。之后，医院建议王某入院进行白内障摘除手术。

本案中黄某在墙上钉铁钉的行为是在履行学校的职责，属于教师在执行职务中的侵权行为。教师在执行职务中的侵权行为，应该由学校承担赔偿责任。但是，黄某在钉铁钉的过程中，应该预见到行为的危险性，而黄某由于疏忽大意而没有注意到围观的学生，未对学生尽到相应的注意义务，黄某在这一事件中主观上有过错。所以，学校可以对教师行使追偿权。

（2）无民事行为能力人和限制民事行为能力人造成他人的损害

《民法通则》第133条规定："无民事行为能力人、限制民事行为能力人造成他人损害的，由监护人承担民事责任。监护人尽了监护责任的，可以适当减轻他的民事责任。"中小学生从年龄上看，一般皆属无民事行为能力人和限制民事行为能力人，且绝大多数无个人收入和个人财产，如果他们给他人造成了财产和人身的损害，应由其监护人承担民事赔偿责任。

公民的民事行为能力是指公民以自己的行为享受民事权利和承担民事义务的能力。它并非人人皆有，也非始于出生。只有当公民智力发育成熟或智力正常，能够较理智地理解和判断自己的行为后果，能够较审慎地处理自己的事务时，才算具备了行为能力。

根据民事行为能力的不同，可将民事行为能力人分为三种。

第一种：完全民事行为能力人。完全民事行为能力是公民能够通过自己独立的行为行使民事权利，履行民事义务的能力。《民法通则》规定，18周岁以上的公民是成年人，具有完全民事行为能力，可以独立进行民事活动，是完全民事行为能力人。16至18周岁的公民，以自己的劳动收入为主要生活来源的，视为完全民事行为能力人。

第二种：限制民事行为能力人。亦称部分民事行为能力人或不完全民事行为能力人。10周岁以上的未成年人是限制民事行为能力人，可以进行与他的年龄、智力相适应的民事活动；其他民事活动由他的法定代理人代理，或者征得他的法定代理人的同意。

第三种：无民事行为能力人。不满10周岁的未成年人是无民事行为能力人，由他的代理人代理民事活动。

无民事行为能力人实施的民事行为和限制民事行为能力人依法不能实施的民事行为皆属无效民事行为。无民事行为能力人、限制民事行为能力人的监护人是他的法定代理人。从我国学生的年龄结构看，我国小学和初中的全部学生以及高中阶段的部分学生基本上属于无民事行为能力人和限制民事行为能力人。

那么，学校到底是不是在校学生的监护人？让我们看看关于未成年人监护人的法律规定。《民法通则》第16条规定："未成年人的父母是未成年人的监护人。未成年人的父母已经死亡或者没有监护能力的，由下列人员中有监护能力的人担任监护人：（一）祖父母、外祖父母；（二）兄、姐；（三）关系密切的其他亲属、朋友愿意承担监护责任，经未成年人父、母的所在单位或者未成年人住所地的居民委员会、村民委员会同意的。对担任监护人有争议的，由未成年人父、母的所在单位或者未成年人住所地的居民委员会、村民委员会在近亲属中指定。对指定不服提起诉讼的，由人民法院裁决。没有第一款、第二款规定的监护人的，由未成年人的父、母的所在单位或者未成年人住所地的居民委员会、村民委员会或者民政部门担任监护人。"

《最高人民法院关于贯彻执行〈中华人民共和国民法通则〉若干问题的意见（试行）》规定监护人的责任包括：（1）保护被监护人的身体健康；（2）照顾被监护人的生活；（3）管理和保护被监护人的财产；（4）代理被监护人进行民事活动；（5）对被监护人进行管理和教育。

从上述法律条文的规定来看，对于绝大多数在校学生来说，学校不是他们的监护人，学校无论如何是承担不起这些责任的。因此，在大多数的学生伤害事故中，学校并不因为监护人的身份而承担责任，学校承担民事责任的主要判断依据还是看其在学生受伤的事件中是否有过错。

案例：幼儿园是否要赔偿?

高某（6岁）是某幼儿园大班孩子。某日下午5时许，幼儿下课后由老师带着上厕所，准备放学。高某跑进厕所准备上厕所，见金某（5岁，幼儿园中班孩子）正在小便，便一把将金某推开，不料金某没站住摔倒在厕所的墙角，幼儿园老师赶忙把金某扶起，并对高某进行了批评。金某当时感到右腿很痛，待其父母把他接回家后腿部更痛，并鼓起一个大包。金某的父亲连夜将金某送到医院检查，医院诊断为右腿大腿骨骨折，住院60天，共花去医疗费8000多元，金某的父母因照顾金某而误工减少收入16000多元。待金某出院后，金某的父亲以金某法定代理人的身份，向人民法院提起诉讼，要求高某的父母赔偿金某的医疗费及金某父母因照顾金某的误工收入。

在本案中，金某所遭受的伤害，完全是因为高某将其推倒造成的，因此，高某的父母应对高某的行为承担民事责任。尽管金某的伤害是在幼儿园造成的，但幼儿园的老师对高某将金某推倒根本就无法预料，幼儿园及老师在这一损害事故中没有过错，因此，幼儿园对金某的伤害不应承担民事责任。

对于在幼儿园和学校学习、生活的无民事行为能力人来说，幼儿园和学校仅负有一定的监督、管理和保护的职责，并不是监护人。只能在幼儿园和学校对造成孩子伤害有过错时，才适当地承担一定的责任。

（3）饲养动物造成他人的损害

《民法通则》第 127 条规定：“饲养的动物造成他人损害的，动物饲养人或者管理人应当承担民事责任；由于受害人的过错造成损害的，动物饲养人或者管理人不承担民事责任；由于第三人的过错造成损害的，第三人应当承担民事责任。”

因饲养动物而造成学生伤害事故的，在学校中也不乏案例存在。

案例：家犬跑入学校咬伤学生

湖南省某乡北山小学位于人口比较密集的居民区内。某日，居民张某饲养的黑贝狼狗突然挣脱主人的控制，直接窜入北山小学的校园内，狂叫着乱扑乱咬。当时，北山小学的全体师生正在学校操场上做课间操，学生们吓得四处躲避。教师们一面忙着整顿秩序，安排学生退进教室；一面呼喊让张某赶快制住狼狗、牵出校园。但事故还是发生了。一年级女学生王某由于惊慌失措，不但未进教室，反而向校门跑去，终于躲避不及被狼狗扑倒。教师们和张某急忙上前抢救，狼狗被张某拽住，而学生王某被狗抓伤脸部、咬伤胳膊和小腿共 3 处，流血不止。教师们立即将王某送入村卫生室抢救，才脱离危险。随后，王某转到县城医院治疗伤口。

在本案中，尽管学生被咬伤事件发生在学校，但学校并无过错，依有关法律规定，学校不承担民事责任。学生王某被咬伤，应由狗的饲养人张某承担全

部赔偿责任。

（4）设施设备及其搁置物等脱落造成的学生伤害

《民法通则》第126条规定：“建筑物或者其他设施以及建筑物上的搁置物、悬挂物发生倒塌、脱落、坠落造成他人损害的，它的所有人或者管理人应当承担民事责任，但能够证明自己没有过错的除外。”《侵权责任法》第85条规定：“建筑物、构筑物或者其他设施及其搁置物、悬挂物发生脱落、坠落造成他人损害，所有人、管理人或者使用人不能证明自己没有过错的，应当承担侵权责任。所有人、管理人或者使用人赔偿后，有其他责任人的，有权向其他责任人追偿。”

案例：学生宿舍楼贴面砖脱落将学生砸死

某日上午8时30分，辽宁省鞍山市某校的学生卜某和任某从宿舍到教学楼去上课，他们刚走出宿舍2米左右，便被突然从宿舍楼第9层楼外墙面脱落下来的贴面砖砸伤，卜某经抢救无效，死在手术台上，任某受伤。

在某些情况下，很难判明行为人是否有过错，这时可实行过错推定，即只要行为人不能证明其没有过错，就推定其有过错，从而使其承担民事责任。在本案例中，学校是学生宿舍楼的所有人和管理人，学校不能证明自己没有过错，就可以认为学校有过错（过失），应当承担相应的赔偿责任。

专栏

《学生伤害事故处理办法》中关于学校是否承担责任的规定

第9条：因下列情形之一造成的学生伤害事故，学校应当依法承担相应的责任：

（一）学校的校舍、场地、其他公共设施，以及学校提供给学生使用的学具、教育教学和生活设施、设备不符合国家规定的标准，或者有明显不安全因素的；

（二）学校的安全保卫、消防、设施设备管理等安全管理制度有明显疏漏，或者管理混乱，存在重大安全隐患，而未及时采取措施的；

（三）学校向学生提供的药品、食品、饮用水等不符合国家或者行业的有关标准、要求的；

（四）学校组织学生参加教育教学活动或者校外活动，未对学生进行相应的安全教育，并未在可预见的范围内采取必要的安全措施的；

（五）学校知道教师或者其他工作人员患有不适宜担任教育教学工作的疾病，但未采取必要措施的；

（六）学校违反有关规定，组织或者安排未成年学生从事不宜未成年人参加的劳动、体育运动或者其他活动的；

（七）学生有特异体质或者特定疾病，不宜参加某种教育教学活动，学校知道或者应当知道，但未予以必要的注意的；

（八）学生在校期间突发疾病或者受到伤害，学校发现，但未根据实际情况及时采取相应措施，导致不良后果加重的；

（九）学校教师或者其他工作人员体罚或者变相体罚学生，或者在履行职责过程中违反工作要求、操作规程、职业道德或者其他有关规定的；

（十）学校教师或者其他工作人员在负有组织、管理未成年学生的职责期间，发现学生行为具有危险性，但未进行必要的管理、告诫或者制止的；

（十一）对未成年学生擅自离校等与学生人身安全直接相关的信息，学校发现或者知道，但未及时告知未成年学生的监护人，导致未成年学生因脱离监护人的保护而发生伤害的；

（十二）学校有未依法履行职责的其他情形的。

第 12 条：因下列情形之一造成的学生伤害事故，学校已履行了相应职责，行为并无不当的，无法律责任：

（一）地震、雷击、台风、洪水等不可抗的自然因素造成的；

（二）来自学校外部的突发性、偶发性侵害造成的；

（三）学生有特异体质、特定疾病或者异常心理状态，学校不知道或者难于知道的；

（四）学生自杀、自伤的；

（五）在对抗性或者具有风险性的体育竞赛活动中发生意外伤害的；

（六）其他意外因素造成的。

第 13 条：下列情形下发生的造成学生人身损害后果的事故，学校行为并无不当的，不承担事故责任；事故责任应当按有关法律法规或者其他有关规定认定：

（一）在学生自行上学、放学、返校、离校途中发生的；

（二）在学生自行外出或者擅自离校期间发生的；

（三）在放学后、节假日或者假期等学校工作时间以外，学生自行滞留学校或者自行到校发生的；

（四）其他在学校管理职责范围外发生的。

第 14 条：因学校教师或者其他工作人员与其职务无关的个人行为，或者因学生、教师及其他个人故意实施的违法犯罪行为，造成学生人身损害的，由致害人依法承担相应的责任。

三、学生伤害事故的赔偿问题

1. 学生伤害事故的赔偿范围

《侵权责任法》第 16 条规定：“侵害他人造成人身损害的，应当赔偿医疗费、护理费、交通费等为治疗和康复支出的合理费用，以及因误工减少的收入。造成残疾的，还应当赔偿残疾生活辅助具费和残疾赔偿金。造成死亡的，还应当赔偿丧葬费和死亡赔偿金。”《侵权责任法》第 22 条规定：“侵害他人人身权益，造成他人严重精神损害的，被侵权人可以请求精神损害赔偿。”

2. 学生伤害事故的赔偿方式

《侵权行为法》第 25 条规定：“损害发生后，当事人可以协商赔偿费用的支付方式。协商不一致的，赔偿费用应当一次性支付；一次性支付确有困难的，可以分期支付，但应当提供相应的担保。”

四、学生伤害纠纷的解决方式

一旦出现学生伤害事故，就面临着怎样解决的问题。一般来说，这一类纠纷的解决方式包括非诉讼调解和民事诉讼两种。

1. 非诉讼调解

非诉讼调解就是人们常说的“私了”，就是学生伤害事故涉及的各方人等坐到一起，共同协商一个大家都能认可且接受的处理方法。需要说明的是，非诉讼调解的结果不具有法律效力，各方随时可以反悔。

2. 民事诉讼

民事诉讼也就是通常所说的“打官司”。在有关学生伤害的民事诉讼中，原告一般来说指的是人身权利受到侵害的学生，如果学生年龄小，属于无民事行为能力人或者限制民事行为能力人，也可以由其监护人作为法定代理人代其提出诉讼。被告则是侵害了学生人身权利的自然人或者法人。主管机关为当地基层法院。

民事诉讼的一般程序是：“起诉—裁定（不予受理或者受理）—审理—裁定驳回起诉或者作出判决”。如果原告和被告对一审结果均没有异议，则执行一审判决或者裁定；如果有一方不服该结果，则必须在法定期限内（判决 15 天，裁定 10 天）提出上诉，进入二审程序。二审的裁定或者判决必须执行、不能上诉，因为我国实施的是二审终审制。

专栏

《学生伤害事故处理办法》中关于学生伤害事故的处理程序的规定

第 15 条：发生学生伤害事故，学校应当及时救助受伤害学生，并应当及时告知未成年学生的监护人；有条件的，应当采取紧急救援等方式救助。

第 16 条：发生学生伤害事故，情形严重的，学校应当及时向主管教育行政部门及有关部门报告；属于重大伤亡事故的，教育行政部门应当按照有关规定及时向同级人民政府和上一级教育行政部门报告。

第 17 条：学校的主管教育行政部门应学校要求或者认为必要，可以指导、协助学校进行事故的处理工作，尽快恢复学校正常的教育教学秩序。

第 18 条：发生学生伤害事故，学校与受伤害学生或者学生家长可以通过协商方式解决；双方自愿，可以书面请求主管教育行政部门进行调解。

第 22 条：事故处理结束，学校应当将事故处理结果书面报告主管的教育行政部门；重大伤亡事故的处理结果，学校主管的教育行政部门应当向同级人民政府和上一级教育行政部门报告。

推荐阅读

1. 褚宏启．中小学法律问题分析：理论篇［M］．北京：红旗出版社，2002.
2. 褚宏启．教育法制基础［M］．北京：北京师范大学出版社，2002.
3. 秦梦群．美国教育法与判例［M］．北京：北京大学出版社，2006.

第九章
公共关系管理

公共关系实践既是一门艺术，又是一门社会科学。它分析发展趋势，预测发展结果，对组织管理者进行咨询建议，同时负责制定和实施符合组织与公众双方利益的行动方案。

——世界公共关系协会

在教育变革与发展过程中，学校与社会各界的联系愈益密切。学校如何建立规范的公共关系管理体制？如何与公众进行有效的信息沟通？如何塑造良好的学校形象，赢取公众的理解与支持？这一系列问题已成为校长必须考虑并妥善解决的问题。

校长只有对现代公共关系的基本内涵及常规的管理方式有所了解，才会更有效地进行学校公共关系管理，塑造学校良好形象，提升学校办学品位。本章将通过对公共关系管理的基本知识和技能的解析，为校长进行公共关系管理提供帮助。

第一节　校长如何进行公共关系管理

自成为校长的那一刻起，校长便成为学校公共关系中的灵魂人物，对学校公共关系管理负起了当然责任。校长如何进行公共关系管理？在进入具体的学校公共关系管理领域之前，我们有必要关注校长进行公共关系管理的基本路径。

一、了解现代公共关系管理的基本知识

当前，有些校长对公共关系管理的认识还不尽全面，认为公共关系管理无外乎搞好和各方各面的关系，甚至直白化为“拉关系”，实际上并非如此。校长应该对现代公共关系知识有所了解。

1. 现代公共关系的本质和构成要素

一般认为，公共关系在本质上是指组织通过传播手段与公众建立良好关系并与公众共享利益。公共关系的三要素是：社会组织、传播沟通、公众。社会组织是公共关系活动的发起者，是公共关系活动的主体，没有社会组织就没有公共关系；传播沟通是公共关系活动的手段和媒介，没有传播也就没有公共关系；公众是公共关系的对象，是指与特定的公共关系主体相互联系与相互作用的个人、群体或组织的总和，是公共关系传播沟通对象的总称。协调三要素之间的关系，是公共关系活动的基本规律。

组织的公共关系活动有内部和外部之分。组织内部的公共关系活动主要是指借助于公共关系的传播、沟通手段，通过协调沟通，达到内求团结的目的。组织外部的公共关系是指与组织生存发展过程中发生一定联系的外部公众关系的总和，是制约组织发展的社会生态环境，具体包括与服务对象、社区、政府、媒体、竞争者之间的关系等。

2. 正确定位现代学校公共关系

一般而言，学校公共关系管理是指学校为实现组织发展目标所展开的一系列有计划、有组织、有步骤的协调学校内外关系的管理活动，目标是追求公众对学校的理解、信任和支持。学校公共关系也可分为内部公共关系和外部公共关系。学校内部的公共关系，包括校内个人、班级、年级、学校领导层等不同层次组织或人员之间，以及同一层次组织或人员相互之间关系的协调与沟通。学校外部公共关系，主要指学校与家庭、社区、上级、同行、媒体、校友等组织或人员间的关系。

二、学校外部公共关系的管理

因本书中关于学校内部公共关系的常规管理已散见于前述各章节，故本章不再赘述，仅以学校外部公共关系的管理为主要关注对象进行探讨。

专栏

公共关系理论产生时期的三个代表性人物及其公关信条

➢ 第一个时期：19 世纪中叶的巴纳姆时期。巴纳姆的公关信条是“凡宣传皆是好事”。他虽然开创了形象宣传的先河，但却没有主张以事实为根据。

➢ 第二个时期：20 世纪初的艾维・李时期。以艾维・李为代表的“说真话”的公共关系时代，其公关信条是“公众需要被告知”。

➢ 第三个时期：20 世纪 20 年代的伯纳斯时期。伯纳斯写出了第一部公共关系著作，并把公共关系从新闻出版领域分离出来，成为一门新型的管理艺术。他的公关信条是“有的放矢地做好公关工作”和“投公众所好”。

1. 校长要树立良好的公共管理意识

首先，校长要树立现代公共关系意识。现代公共关系意识是形象意识、公众意识、沟通意识、信誉意识、服务意识、责任意识、合作意识、创新意识、时效意识、战略意识、审美意识和信息意识的总和。

其次，校长要根据本校的办学理念与发展特色，制订符合本校发展需求的公共关系战略。校长的公共关系行动一定要从本校出发、立足本校实际、为了本校发展，一切为了师生的健康成长。

最后，要有全局观念。校长秉持健康的公共关系心态，对于学校要建设什么样的公共关系品牌、联系哪些关键的公共关系对象、可能会遇到哪些公共关系事件、如何应对公共关系事件、如何通过公共关系管理建立良好的学校形象等，都应有整体考虑。

2. 抓好公共关系管理的组织建设

虽然很多学校没有建立专门的公共关系管理部门，但对公共关系的管理应有相应的人员与制度保障。一般而言，学校最好指定专人进行学校公共关系管理。在人员的选择上，校长要履行其人事管理职能，发挥其人事影响力，在各种场合传达人员选择的理念与标准。一般而言，学校的公共关系管理人员要熟悉学校内外情况，其虽然不一定参与所有的公共关系活动，但要对学校的所有公共关系活动进行规范与引领，对涉及学校声誉与形象的事件与社会各界进行及时沟通与交流。

同时，校长应引领学校建立相关制度。一般而言，与学校公共关系管理相关的制度可包括以下几方面内容。

（1）干部师生对外交往礼仪规范。

（2）学校公共关系管理人员基本守则。

（3）学校公共信息管理与公开制度。

（4）学校特殊事件（紧急事件、危机事件等）处理流程。

三、借助专业力量进行公共关系管理

在学校公共关系管理中，校长至少可借助以下专业力量提升学校公共关系管理水平，建立良好的学校形象。

1. 专业公共关系机构或人员

目前在中国，专业的公共关系管理机构多具有外资背景，多以大中型企业为服务对象，但近年来其业务范围也开始向教育领域拓展。同时，一些国内人士创建的文化发展公司、教育咨询与培训公司，在某种程度上也开始具有公共关系管理机构的性质。校长可借助这类机构，让其对学校的公共关系资源进行专业化调查，制定学校的公共关系发展策略，规范与规划学校的公共关系行为。

在与此类机构合作时，校长既要为这些机构的专业行为提供便利，也要注意保护学校及师生的自身权益。

案例：北京市某中学的公关策略

北京市某中学是具有百年历史的全国名校。在百年校庆之前，学校请专业的文化发展公司对学校进行整体研究与设计。这个文化公司由几部分人员组成：资深教育管理专家、专业市场营销人员、熟悉学校事务的传媒人士。文化公司专业力量的参与，使学校在百年校庆筹备与举办过程中，既节约了学校的人力成本——校长和教师不至于因为校庆而影响了常规工作，也因该公司的专业化运作，提升了这所百年老校的整体形象。校庆后，这所学校请该公司继续参与学校的品牌管理工作。

校庆类的大型活动往往是对学校公共关系管理水平的整体检验。许多学校为此举全校之力，调动全校教职工、学生，甚至学生家长、教职工家属的力量全程参与，耗时至少半年，有的学校甚至花费两三年时间，效果却不甚理想。虽然这一过程在某种程度上也是学校文化的形成过程，但不可否认，在这个过程中因缺乏专业运作知识而带来的人员精力虚耗、财物浪费损毁的现象屡见不鲜，尤其重要的是影响了学校的正常教育教学秩序。许多校长称大型活动后“像大病了一场”一样，就与此有关。案例中该校校长在征求教职工意见、校领导班子讨论后，果断决定把能“外包”的工作交给专业机构来做，把本校的工作重心仍放在校内教育教学上，显示了这所百年老校与时俱进的气魄与智慧。现代化社会已经是一个专业分工极其精细化的合作社会，校长应该学会利用各种专业机构力量，提升自己的公共关系管理水平，用“巧劲”，做“大事”。

2. 专业法律机构或人员

目前许多学校在发展过程中，经常遭遇与法律有关的问题的困扰。为此，校长可物色专职律师或与律师事务所合作，为学校聘请长期法律顾问，请法律专业人员对学校出台的各项规章制度、对外交往文件进行审订。在学校遭遇危机事件时，请律师在第一时间介入。

在选择律师或律师事务所时，校长至少要关注以下几方面事务：（1）资质：律师是否有国家承认的从业资格，律师事务所是否具有合法的营业资质；（2）实力：律师事务所的人员组成，律师的从业背景与经验，律师及事务所的社会关系广度与深度；（3）业绩：已往该事务所或该律师曾经做过哪些比较成功的案例；（4）合作细节：学校支付律师咨询费用的方式、数额，律师的工作范围等，都应事先约定。

专栏

律师必审的文件

- 学校与校外机构或人员经济往来的所有文件。
- 学校内部绩效工资及福利待遇分配方案。
- 关于师生行为规范的文件。
- 教职工的劳务劳动合同。

- 有关向学生收费的文件。
- 学校需要尽义务或承担责任的文件。
- 其他容易产生法律纠纷的文件。

在学校所有的公众中，学生家长是与学校联系最紧密的公众，也是对学校工作最认真、最关注的评判者，同时，还是学校形象最主动、最积极、最有影响力的传播者。因此，校长应高度重视家校合作，并将其作为学校公共关系管理的重点工作之一。

第二节　家校合作

家校合作是指家庭和学校为促进青少年儿童健康发展而进行的相互配合、相互协调的互助活动。家校合作不仅对青少年儿童的发展具有很大的推动作用，而且对提高家长和教育工作者的教育水平、提升学校管理品质都有重要的意义。

一、校长推进家校合作的主要工作

1. 了解当前家校合作中存在的主要问题

目前许多学校在家校合作中主要存在以下几方面的问题：其一，理念落后。校长和教职工对家校合作的重视不够。其二，缺乏整体系统规划。家校交往活动的随意性、盲目性很强。其三，合作色彩不强。家校联系中多以学校为中心，家庭更多地处于一种被动状态。其四，内容单一。学校与家长交流的内容多以学生学习和纪律方面的问题为主。其五，方法简单，途径单一，技能缺失。校长只有关注到目前多数学校在家校合作中存在的主要问题，才能更有效地引领本校家校合作活动。

2. 引导教职工理解和重视家长的高期待

望子成龙、望女成凤是家长们的普遍心态。但高期待并不意味着家长就能给予孩子最恰切的教育，反而可能因为这种高期待而给学生发展和学校教育带来负面影响：其一，在教育理念和教育方法上可能会急于求成、急功近利，从而给学校的教学和管理增加难度。其二，给孩子带来一定的心理压力，在一定程度上影响孩子的正常成长。这就产生了家长对子女和学校教育的高要求与学校教育现状之间的矛盾，这往往是带来家校冲突的根源性原因。

如何调和这对矛盾，是校长面临的重大问题。为此，校长一方面要引导教职工多从家长的角度思考问题，理解家长，宽容以待；另一方面，校长应积极与家长沟通，向家长实事求是地介绍学校的办学理念与发展状况，了解家长们的想法和意见，引导家长注重孩子综合素质的培养和提高，注意家庭教育方式，从而赢得家长的信任与支持。

3. 分析本校家校合作现状

校长应对本校的家校合作情况有一个清晰的认识。至少应清楚以下情况。

（1）上级教育行政主管部门对家校合作的政策、措施。

（2）本社区的整体社会政治、经济、历史及文化氛围。

（3）目前本校在开展家校合作中存在的主要问题。

（4）本校家校合作中的已有成果和经验，学校传统的家校合作项目。

（5）本校学生家庭的基本情况。

（6）学生对家校合作的态度和意见。

（7）学校能调动的家校合作资源。

4. 探索适合本校校情的家校合作模式

在清楚学校的家校合作状况、优势与劣势后，学校应尽可能地激发家长的参与热情，深挖家长中蕴藏的教育资源，针对家校合作的具体方式进行研究与探索。

首先，正确定位学校在家校合作中的角色——组织者、管理者、服务者。学校要尽到组织者的责任和义务，做好管理者的工作，扮演好服务者的角色。校长应引领全校教职工，本着以学生为本的办学理念，为家长做好服务工作。

其次，推动学校制订出有利于家长参与学校教育的规则，欢迎、鼓励家长参与学校活动。

再次，建立有利于家长参与的组织，让家长对这一组织产生归属感，愿意在“自己”组织的协调下参与学校活动。例如：一些地方建立了家长委员会、家长议事会等。

最后，根据本校学生和家长的特点和需求，设计相关活动。学校最好在每学期或学年开学时，就明确地通知家长本学期或学年有哪些与家长有关的活动，使家长心中有数。

二、学校开展家校合作的主要内容

校长要领导学校有效开展家校合作，就应该首先对家校合作的内容有所了解。一般而言，家校合作有以下几方面内容。

1. 了解家长对学校的意见

家长是对学校教育教学质量最为关注的群体。因此，校长有必要定期安排、组织各种会议和活动，主动征询、了解家长对学校工作的意见和看法。当家长对学校的政策或活动提出异议时，校长切不可认为这是对自己权威的挑战，而要把其看作对学校工作的关心和督促。听取家长的意见时，校长和教师都要以真诚、谦逊的态度，与家长进行有效交流。

2. 提升家长的家庭教育素养

学生家长的文化背景、受教育程度各不相同，许多家长并没有接受过教育理论及方法的系统训练。他们虽有很强烈的教育孩子的愿望却又未掌握合理、科学的教育方法，致使家庭教育效果不够理想。

学校有责任帮助家长理解教育、有效参与教育活动。校长应引领学校通过恰当的方式，如组织专业人士、教育专家对家长进行必要的教育学知识以及专门的教育技能培训等，让家长了解先进的教育理念，清楚学校的办学宗旨及教育方式，充分意识到自己在子女教育中的权利和义务，从而提升其教育素养，增进其家庭教育能力。

3. 增进家长对学校的理解

许多误解和冲突往往源于沟通不够。校长应引导学校通过公共关系活动，让家长了解学校，知晓学校的日常管理与运转情况，如管理机制、日常活动、学科安排、课程设置、孩子所在班级情况等。校长要创造各种有利条件，让家长充分意识到自己角色的重要性，让他们真正以“局内人”的身份进入学校生活。这样，家长们对学校的教育决策与行为就会更支持。

4. 充分利用家长中蕴含的教育资源

首先，家长与孩子接触的时间最长，对孩子的了解最为全面。校长应引导教师多与家长进行有效交流，了解学生的各种信息，以便于更好地进行因材施教。

其次，家长来自不同行业，他们各自的专业特长、学术背景、成长经历、经济实力、社会关系等，为学校发展提供了得天独厚的软硬件支持。例如在开发校本课程时，校长就可以引导教师广泛征求家长意见，请家长中的专业人士提供开发思路、提供相关资料，甚至可以在适当的时候担任客座讲师等。

案例：湖南省郴州市某小学的家校合作

湖南省郴州市某小学从全方位育人的高度，统一了全校教师对“三结合”教育重要性和必要性的认识，强调教育过程中的开放、交流、沟通与合作。学校制订了包括家校联系、家长工作、社区工作等内容的一系列工作制度，将家长教育、家庭教育和社会工作能力列为教师的基本功，将有关工作计入教师工作量，具体拟订了“参与家访率”“复访率”等考核指标。在评选优秀教师、优秀班主任时，全校学生家长和社区、村组代表投票的权重高达50%。学校举办家长会的形式不断创新，家长不仅乐于参加，而且主动出谋划策。在近年的课程改革中，学校广泛吸收家长的意见和建议，发起《家长看课改》征文活动，并将优秀征文汇编成册，推动了课程改革。该校注意发现家庭教育典型，推广成功的家庭教育经验，促进“学习型家庭”建设。全校一半家庭有了书房或书柜，40%的家庭为孩子开辟了“科技角”，优化了家庭学习氛围。学校还注意以学生为中介，增进家庭和谐，优化学生成长环境，甚至使一个已经破碎的家庭重归于好。

三、家校合作的渠道或方式

1. 家长委员会

家长委员会是学校的参谋、咨询机构，其成员一般由家长代表、学校代表组成，有些学校的家长委员会还包括社区代表。学校家长委员会的成立和活动须依法进行。学校可以在学校、年级和班级层面设立家长委员会。家长委员会监督和支持学校发展，协助学校建立和巩固家庭、学校、社区教育网络，促使其充分发挥作用。同时，家长委员会不干涉、干预学校的正常管理活动。

目前，尽管许多中小学都成立了家长委员会，但家长委员会事实上仅处于附属和辅助的地位，并未作为一个独立的社会团体参与学校教育工作，这离家校合作的目标还有一定距离。因此，校长应充分重视家长委员会的作用。首先，引领学校合理遴选家长代表。家长代表既要具备一定的专业知识、教育常识，更要诚心为家长、学生和学校的发展服务，还应在家长中有一定的影响力。其次，引领学校建立健全家长委员会工作机制，制订家长委员会工作细则和活动规范。再次，引导家长委员会制订切实可行的活动计划。最后，校长要为家长委员会的工作提供物质和时间保障。

2. 家长学校

开办家长学校是加强家校合作、促进学生全面发展的有效保证。校长如何引领学校办好家长学校？

一是要有组织保障。首先，要制订明确的规章制度和执行细则，建立健全家长学校机构，责成专人负责此项事务，做到家长学校管理规范化。其次，保证家长学校有一支优秀的师资队伍，可由学校出面聘请家庭教育专家、有成功教育经验的家长、优秀班主任等出任家长学校讲师。再次，做好规划管理，做到有教学计划、有教材、有活动，保证课时，将家长学校与学校其他各项工作有机结合。

二是选择合适的培训内容。可以有针对性地结合学生实际和学校教育目标、家庭教育现状确定培训内容。比如：结合当前课程改革情况，适当向家长介绍和宣传与新课改相关的内容；结合学校教育目标和教学内容，让家长了解学生目前的学业重心；对家长进行一些普通的教育学、心理学知识的简单培训，结合一些具体的案例进行教育方法的培训等。

3. 家长会

开家长会是家校合作的最重要的方式之一。根据家长会的规模和召集方式，一般有全校家长会、年级家长会、班级家长会；根据家长会的会议主题，家长会可分为通告家长会、专题家长会。校长如何引导全校开好家长会？

（1）整体规划家长会

在学年初，校长就应督促相关部门和人员制订本学年和本学期的家长会计划，如全校性的、年级性的、每个班级的家长会计划。

家长会内容要共性化与个性化相结合。家长会内容既要点明所有学生共同存在的问题，也要留出一定时间解决某些学生的个性化问题。

（2）精心准备家长会

校长要指导教师精心准备家长会，会前要提前告知家长本次会议的主题、内容、形式以及家长需要做的准备等。会议中要观察家长反应，与家长平等交流，及时满足家长需求。会后要收集家长反馈和意见，对家长提出的问题及时反馈。

（3）指导教师开好家长会

对不同的教师提出不同的要求。校长可组织有关如何开好家长会的专题研讨，倡导新手教师向有经验的老教师学习等。

案例：美国中小学的《家长会说明书》①

美国中小学校在新生入学时就会派发给学生家长一本小册子《家长会说明书》，告知有关家长会的具体事宜。某学校《家长会说明书》的主要内容如下（具体内容略去）。

《您将受邀出席家长会》

● 家长会是怎么回事？

◇ 家长会为你提供了以下机会：

◇ 在家长会上，你还可以：

● 参加家长会之前，你该做什么准备？

◇ 为了让教师更好地了解你的孩子，列出你要告诉教师的有关你的孩子的事情。例如：

◇ 列出你想通过教师了解的事情。例如：

● 家长会有哪些形式？

◇ 集体会议：

◇ 个别交流：

◇ 特别提醒：

● 家长会之后你会有什么收获？你还需要做什么？

◇ 你的收获：

◇ 你需要做的事：

● 开家长会的根本益处是什么？

---

4. 家访

家访本来是一种极常规的传统家校合作方式，其重要性毋庸赘述。但目前

① 冯大鸣．家长会，原来可以这么开［J］．中小学管理，2008（7）：20－21.

一些学校因各种原因而放弃了这种常规方式。如果一位教师尤其是班主任没有去过学生家，没有看到学生的家庭生存环境，那么其对学生和家长的了解都是有限的，更会影响到家校联系的效果。幸而越来越多的学校已经重新意识到家访的重要性，开始重拾这种看起来原始、传统的家校联系方式，并取得了很好的教育效果。校长应促成学校对教师家访进行制度化管理，规定教师家访的时间、内容、方式、关注点等，督促、规范、奖励教师家访。

案例："邀请家长一起家访"

广东省中山市某小学"邀请家长一起家访"，打破了常规意义上的一个或几个教师造访一个家庭，而是带上几个家长和学生一起家访。传统意义上只有教师和家长之间的双向交流，变成了教师与家长、家长与家长以及孩子与孩子之间的多向沟通。

多位家长和教师同时到达一个家庭，在气势上让被访家长和孩子倍感荣幸，在一定程度上能够增强孩子的自信心。而其他孩子在此种方式的家访中也能够发现在班级中不易察觉的同学的优点，让孩子们在学习环境、学习时间、家务劳动情况、特殊技能或才能等方面相互更加了解。

"邀请家长一起家访"使老师、家长、学生三者之间建立多向联系，能够更多地争取家长对学校教育工作的支持和配合，便于教师全方位地了解学生，确保学生健康、快乐、全面地发展。

案例：北京市某中学的家访制度

北京市东城区某中学是一所位于老城区的普通初中学校。学校要求初中一年级的教师全部都要家访。学校要求教师在家访时，尽量选择和学生上下学一样的交通路线和方式：学生坐地铁教师就坐地铁，学生坐公共汽车教师就坐公共汽车，学生骑自行车教师就骑自行车。目前，学校不只是初一年级教师，初二、初三年级教师也在自主坚持家访。由于教师在家访过程中与学生和家长进行了充分交流，所以该校家长对学校的信任度与认可度很高。学校被社会誉为"不选择学生的学校"。

家访事情虽小，却是教师了解学生的重要切入点，也是促进师生情感交流、增进家校合作效果的起点。该中学的家访制度，一贵在有，二贵在坚持，

三贵在全校性推广。校长应将家访工作列入教师必做的几件事之一，组织教师交流家访经验，共享家访中的教育成果，将家访制度化、科学化、常态化。

5. “家长义工制”

家长义工，是利用业余时间，不计报酬为学校提供服务的学生家长。家长义工在国外很常见，很多家长喜欢在学校当义工，既可以了解孩子在学校的主要活动，加深对学校的理解；又可以利用自己的爱心和专业特长，丰富学校的教育教学资源，为学生成长提供良好的条件。近几年来，我国也有一些学校开始关注和实施“家长义工制”。

案例：广东省中山市某小学对家长教育资源的利用

广东省中山市某小学启动“打造伙伴式家校关系”行动计划，合理地把家长教育资源引入学校，全面构建由学校发展咨询委员会—级委会—班亲会为纵线，亲子义工、家长心灵导师、家长项目义工、学校特色家校活动为横线的家校工作管理架构网络，全方位开发家长教育资源，拓展了学校发展的空间。

从2007年9月起，该校启动了“家校深度合作”行动，成立学校整体改革咨询委员会。在原来基础上开拓“亲子共耕园”项目，成立“家长听课组”“家庭互助小组”，整合“亲子义工队”“书法爱好者协会”“亲子工作坊”“亲子读书月”等活动，让家长们能发挥职业所长，更好地开展工作，让优势项目大放异彩。从单一的让家长走入学校参与教育活动，拓展到依靠学校构建的活动带动家庭教育、社区教育的发展，从而进一步扩大合作的空间，并尝试引进各项评价，最大限度地发挥家校共育的影响。

---

6. 家校信息共享系统

畅通的交流渠道是家校合作的良好基础。随着社会变迁和时代进步，新型的信息化家校合作方式不断涌现。

（1）开办家校通讯

可分为校级通讯、年级通讯和班级通讯，其内容可涉及学校工作计划、工作目标，年级、班级情况，学生个性展示，评论，好人好事等。学校通讯可由专人负责，年级、班级通讯可由学生主办。

（2）开设校长博客、热线电话和学校公共电子邮箱了解家长关注的热点，及时解决家长提出的各类问题；全程关注学生课堂内外的思想状况、学习状况和健康状况，使学校教育和家庭教育更有针对性。

（3）利用各种媒介，打造家校交流平台

通过学校刊物、橱窗、网络、平面媒体、广播、电视、手机短信等多种形式，宣传教育政策和学校建设，使家长了解、关注学校教育，形成积极参与教育的风气。

（4）建立“家校沙龙”

由教师代表和部分家长组成的沙龙履行着家校合作的责任。沙龙应有简易的章程，有常规的活动时间和固定的活动场所，定期交流信息，共同研究教育问题。

案例：小手册　大作用

广东省中山市某小学的《家校联系手册》经过10多年的推广和不断完善，已成为每一个学生家庭每天必备的“晚餐”。学生人手一册，每天由学生、家长、班主任共同使用，通过学生这一纽带把家长与教师相连接，同时结合学生的年龄特点来使用，不同的年段有不同的重点。低年段把重点放在作业布置、各类通知发布及温馨提醒、教师的鼓励语言上。几颗五角星、几朵小红花，或是一句关心鼓励的话语，能让孩子的良好习惯在期待与关怀中不知不觉地养成。中年段把重点放在作业布置及班主任意见上。教师通过文字，表达对学生的赞许和期待。高年段把重点放在作业布置及师生、家庭、家校之间的心灵沟通上，无论是教师、学生，还是家长，都能把自己想说的话写下来，而且没有秘密。当家长有留言时，是手册发挥了传送信息的功能；当教师有话对家长反映时，也是这小小的册子充当了媒介。《家校联系手册》的使用已经成为该校一笔珍贵的财富。

第三节　促进学校与社区的互动

学校是社区众多社会组织中的一个，与所在社区的其他各种组织有机结合，组成社区体系。目前，一些学校与社区的交流不多，使学校所获取的社区支持十分有限。校长应充分重视社区的教育和保障功能，与社区建立稳定的、建设性的关系，建立社区、学校、家庭教育一体化的立体教育网络。

一、了解学校所在社区的生态环境

校长要想使学校与社区进行良好互动，就应对社区和本校的相关情况有所了解。

1. 社区组织构成

校长应了解社区内企事业单位的基本情况，例如这些单位的性质、单位负责人、人员组成、上级主管部门、内部组织结构、业务范围、运作规律，与学校的地理距离与心理距离，该单位中与学校联系的人员的基本情况，该单位可能与学校发生哪些联系等，都应该了解。

校长最好请相关部门和人员将这些信息统一整理登记，以免因学校人事变动而使信息流失。

2. 社区人员构成

校长应了解社区居民的民族构成、文化教育背景、职业情况、生活方式等。同时需要重点关注并联系几类人员：有一定专业特长的专业技术人员，有突出贡献的老军人、老领导，生活困难需要帮助的孤寡老人、残疾人及其他弱势群体。

3. 社区特有的行为与活动

例如：校长应该了解社区居民的风俗习惯，本社区特有的节庆活动的活动范围与时间、参与人员等。

4. 学校可为社区提供服务的资源

校长对学校有哪些可以与社区共享的场馆场地、设施设备、人力资源，以及学校在社区发展中拥有哪些权利和义务等，都应心中有数。

专栏

校长社区工作提示

1. 办公室内有一张详细的社区地图。

2. 将社区资源进行信息化管理，登记后存档，作为学校资源使用，以免因人事更迭而出现信息流失的现象。

3. 每隔一段时间对信息进行更新与整理，但旧版本不要丢弃，存档备查。

二、引导学校建立与社区合作的长效机制

目前，国内关于学校与社区建立长效合作交流机制的探索还比较少，以下一些做法值得校长关注与研究。

1. 建立整合社区教育资源的机制

校长可努力促成学校与社区行政部门联合成立“社区教育委员会”，整合社区和学校的教育资源，运用项目化、社会化运作方式，充分发挥学校场馆设施、社区爱国主义教育基地、社区活动中心、社区服务中心、社区图书阅览室、青少年技能培训中心等的作用，使社区和学校的资源得到充分利用。

校长应督促社区教育委员会定期召开会议，制订切实可行的工作计划，计划中应包含活动内容、目标、时间、责任者等。每学期视各委员的具体情况，重点解决若干实际问题。

2. 促进社区参与学校管理的机制

近年来，各地不断探索促进社区人员真正参与学校管理、增进学校与社区联系的合作方式，其中以浙江省宁波市某区的做法最为引人瞩目。

案例：浙江省宁波市某区各学校的“教育议事会”制度

浙江省宁波市某区教育局通过规范化运作，建立了教育议事会制度。首先，由学校、社区、家庭共同制定教育议事会章程，明确教育议事会的宗旨、构成、成员的资格条件及产生方式、成员的权利和义务、议事会的运行规则等。议事会成员的产生需要经过一定的法理性程序，成员必须包括学校领导代表、教师代表、家长代表、社区代表、教育专家（或社会知名人士），上述人员缺一不可，比例结构分配必须均衡。目前全区所有学校都已经成立了教育议事会，议事会无论是在出面协调家校冲突，还是在促进学校改善管理方式，促进学生素质提高等方面，都发挥了非常有效的作用。通过这个平台，原先家长们零星的想法被整合、有益的建议被放大，学校与家庭、社区的互动，从临时、杂乱、形式化的阶段，进入了经常、有序、实质性的阶段。

---

3. 促进社区对学校进行民主监督决策的机制

“校长负责制”一方面使校长拥有了较多的办学自主权，另一方面也容易使校长的选举与任命缺乏坚实的民众基础，家长和社区难以积极有效地参与学校的决策与管理。在这种背景下，一些地区建立了以现代教育管理观为指导，以新型政校关系为基础，以促进学生、教职工、学校、学校所在社区的协调和可持续发展为目的的新型学校民主管理机制。校长应该协调好与这类组织之间的关系。

案例：四川省成都市某区部分学校的“学校民主管理委员会”

2005 年 5 月至 6 月，四川省成都市某区部分学校在区教育局的指导下，正式启动“民主管理委员会”的组织建设和规范运作。“民管会”由教职工、家长、社会人士、学生、教育行政机构的代表等成员组成，是对学校事务进行民主决策、民主管理、民主监督和咨询的学校最高级的自治性组织。

“民管会”所承担的一项重要职权，是直接推选学校校长，并报请教育行政部门核准后聘任；同样，对不合格的校长，“民管会”有一票否决的权力——只要有 2/3 的民管会成员认为校长在职期间不称职，那么校长将被“民管会”弹劾。通过区教育局的审核，校长将“下岗”。2007 年，“民管会”的评议结果被引入政府部门主导的“全区教育干部考评体系”，占校长年度综合测评成绩的 10% 。

---

4. 社区青少年自主管理机制

本校学生不可避免地要与本社区内其他教育机构的同龄人打交道。校长应思考如何让学生们在本社区内与同龄人建立良好的合作交往关系，让孩子们自主管理自己的社区生活。对此，一些学校与社区合作进行了初步探索。

案例：浙江省宁波市某社区各个学校的“青少年协会”

为培养青少年自强自立精神，浙江省宁波市某社区内的学校和社区联合成立“青少年协会”。协会采用公开选聘的方式选举领导成员，并由青少年自己设定活动内容。青少年协会的成立一方面给了孩子们一个广阔的发展空间，使孩子们在一系列自己设计的活动中，锻炼了自我管理、自我服务和自我协调的能力；另一方面，社区通过青少年协会这个平台，使青少年活动从以往的被动等待召唤，转变成现在的主动积极参与。青少年协会这一形式不仅受到了学生的欢迎，而且得到了家长的肯定和支持，受到了区教委及团市委、团区委的充分肯定和赞扬。校长应积极促进青少年协会的建立，并为其活动提供人力与物力的保障。

---

5. 共建单位机制

在20世纪70年代，一些单位与中小学建立共建关系的做法就已出现。但目前很多学校与共建单位的合作还仅仅停留在经费与生源合作上，实际上这些共建单位都有各自的专业优势，校长可在发挥共建单位的专业特长上下工夫，让这些单位为学校的课程建设、品牌提升助力。

三、明确学校与社区合作的主要内容

1. 学校利用社区的软硬资源

（1）充分利用社区的机构资源

校长应特别重视学校与社区范围内政府组织的合作。如联合政府、公安部门整治与优化校园周边环境，防止不健康的生活方式和文化产品对青少年的精神污染；与社区内的政府组织联合建立社区青少年教育基地，组织学生开展节假日敬老活动、学雷锋社会实践活动等，提高学生的综合素养。

许多企事业单位会在不同程度上，以不同形式捐资助教、助学。校长要耳聪目明，利用自己的社会关系和人际交往能力，发现有意向的教育赞助人，作出具有吸引力的项目提案，获取企事业单位的赞助，为学校发展获得更多的财力、物力支援。

（2）充分利用社区人力资源

校长可从以下几方面入手开展工作：促进社区定期召开社区教育工作会议，邀请社区内各单位领导、知名人士代表、普通市民代表参加，让他们了解学校的期望和要求，支持学校的教育教学改革，参与和指导学校活动，共商学校发展大计；邀请社区人士担任教育志愿者，请他们监督学生校外行为，加强学生校外教育；邀请公安、司法等部门工作人员定期来校举办法制讲座，增强学生的法制意识；定期邀请科技人员来校举办科普教育讲座；邀请医务人员来校开心理、健康专题讲座，为学生做常规医疗检查等。

2. 学校辅助社区开展社区活动

校长应带领学校模范成员遵守社区管理机构的政令和规定，了解社区对学校的期望和要求，为建立和谐的社区生活环境做贡献。

（1）为社区居民终身教育服务

校长应引导学校发挥自身优势，积极参与社区的科技文化体育活动，积极倡导新的社区生活方式，提高社区公众素质，养成社区成员良好的生活态度和行为习惯，建设文明社区。

一是开放学校场馆设施。学校可将各类文化体育设施，包括天文馆、图书馆、琴房、美术画廊、美术室、舞蹈室、计算机室、游泳场、室内篮球馆、田径运动场、演播厅等，在不影响学校正常教育教学活动的前提下向社区居民开放，为社区居民提供运动休闲、学习进步、发展提高的场所。

二是开办社区讲座，推进社区教育。随着终身教育和学习化社会的到来，社区成人居民继续学习的愿望普遍都很强烈。校长可组织相关人员调查社区成人的教育需求，通过提供课程的方式满足社区居民的学习需求。这种联系方式对于促进学校与社区关系的良性发展具有积极影响。

三是开放学校教育教学活动。邀请社区居民观摩学校开展的教育教学活动、运动会、音乐会等，既丰富了社区居民的业余文化生活，又增进了社区居民对学校教育教学的了解，形成学校、社区共同关心教育发展的新格局。

（2）为社区公益事业发展服务

中小学开展公益活动不仅是促进学生健康成长的重要内容，也是学校赢得社会公众认同、提升学校形象的重要手段。校长应积极推动学校为社区公益事业服务。

例如：在学校层面，学校可组织面向特定对象的捐助活动、慈善演出活动、社区服务活动、学校教育设备与设施免费开放活动、免费的教育讨论与科普活动等。教师可为社区慈善活动提供支持和指导，参与公众福利事业。学校可利用教育刊物和学校媒体宣传社区建设。

在学生层面，学校可引导学生成立或加入志愿者团队，参加社区公益劳动，如清除白色污染、保护绿地等；帮扶困难群体，如孤寡老人和残疾人等；义务宣讲国家政策等。

专栏

成功策划学校公益活动的五个要点

（1）确立学校公益活动的目标与目标公众。

（2）确定学校公益活动的主题。可选择公众有需求、社会在关注的热点问题。

（3）体现学校优势资源，比如学校名师、名人、场地、设施优势等。
（4）捕捉学校公益活动的时机。
（5）凸显学校公益活动的新闻价值，邀请媒体宣传报道。

第四节　重视政校关系和校际交往

影响学校发展的最重要的组织是什么？在学校运作中，为学校提供各种资源和政策保障的，是代表政府行使教育管理职能的各级教育主管部门；一所学校的发展，往往也与其他兄弟学校的发展密不可分。因此，处理好与这两类组织间的关系，是校长公共关系管理工作中的重要方面。

一、争取教育主管部门支持

在我国教育体系中，教育主管部门主要是政府的综合职能部门及专司教育职能的教育行政部门。校长要想达成学校发展目标，必须处理好政校关系，取得上级教育主管部门的支持。

1. 建立顺畅的信息沟通渠道

校长要充分了解政府机构，尤其要了解教育主管部门的职能结构、工作范围、办事程序等，与教育主管部门的领导和工作人员保持经常性的联系和接触。校长应经常向上级部门汇报工作、反映情况、提出建议，并通过自身的活动影响政府决策；或通过与一些人民代表、社会贤达、专家学者等权威人士的接触交往，由他们去影响上级教育主管部门，争取政府的支持。

良好的政校关系往往始于良好的人际关系，其中最重要的又往往是校长与上级主管领导之间的关系。校长应加强与上级主管领导之间的联系，了解领导的不同关注点，充分利用学校的重大活动，如开学典礼、校庆、大型体育活动、文艺演出、教学观摩、教育科研成果展示、毕业典礼等机会，邀请领导参加学校活动，使领导了解学校的情况，增进与学校之间的友情和信任。

校长积极支持上级的工作，认真落实上级指示，会让上级更愿意支持学校的工作。学校良好的社会表现，如热心参与社区事务和社会公益事业等，也有助于教育管理部门对学校及校长个人产生良好印象，从而支持学校发展。

2. 用实力为学校争取更多支持

教育主管部门是学校教育经费的主要提供者，是学校其他物质资料的保障者和供应者。学校要想获得上级部门更多的支持与帮助，仅靠校长与上级领导的私人关系是远远不够的，学校必须有鲜明的办学特色，校长必须有明确的教育理念和办学思路，用成绩打动人，用效果说服人，才能赢得上级主管部门的关注，赢得更多的支持。

校长可向上级争取的支持包括以下几个方面。

（1）经费支持。上级教育主管部门除为学校常规运作提供经费保障外，还可根据学校发展需求为学校发展提供一些特殊的经费支持。

（2）政策支持。当学校发展需要特殊关照时，校长可请上级主管部门帮助学校争取各方支持与理解。

（3）学校办学理念和特色支持。肯定学校的办学理念，认可学校特色发展之路。

（4）教科研支持。为学校提供教科研信息，帮助学校与教科研机构建立联系。

（5）人力资源支持。如为学校提供教育专家、优秀教师、热心公益人士的信息，支持学校教师队伍提升计划等。

（6）组织支持。向相关办事机构传递支持学校发展的信息。

（7）品牌支持。肯定学校，并在不同场合宣传学校发展情况。

（8）情感支持。肯定校长及领导班子的工作，关心学校领导者和师生个人的生存状态。

（9）应对危机。学校或校长个人遭遇突发事件或发展困境时，理解并帮助其解决问题。

案例：北京市某学校的跨越式发展

北京市某小学是位于城乡结合地带的一所小学。2003 年，这所学校已经在区教委的学校分布沙盘上消失，面临被撤并的命运。2004 年，年轻的新校长上任，确立了“开放、特色”的学校发展思路，制定了以彰显学校的传统项目——国际象棋教育为办学特色的学校发展战略。新校长打破了上任老校长

“关门办学”的封闭局面，加强了与外界特别是上级领导的交流，注重与社区和其他社会相关部门的联系，逐渐赢得了学区和区教委及社会各界的有力支持。学校现已走出困境，发展成为一所有一定影响的国际象棋特色学校。

---

3. 正确处理与上级的关系，争取自主办学空间

上级对学校工作的不当干预，是校长在具体工作中经常遇到的难题。这个难题解决不好，就会使学校工作陷于被动，校长的领导力受到影响。校长应如何对待上级的不当干预呢？

（1）要保持冷静，理性应对

一般情况下，一旦发现上级不当干预时，校长首先要表示对上级关心的感谢；其次，提醒上级如此处理可能产生的不利影响；之后，使用缓兵之计，请上级给一个解决问题的缓冲期，从而寻找更妥善的应对之道。

（2）要区别对待，巧妙处理

一般而言，上级的不当干预或是出于个人目的，为自己谋取利益；或是因为对学校实情了解不够，处理欠妥。校长对这两种情况要区别对待。第一种情况，校长要及时向上级反映情况，从工作的角度晓以利害，从私交的角度表达关心，使之认清不当干预的严重后果和危害，从而收回成命。针对第二种情况，校长要把学校的真实情况向上级交代清楚，说明存在的现实问题，并委婉提出合理建议，用扎实的工作作风打动上级领导。

二、开展校际交流与合作

1. 准确定位与兄弟学校之间的关系

长期以来，我国许多同类学校之间存在着事实上的竞争关系，实际上，同行之间应该是一种既有竞争又有合作的伙伴关系。校长要引领全体教职工客观公正地评价本校，善待他校，承认双方差异，借鉴对方长处，在办学育人这一共同目标下，建立起切实有效的竞合机制。

在校际交流中，校长要秉持健康的心态来与兄弟学校平等交往，共同发展。强校校长要尊重弱校的发展历史，尤其要尊重弱校校长和教师的专业立场和人格尊严，注意发现弱校的长处。弱校校长要本着“取经”的诚意，尊重强校的学术传统和师生的人格魅力，利用好强校的优质资源。

专栏

学习名校要把握的几个原则

- 学习名校要从本校实际出发。
- 学习名校要学习其先进的教育思想和办学理念。
- 学习名校要关注其发展过程。

2. 借助多方力量，与国内外学校建立友好合作关系

（1）与区域内学校建立长期友好合作关系

在学校布局调整和促进基础教育均衡发展的大背景下，许多地区在促进区域校际交流方面做了许多探索性工作。如有些地区从资源共享的角度，划分学区，推进学区内资源共享。有些地区从促进学校共同发展的角度，促进强校与弱校合作，成立学校共同体，推进集团化办学等。校长可借助这些行政力量，利用好政策优势，与区域内学校建立长期联系，加强校际合作。

（2）与外地学校建立友好合作关系

我国地域辽阔，各地经济发展、地域文化背景差异较大，各地区之间的学校发展方式与水平也各有千秋。校长应该认识到这种差异性，与外地兄弟学校建立良好合作关系，以促进学校高位发展。目前，许多学校都与外地学校间建立了友好合作关系。在与友好学校的交往中，校长应利用好彼此的差异优势、区位资源，使两校间优势互补，共同受益。

（3）与国外学校建立友好交流关系

当校长们把目光投向地区之外、国门之外时，校际合作的空间就更大了。如何建立、维护、发展与国外友好学校的关系，是我国教育国际化过程中校长要面对的一个重要问题。

校长可通过上级行政部门牵线在国际会议中与国外校长交往、参与驻华使领馆组织的活动、出国参观访问、与对外交流机构联系等途径，寻找建立友好学校的对象。在与国外学校交往过程中，要严格遵守外事纪律，注重外事礼仪，本着平等自主、互惠互利的原则，展示中国教育的独特魅力，用好对方资源优势，促进彼此间的交流，由礼仪性互访走向实质性合作。

专栏

充分利用校长社团，促进校际交往

目前，以校长为主要成员、为校长服务的机构和社团不断出现，校长可有选择地参加某些团体，有选择地参与其中的活动，在宽松的氛围中与同行进行深度沟通，为双方建立友好合作关系奠定基础。

> ➢ 以校长为主要成员的全国性组织。目前有中国教育学会高中教育专业委员会（以高中校长为主）、中国教育学会初中教育专业委员会（以初中校长为主）、中国教育学会小学教育专业委员会（以小学校长为主）等。
>
> ➢ 省市级教育行政部门组织的校长研究组织。如名校长工作室等。
>
> ➢ 区县教育局组织的区域校长发展组织：校长工作室、校长沙龙等。
>
> ➢ 民间发起的校长社团。这类社团多由一些知名校长发起，对会员资格的要求较高。

3. 挖掘各方资源，促进彼此资源共享

（1）联合开发校本课程

通过校际合作进行校本课程开发，有助于更好地发挥每所学校的资源优势，节约各校开发成本。

（2）实现师资共享

举办学术讲座或科研合作论坛，增进校际教师间的交流与合作。互派高水平教师前往合作学校讲授相关课程；以高水平教师互聘为内容，真正实现校际师资的共享。

（3）加强科研合作

针对国家和地方政府机构关注的重大重点项目，联合申报和承担相关研究课题，共同建设科技创新中心。

（4）校际学生交流

举办学生文艺或体育交流活动，活跃校园文化生活，实现校际学生社团间的深入交流。

（5）学校管理工作交流

派遣业务骨干、管理人员去对方学校学习或挂职。

第五节　处理好与媒体的关系

媒体是沟通学校与社会公众的桥梁，是影响引导民意的主要力量，是塑造学校形象的有力工具。校长应如何与媒体打交道，如何处理与媒体的关系？

一、了解相关媒体的运作方式

校长应了解不同媒体的受众对象、报道取向、运作流程。一方面，在本校发生有新闻价值的事件时，可以联系到合适的媒体进行有效报道；另一方面，一旦学校有危机事件发生，能够第一时间通过合适媒体将真实信息传递给公众。

1. 媒体运作的时间规律

（1）广播、电视、网络类媒体：此类媒体运作周期非常短，对有些事件可以进行即时报道。

（2）报纸类媒体：运作周期较短。新闻性事件有可能在事件发生的第二天就被报纸报道。一般性事件则要看报纸的版面安排，少则几天，多则数个星期，才可能被报道。

（3）专业期刊类媒体：期刊的运作周期都比较长，一般会在一个月左右反馈稿件是否采用。大多数期刊的发稿周期是三个月，长达半年的也不在少数。

2. 媒体运作的内容取向

（1）广播、电视、网络类媒体：以新闻报道为主，重视对突发新闻事件本身的描述，以新闻报道类居多。

（2）报纸类媒体：以新闻报道为主，同时也关注教育领域先进的理论成果与实践智慧。

（3）专业期刊类媒体：比较关注对事件的整体挖掘和深度反思，重视对理论研究成果的推介与实践经验的传播，关注最新科研成果与实践智慧。

二、在日常工作中与媒体友好合作

1. 树立主动与媒体合作的意识

校长与媒体关系的现状是：既希望与媒体密切合作，宣传学校的发展和成就，提高学校美誉度，又担心媒体对学校进行负面报道，故对其持敬而远之的态度。媒体有义务报道包括教育在内的公共领域内的一切问题，校长也有责任向公众说明学校的真实情况，提供某些突发事件的真相。因此，学校回避媒体的做法是极不明智的，校长应改变被动应付媒体的心态和局面，主动与媒体交往，建立良好的合作关系，树立学校的正面形象。

2. 建立与媒体合作的长效机制

校长应引领学校对信息公开工作进行规范，如建立对外信息公开制度，明确对外信息公开的内容、范围、程度、时间；指定专人进行对外信息发布活动，收集媒体上有关本校的报道，并作出及时反馈；定期向媒体提供学生和教师的成就以及学校的发展状况等。

案例：北京市某区学校新闻发言人制度

2008年12月中旬，北京市某区教育局出台了《区教育系统新闻发布工作管理规定（试行)》，明确要求辖区中小学建立新闻发布制度。按规定，新闻发言人须由本单位副校级以上领导担任，他们除了发布本单位改革发展的重大举措、重要成就和典型经验外，还要对负面新闻予以回应和澄清。2009年3月，该区所辖215所中小学、幼儿园等教育机构的新闻发言人集中亮相，并接受统一培训。

虽然不一定所有学校都要指定新闻发言人，但该区的做法值得大多数学校借鉴。校长应选择有较好的沟通能力、组织协调能力、语言文字能力的中层以上干部，作为本校的“新闻发言人”或代行新闻发言人的职责，负责本校对外新闻信息的发布，接待媒体采访，处理与媒体的关系等。

3. 加深与新闻记者的业务与情感沟通

校长个人应有选择地与几家媒体的记者建立长期联系，既方便媒体深入了解学校，提升媒体的教育素养，又方便校长了解媒体的情况，还可请这些人为学校形象提升出谋划策。校长要敢说实话，敢担责任，赢取记者的信任；经常邀请记者来学校访问，举办讲座、参加学校举行的重大活动等；经常与媒体进行非正式交流，提高交流质量。

校长要坚守一切以学生为中心的原则与媒体打交道，遵守学校保密政策，未经本人许可，不对外披露学生或教师的私人信息。

三、建立应对危机事件的媒体合作机制

危机事件最能吸引媒体的目光，校长在学校危机管理中要充分重视媒体的

作用。危机发生后，如果校方拒绝与媒体合作，那么媒体就有可能报道一些不太准确的信息，势必引发公众的联想与质疑，使学校陷入困境。校长应采取的明智的做法是：迅速与媒体携手，塑造正向的舆论环境，积极处理危机事件，化危机为转机。

1. 确定相关事件的发言人

一切向外公布的信息均由该发言人对外发布。

2. 迅速主动地联系媒体

可优先接受部分权威媒体和与学校关系较好的媒体的采访。

3. 向媒体提供真实可信的资料

向媒体提供的信息以事实信息与行动信息为主，把重要事实、相关数据及应对方案形成文字材料，避免信息传递失误。

4. 多渠道发布信息

因不同媒体的受众不一样，因此可通过广播、电视、报纸、网络等多渠道发布实时信息，尤其要充分发挥本校网站的作用，将事件的处理结果在本校网站上第一时间告知公众，避免学校形象受损。

5. 更正不实报道

对某些媒体有失偏颇的报道，应与该媒体协商争取友好解决；如对方不予更正，可诉诸法律手段，同时寻求其他公正的、有同情心的媒体支持，请其发布真实报道。

专栏

香港教育局对学校危机处理的建议

香港教育局学校行政支援分部教育心理服务组编写的《学校危机处理》中，对学校在面临危机事件时如何处理与媒体的关系提出如下建议：

- 将学校委任的发言人的姓名及联系方式及时告知媒体。
- 将发言人接受媒体采访的时间和地点及时告知媒体。地点要远离学生和危机范围，并安排人员接待。
- 预测记者的提问。在接受采访前，学校可以向记者索取问题及采访焦点，并做好相应的准备。

● 给自己预留足够时间。发言人在会见媒体前，需给自己留出足够的时间思考如何应对记者提问。

第六节　做好校友工作

在国外，很多大学和中小学都十分重视校友工作。美国一些常青藤名校的重要资金来源就是校友的捐款。例如：麻省理工学院在1950年，校友捐赠约占学校年度总开支的21%；到了2000年，这一比例已高达42%，校友捐赠成为学校收入的最主要支柱。

校友兴，则母校兴；母校兴，则校友荣。校友指的是曾在本校学习或工作过的人员，这些人员对母校了解、关心、有感情，通常很愿意为母校的建设和发展出谋划策、贡献力量。校长应主动维护和促进学校与校友的良性互动。

一、进行校友工作的组织与制度建设

1. 重视组织机构建设

校长应重视校友会的组织建设，牵头成立校友会，可在学校所在地设立校友会总部，在一些具备条件的、校友较多的地方设立分会。校友会应选举优秀校友担任校友会领袖，邀请热心学校发展的校友承担校友会的组织工作。

2. 配置专职管理人员

我国中小学校应借鉴国外先进经验，责成专人负责校友会工作。国外许多学校的校友会工作值得我们关注和借鉴。例如：斯坦福大学校友会在校园中心拥有一栋大楼，校友会正式工作人员150人左右，每位工作人员都有各自的办公室电话，以保证随叫随到。加州大学伯克利分校校友会设有执行主任、执行副主任及执行助理等职务，共有工作人员90人左右，其中全日制工作人员为50人左右。我国中小学虽不必像国外学校那样重视人员配置，但至少应有专司其职的人员负责日常事务性工作。

3. 完善制度建设

校长要重视校友会工作的制度建设，明确工作内容与重点，使校友会的领导班子换届选举、校友返校接待、校友捐款捐物、校友会资金管理等各项工作有章可循，以促成校友与学校的有效交流。

二、积极推进与校友的深度互动

校长要促进校友与学校联系的经常化、多样化、深入化，就应从多角度入手，引领学校开展校友工作。

1. 掌握与校友交流的一般原则

在与校友交往的过程中，校长要端正心态，尊重校友发展情况，与校友良性互动。

其一，自愿原则。校长不要勉强校友为学校做事，更不要主动开口向校友提捐赠方面的要求。

其二，全人原则。校长应关注各类校友各方面发展情况。学校对一般岗位和处于弱势的校友的关心，更体现了学校全方位育人的教育追求。

其三，真实原则。根据校友的不同发展情况，确定与校友沟通的重点，多向校友通报学校发展的良好态势，也不刻意隐瞒学校面临的挑战与考验。

其四，未来原则。校长还应引导学校，设计多种途径和方法，增进老校友与在校生之间的了解和沟通，让老校友了解学校现状，让未来的新校友了解学校的历史，增进双方对学校的归属感，为未来的校友工作打下更好的基础。

2. 增加与校友联系的渠道

校友分布的空间跨度、时间跨度较大，学校要重视对校友信息的收集与整理。校长应引导学校充分利用各种手段，与校友间建立融洽的关系。有一些学校的做法值得借鉴，例如：

（1）在校园网和校报中设立与校友有关的栏目。如上海某中学在校园网上设立了“校友频道”，介绍校友事迹，报道校友动态，与校友随时互动。

（2）编辑校友通讯。校友会可以定期编辑电子版或印刷版的此类刊物，寄送给广大校友。

（3）用好网络沟通工具。如利用博客、QQ、MSN、BBS 类网络技术，建立校友博客群、博客圈、QQ 群、贴吧等，与校友即时沟通。校长还可以个人身份在网上与校友即时互动。

(4) 发放校友卡。校友凭借校友卡，可部分享受在校生待遇，如借阅报纸杂志、利用学校的网上信息资源等。学校可以此增进校友与学校的联系。

(5) 联谊互访活动。有条件的学校，应定期举办校友联谊活动，或在学校重大纪念日、重大活动日邀请校友返校，或参观校友现有的工作与生活环境等。

案例：上海市某中学的校庆日

绝大多数学校的校庆都在建校“逢五”“逢十”这样的年份中举行，上海市某中学的校庆却是年年举办。该学校是百年老校，每年都有来自世界各地的老校友回校探访。学校于是将每年10月份的第二个周日，定为校庆日。每年这一天，校友们都自发地回校相聚。因为年年如此，所以所有筹备与举办工作都已经制度化、自动化，学校不但没有感到增加工作量，反而从中收获了校友源源不断的回馈，增进了老校友和在校生对学校的认同与归属感。

---

3. 为校友回馈学校创造多种途径与机会

(1) 捐赠。在美国，不少名校的校友捐赠率为30%～40%，普林斯顿大学校友捐赠率排名第一，高达61%，哈佛大学的校友捐赠率为48%。

(2) 做志愿者。校友回赠学校不仅仅以捐赠形式体现出来，校友还可以在力所能及的情况下为母校分担一些工作。例如：国外一些学校经常通过该校在中国的校友，来义务替他们给申请该校奖学金的中国学生面试。北京市某著名中学在开设选修课时，老校友义务回校担任主讲教师。

(3) 学术传播和道德引领。例如，举办校友学术报告会、校友书画艺术作品展、校友座谈会、校友事迹报告会等。当老校友以亲身经历来与在校生交流时，学生会更容易受到感染与熏陶。

推荐阅读

1. 杨天平．学校常规管理学［M］．北京：人民出版社，2004.
2. 张东娇．公众、事务与形象：学校公共关系管理导论［M］．重庆：重庆大学出版社，2005.
3. 干国祥，魏智渊，罗登远．中小学校长通用管理100例［M］．成都：四川教育出版社，2005.
4. 刘京秋，奥威．校长管理手册：美国中小学校长成功管理之路［M］．北京：中国财政经济出版社，2007.
5. 宋维红．学校公共关系理论与实践［M］．北京：中央编译出版社，2007.
6. 赵国忠．校长最需要什么：中外教育家给校长最有价值的建议［M］．南京：江苏人民出版社，2008.
7. 刘兴春．家庭与学校合作的困境与出路：组织社会学的阐释［D］．北京：北京师范大学，2008.

第十章
校长的管理艺术

领导的能力是应该学习的，也是可以被习得的。

——彼得·德鲁克

校长工作既是一门科学，也是一门艺术。高效率地完成工作需要学习各种知识，圆满地完成任务需要高超的管理技巧。校长面对烦琐的管理工作，如何与不同的人进行有效沟通、如何有效提高会议效率、如何进行时间管理、如何解决工作中的冲突、如何缓解日益增大的工作压力、如何做到知人善用，这些都是校长必须掌握的知识与技巧。

本章将帮助校长培养领导艺术，学习沟通、会议管理、时间管理、冲突管理的技巧，以及有效缓解工作压力和合理授权的方法。

第一节　有效沟通——校长如何与人打交道

沟通是人际关系维持互动和发展的基本手段，管理者与被管理者之间的有效沟通是管理艺术的精髓。美国著名未来学家约翰·奈斯比特认为，“未来竞争是管理的竞争，竞争的焦点在于每个社会组织内部成员之间及其与外部组织的有效沟通上”。无论是计划的制订、工作的组织、优秀团队的组建、部门间的协调，还是学校和社会的密切联系、筹集社会资源，这一切都需要校长从加强“沟通”入手。良好的沟通不仅能交换信息，还能互相交融、互相促进，从而产生创新的效果。

一、沟通对校长的重要作用

1. 沟通是实现学校目标的需要

为了实现学校的目标，各部门、各成员间都必须密切配合与协调，这就需要校长引领学校建立起良好的沟通机制，各部门各成员彼此了解、互相协作，在良好的沟通中共同完成学校使命及目标。所以说，沟通是实现学校目标的良好手段。

2. 沟通是激励的需要

教师并非仅仅为了物质的需求而工作，还有诸如成就感、归属感、荣誉感及参与感等精神层面的需要。要使教职工真正感觉到学校是属于“自己”的学校，关键在于学校对教师意见的尊重和支持，学校的组织沟通正可以满足教职工的参与需求。良好的沟通能减少团队内的冲突与摩擦，促进教师与管理层之间的和谐和信任，减少工作的重复和脱节，从而避免人力、物力、财力以及时间的浪费。

3. 沟通是科学决策的需要

在现代信息经济时代，组织内外部环境的变化日益复杂和加快，学校必然在更大背景、更快速的环境变化和更加激烈复杂的竞争态势下生存发展。校长不能只凭借自身力量和信息渠道获得决策所需的信息，要想适应瞬息万变的环境和纷繁复杂的大千世界，就要凭借沟通，获取决策所需信息，进行智力资源的整合。

4. 沟通是学校与外部环境建立联系的桥梁

学校是一个开放的系统，必然要和来自各个行业的家长等发生联系，这些都要求学校必须与外部环境进行有效的沟通，通过沟通来实现与外部环境的良性互动。校长在这种沟通中发挥着不可替代的作用。

二、校长沟通的形式

言语沟通。包括演说、咨询、对话、讨论等，优点是直接、快速传递和反馈信息。如果接收者有疑问，可以迅速提出质疑，反馈给发送者以修正信息。

言语沟通分正式场合和非正式场合。非正式场合下的言语沟通易行、方便、效率高，校长随时随地可以与教职工交流，也是了解一线情况的好途径。在正式场合中，演讲、讲话是最能集中表现校长观点的沟通形式，也是校长进行思想教育、树立个人权威的重要途径。

专栏

校长演讲的技巧

- 演讲的语言要准确。只有准确的语言才能准确地阐述事物、表达深刻的道理，才能使听众准确地把握演讲者的意图。
- 演讲的语言要通俗。“话需通俗方传远。”通俗的语言不但易于听众理解、记忆，还便于听众传播。
- 演讲语言要个性化，即用自己的语言讲出自己的思想感情、看法、观点等。
- 演讲者语言要形象化，就要使用语言修辞。比喻是最常用的修辞手法，它可以使深奥的事物浅显易懂、妙趣横生，还可以调节演讲现场的气氛。排比的应用可以达到增强语言节奏感、加强语言气魄的效果。
- 成功的演讲者总是演讲语言与演讲动作的完美结合者。演讲者要在演讲中恰当使用演讲动作，增加自己语言的形象化。有时候演讲动作也是演讲风格不可分割的一部分。

书面沟通。包括公文、信件、期刊、布告栏及其他传递书面文字符号的手段，其中公文写作是校长书面沟通的最主要形式。书面沟通一般用于较为正式、复杂的沟通，优点在于持久、有形，可以核实。比如，表扬便签、生日卡片、校长信箱、给教职工的公开信等。

非语言沟通。包括身体语言（比如站立的方式、抱臂和皱眉的方式、目光交流、衣服款式颜色）、辅助语言（声音质量、语速、语调、大笑、打呵欠等）、空间关系（距离，如所保持的与他人的距离）和时间关系（考虑和确定的时间）。

专栏

身体语言沟通的一般技巧

表情语

眼神的动作和变化可以反映人们内心的思想和情绪等，因此，校长一定要学会通过眼睛这扇窗户来观察教师、学生、家长的内心想法，同时也要学会利用眼神交流传递自己的真诚和关心等。

> 手势语
>
> 手势语主要是指包括人的手指、手掌、手臂及双手发出的各种动作，比如伸出某个手指的具体含义、相互握手时传递的信息等，把手轻轻地搭在学生的肩上或胳膊上表示亲密。但是，手势语在沟通的过程中往往非常吸引双方的注意力，校长在沟通时最好注意自己的每一个手势，千万不要因为一个不经意的手部动作而引起别人的不满。
>
> 肢体动作语
>
> 肢体动作语包括人们在行走、站立和坐卧过程中的所有动作姿态。比如：行走时的速度是快是慢，是蹦蹦跳跳还是一步一步向前挪动；又如站立时双臂是交叉于胸前还是放在背后，坐在椅子上时是双腿平放还是跷起二郎腿等。校长在整个交流过程中以显露稳重的感觉为好。

电子媒介沟通。如手机、邮件、电话、传真、电子办公系统、MSN 等。这些现代计算技术通信技术的成果，可以使校长经济地、及时地得到必要的信息以决策，也可以迅速地、经济地解决距离上的障碍，即时进行信息传递。

三、校长与各层级沟通的方法和技巧

1. 与上级领导的沟通——“敬上但不唯上”

上级领导对校长的支持非常重要，若能得到上级部门领导的支持，校长工作可以达到“事半功倍”的效果。校长与上级领导的沟通原则是“敬上但不唯上”。敬重领导，服从上级的正确领导，切实履行上级交给的职责、任务，及时而又真实地汇报工作情况，听取意见。但敬上并不是唯上，“不唯上”一是指不“眼睛朝上”，只尊敬领导，而忽视教师同事；二是指不唯唯诺诺，不畏首畏尾，对领导有偏颇的甚至是错误的指示敢于进行同志式的商榷。

与上级有效沟通应该把重点放在从上级处得到最大助力上。领导也有普通人的情感世界，在法律、原则的容许范围内，校长应与之沟通情感，做到互信互敬，而不仅仅是“工作安排—工作汇报”关系。一位好的校长只知道做好工作是不够的，“智者找助力，愚者找阻力”的道理就在于此。与上级领导有效沟通对校长的价值很多，概括起来有：① 消除上级领导的误解，以免给自己和他人带来不必要的麻烦。② 让自己的能力和努力得到上级肯定。③ 让自己有更快的发展速度和更大的发展空间。校长与上级领导经常进行富有艺术性的沟通，有助于建立一个融洽和谐的工作环境，这也是事业取得成功的必要条件。

在与领导沟通时，尊重领导是对的，但不要太故作殷勤。有些人工作上敷衍塞责，却善于阿谀奉承，这种行为不仅会遭到教师的反感，也不利于校长与他人的沟通。

专栏

与上级沟通“十要”

- 聚焦于上级和单位有益的角度。
- 学会倾听。
- 掌握良好的沟通时机。
- 将最能打动心灵的内容放在最前。
- 暗示比明示更重要。
- 建设性地重新建构和阐述问题。
- 重视变通。
- 让上级感到这是他自己的意见。
- 智慧地说“不”。
- 避开“雷区”。

2. 与教职工的沟通——设身处地，用心交流

校长与教师的沟通是一门艺术，也是学校管理工作的重要环节。校长要把学校管理好，应当在学习和掌握这门艺术上下工夫，在解决实际问题上见成效。

（1）树立正确沟通观念，注重自身素质的提高

首先，校长必须避免以自己的职务、地位、身份为基础去进行沟通，而应试着换位思考，适应他人的思维架构，体会他人的看法。一旦校长体会到了教师如何去看待事实、如何去看待自己，以及如何衡量他们和校长之间的关系，才能避免掉入“和自己说话”的陷阱。

其次，为了更好地与教师交流、沟通，校长加强自身素质的修养，注意在教师心目中的形象，要善于用工作实绩赢得教师的尊敬和爱戴。这样，领导在与教师沟通交流时，就不会引起反感，就会获得信任，得到所需要的信息，达到预期的目的。切忌拉帮结派、亲疏不一、任人唯亲，切忌以权谋私、把个人利益放在集体利益之上。否则，领导就难以与教师沟通，学校管理就难以形成合力。

（2）全面发展沟通技巧，注重改善沟通艺术

首先，知识是沟通的基础。沟通是信息的发送和理解，如果缺乏理解信息

所必需的知识，那么沟通是无法进行的。其次，沟通的核心是系统思考，沟通者必须全面考虑沟通内容的特点、沟通双方的实际情况、沟通背景、沟通渠道等各种因素。在系统思考的基础上，培养“发送技巧”和“接受技巧”，注重沟通中的艺术和策略。教师的个性各异，校长在沟通时要针对不同群体特点有所侧重。

校长与中层领导沟通时，要从内心真心实意地关心和尊重他们，注意倾听来自中层的声音。在和中层一起研究工作时，如果时间条件允许，就应该多听取中层的意见和看法，鼓励他们说出自己的意见，反馈不同群体的信息。在工作中，要奖惩分明，鼓励中层顾全大局，维护团结，严格要求自己，做好表率作用。对于中层和教师取得的成绩，校长要主动表示祝贺，并和他们一起分享，对于成绩突出者要及时给予表扬和奖励。

专栏

如何赞扬教职工

- 态度要真诚。
- 内容要具体。针对具体事实的赞美更能打动人。校长在肯定教师时，要让教师知道具体“行”在哪个地方以便更好地发挥长处。
- 评价要实事求是。
- 选择合适的时机。
- 适当运用间接的赞美。

与年轻教师沟通，校长首先要肯定其成绩和在学校工作中的作用，还要真诚点拨他们在哪些方面如何做会更好，为其提供平等竞争的机会；并愿意做好他们的后盾和知心朋友，帮助解决生活实际困难，这样年轻教师就会信心百倍，轻松愉快地投入到工作中。

与老年教师沟通时，校长要从内心尊重老教师，言语要谦和，经常与其谈心，重大事情先听听其意见，出出主意。这样既能发挥老教师的作用，又让他们体会到学校对他们的尊重。

3. 善于倾听

好的沟通者知道如何倾听。倾听绝不仅仅是出于礼貌才做的事。事实上，在沟通的过程中，听众也必须负很大的责任。如果听众不感兴趣或者听不懂，他们的情绪会影响到演说者，从而使沟通陷入僵局。

校长应努力做到有效倾听，全神贯注地倾听谈话内容，了解谈话主题，及时分析、证实、评估接受到的信息，作出适度的回应，注意说话者的语调、语气和表情变化。如在倾听中有疑问，可以适时提问，要以理解、尊重的态度，认真、诚恳而准确地提出围绕谈话主题的提问。如果要听教职工解释什么，那么问题最好是开放式的；如果仅仅想知道对方的态度，那么可以用闭合式的问题，这样可以适当提高沟通效率。

专栏

有效倾听技巧

九要

- 约束自我，专心倾听。
- 多用反射性词语及陈述语气。
- 采用反馈、释义、重复结论等确认真实的意思。
- 做重点笔记。
- 倾听时，可配合习惯性的肢体语言。
- 利用分析预评估，找谈话内容的主题及整体意思。
- 情况不对时，保持冷静，继续倾听。
- 倾听时，要完全融入。
- 倾听模糊和不完整的信息时，从中找出重要的主题线索。

四不要

- 不可随意插话或截话。
- 不可假装听懂。
- 不可分心。
- 不可批评说话的人，只评价谈话内容。

4. 要在解决实际问题上见成效

校长多关心教师的疾苦，多为教师办实事，让教师从中感受学校这个大家庭的温暖。这样，教师就会自觉或不自觉地关心这个大家庭，把自己的命运与学校联系在一起。特别要注意的是，校长要把学校建设搞好，千万不可忽略与老教师沟通这个环节，要多给他们送温暖，切莫给人以“人走茶凉”的感觉。把此方面工作做好，不仅能有效地发挥他们的作用，而且还能影响、教育、感召中青年教师，从中看到自己的差距及今后努力的方向，这对于推动学校今后工作是极为有益的。

四、与学生家长的沟通——以诚相待、注重技巧

面对来自不同行业形形色色的学生家长，实现校长与学生家长之间的良好沟通，实属一件不易的事情，这关系到校长对学校的有效的管理。

1. 常怀尊重之心

尊重别人是自尊的表现，也是得到别人尊重的前提。校长必须尊重学生家长的人格，特别是要尊重所谓“差生”和“不听话”孩子家长的人格，这是与家长沟通的前提。对教育过程中出现的问题，要先从自己身上找原因，还要客观地分析问题的症结所在，公正地评价学生的表现和家长的家庭教育，与家长共同研究解决问题的方法。校长不要当众责备他们的子女，更不能训斥、指责家长，不说侮辱学生家长人格的话，不做侮辱学生家长人格的事。否则，会造成校长、教师与家长之间的隔阂甚至对立，还可能引起学生对家长或学校的不满，损害形象，降低教育效果。

2. 以诚相待，用心架起沟通的桥梁

与家长沟通，讲究一个“诚”字。只有诚心诚意，才能打动家长的心，使他们愉快地与你合作，有效地开展家庭教育。校长应用诚心架起与家长沟通的桥梁。学会倾听家长的意见，让家长表达自己的意见很重要，谦虚诚恳，专心倾听，会让家长感到学校很重视家长。校长也要放下“教育权威”的架子，经常向家长征求意见，虚心听取他们的批评和建议，以改进自己的工作。这样做，也会使家长觉得校长是非常可亲可信，从而诚心诚意地支持和配合教师的工作，维护校长、教师的威信。

3. 巧妙接待不同类型的家长

学生来自不同的家庭，每个家长的文化水平、素质、修养不同，各个家长对学校教育的配合程度自然存在很大的差异性，这就要求我们在接待不同类型的家长时必须讲究语言艺术。

> **专栏**
>
> **校长对不同类型家长所实施的沟通策略**
>
> - 对于知识型的家长：尽可能地将学生的表现如实地向家长反映，主动请他们提出教育措施，认真听取意见，充分肯定和采纳他们的合理化建议，并适时提出自己的看法，和学生家长一起，同心协力共同做好学生的教育工作。

- 对于溺爱型的家长：交谈时，首先肯定学生的长处，对学生的良好的表现予以真挚的赞赏和表扬，然后再指出学生的不足，同时恳切地指出溺爱对孩子的危害，耐心、热情地帮助并说服家长采取正确的方式教育子女。
- 对于放任不管的家长：要告知学生在校情况，使家长意识到不管教孩子会影响孩子的发展前途，激发家长对孩子的爱心和期望心理，吸引他们主动参与教育孩子的活动。加强家长与子女之间的感情，为学生创造一个良好的家庭环境。
- 对于后进生的家长：要尽量挖掘其闪光点，要让家长看到孩子的长处，看到孩子的进步，看到希望。说到孩子的优点时是热情的、有力度的，说到孩子的缺点时语气要委婉，这样会让家长对孩子有信心。只有家长对自己的孩子有信心，他才会更主动地与教师交流，配合教师的工作。
- 对于气势汹汹的家长：在面对家长指责时，校长要克制自己的怨气，不要和家长争执，讲清道理，体现宽容大度，最有效的办法就是沉住气，面带微笑。

第二节　运筹帷幄——校长的会议管理

“教师的魅力在课堂，校长的风采在会场。”会议是学校管理工作的最重要一环。会议是信息集中沟通的途径，是集思广益的重要场所，是统一思想、协调关系的手段，也是校长展示风采、体现价值、彰显魅力的重要情境。会议的主要目的是解决问题，但是效率不高的会议不但无益于问题解决，反而会使问题更加复杂。所以，校长开好会和教师上好课一样重要。本节就讨论校长如何高效率主持会议，同时也告诉校长如何善于“听会”，提高参会效率。

一、不同类型会议的主持方法

在学校中，日常会议可以分为告知性会议、执行性会议、谋划性会议和咨询性会议，那么，校长该如何主持这几类会议呢？

1. 告知性会议的主持

告知性会议，如报告会、演讲会、庆典活动、表彰会、决定等，一般都有固定的程序，校长在开会初始或结束时做指导性讲话。这类会议是校长对全体教职工的一次直接思想交流，也是校长树立形象、进行正式集中沟通的主要形式。

校长的讲话内容要以能激励教职工奋发向上为主，描绘学校发展愿景，使学校教职工产生一种亲切感和为取得成绩而高兴的振奋感，以及为达到新目标和为完成新任务而产生的紧迫感、责任感。

在讲话中要尽量给教职工工作以切实的指导。校长的优势在于掌握全局、掌握信息。在讲话中，校长要充分利用自己的优势，在会议上传递信息，帮助教职工了解全局信息，并针对不同群体的特点，对其如何参与学校发展提出明确的要求和指点。

2. 执行性会议的主持

这类会议在学校会议中占多数，在布置任务、落实计划、集中分配任务时采用此种模式，出席者多为学校中层干部。组织者和与会者就某项任务落实相互商讨，组织者向大家布置任务、人员、地点、时间、资金和应急方案，与会者接受信息，并就相关问题同组织者商量，信息传播模式为双向的。为提高效率，执行性会议一般只讨论与目标相关的事项，有议有决，校长要有主见、有权威地分配任务，言简意赅。

专栏

会议中下达任务的技巧

- 阐述任务的目的及重要性

当考虑下达任务时，校长首先要明白任务的目的和重要性是什么，以教师都能理解、易于操作的方式传达给他们，不要朝令夕改。

- 考虑措辞，积极鼓励

注意不要使用过于抽象的措辞，不要把目标设定得无法掌控，过于宏大。在分配任务时，不要使用过于权威的、命令式的语气来下达任务。

- 允许提问

在分配任务的整个过程中，都应该询问教师有什么问题和意见，并肯定教师提出的正确意见。在对象选择上，可以适当选择有发表需求的教师首先发言，创造良好的沟通氛围。在任务分配后，校长也要适时询问教师遇到的工作和困难，以解决问题为目的，而不是指责。

- 只考虑可以实施的解决方案

为提高效率，会议上只考虑可以实施的解决方案。对于暂时不能实施的方案，不管其多有创见性，均应放弃，留待进一步改进工作时处理。

在执行性会议中，组织者的“独裁”和“民主”的关系要处理好。如布置任务时，不事先征求教职工的意见，在会场上也不允许其对任务提出质疑，就会犯“独裁”的毛病，会极大地伤害教职工的感情，更别指望教师产生与学校共命运的共鸣。如果过于“民主”，任由与会者对此提出质疑，甚至推翻原定方案，或者就某个无关紧要的问题争论起来，那么势必议而不决，丧失会议的初衷。所以，校长应清晰地明确会议的目的及要解决的问题，控制会议进度。

3. 谋划性会议的主持

此类多为决策性会议，包括制定学校的政策、研究规划、修订规章制度、制订工作计划和措施、商讨对人或事的处理，信息沟通为双向型。出席成员主要是学校的中层以上干部和有一定影响力的、有代表性的教职工。

谋划性会议内容最为复杂，由于预先只知道会议要解决的问题而无固定程序，讨论范围较为深入和广泛，结果也是开放性的，所以在一场会议中不要设有多项谋划性议题。此类会议成功的标志是：最后在主持者的领导下大家统一思想，形成一个绝大多数人赞同并拥护的决议，并且能很快地、积极地统一行动，分配任务，付诸实施。

在主持会议时，校长应引导与会者有一个共同的愿望，注意将各种建议和意见巧妙地加以综合，力求以与会者的建议去加强另一个建议，从而使观点和要得到的方案逐步趋向成熟和系统化。民主氛围是基础，唯有如此，与会者才会畅所欲言，这就对校长提出了较高驾驭会议能力的要求。校长要先听后说，做好引导者和记录者的角色，善于引导与会者放开思路、广开言论，切不可过早提出自己的主张，而宁可等到别人提出同样的建议，自己再表示善意支持，这样可使大家免于思维定式的消极影响，也可以减少校长权威的负面作用，更可以使决策有更充分的群众基础。当他人发言与校长既定想法冲突时，校长也不要立即批评与建议。如果与会者很有创见但暂时不够成熟时，则应鼓励其会后继续完善，提出书面建议，供改进工作时采用。

专栏

谋划性会议不成功的原因

- 事先没有将议题告知与会者，或者与会者事先不做足“功课”，弄不清背景材料，到会上临时乱说一气，提出问题和质疑较多，而缺乏贡献性意见。
- 与会者间利益、性格冲突过大，出现冲突，事先又没有考虑到或者未协调好，总是谈不拢不愿妥协，形不成可行方案。

● 主持人缺乏会议组织技巧，不能当场将大家的意见概括，有议无决，效率低下。

● 校长权威的限制。尤其是专制型的学校，在会上大家参与决策积极性不高，只会附和主持者的意见。

4. 咨询性会议的主持

这类包括调查会、汇报会、交流会等。根据会议议程不同，相关成员包括教职工、学生、有权威的退休教师、家长等。这类会议重点是听取各方面意见，讨论问题但是不做决策，会议也没有行政约束力，参与人员广。

校长是主持人，也是信息搜集人，口问心记，听取与会者的见解或陈述。校长应该放下“权威”的形象，以听取意见和学习的姿态参与会议，听取情况、调查问题、了解下情，更能激起与会者表达意见的热情。

二、校长如何提高会议质量

1. 识别“五个如果”与“八个标准”

一个会议是否有召开的必要，首先要明确这个会议的形式、任务和目的等。一般说来，判定会议是否有必要开，必须符合以下“五个如果”：(1) 如果通过其他形式能有效解决的问题，则不必选用开会这种形式来解决。(2) 如果有几个性质、任务差不多的会，则可以合并起来开，但是每次学校会议议题不要超过5个，时间不要超过3个小时。(3) 如果会议时间可以压缩，那么要尽量缩短会期。(4) 如果能借用媒介手段，如电话、广播、电视会议等来解决的问题，则可以不开会，对于可开可不开的会议，坚决不开。

要做到高效会议，必须达到以下“八个标准”：(1) 只在必要时才召集开会。(2) 只在认真筹划后才召集开会。(3) 提前拟定和分发会议程序表。(4) 所有人都必须遵守时间。(5) 一切准备工作都就绪了。(6) 邀请最有经验和才能的人出席会议。(7) 会议作出了评论和归纳。(8) 记录了所有决议、建议和负责人。

2. 要以“议题”为中心

议题是会议的中心，也是会议要解决的核心问题。校长的会议领导形式之一就是处理议题的行为。校长在领导会议时，无论是会前、会中、会后，都要始终以议题为中心，以如何解决问题为目的。

有智慧的校长，在组织和主持一次学校会议时，首先要回答以下问题。

（1）组织会议前，清楚会议的目的是什么，或是通过会议获得什么。

（2）会议开始时，与会者是否知道会议目的。校长应该明确把开会目的和要达到的效果摆出来，让与会者人人都清楚明白。

（3）在开会过程中，校长要机敏地引导会议进行，促使会议达到目的。引领会议内容时，始终要清楚，哪项议题必须在会上由与会者做出决定；哪项议题只需听一听与会者的意见以便进一步补充；哪项议题需要说明背景，由何人来说明；哪一项议题会上暂不讨论而让与会者回去进一步思考；哪一项议题与会者必须赞同并在行动上要保持一致思考并阐明。

（4）会议快结束时，要及时概述会议决议，使最后获得的结果与会议的原旨相符，并使与会者明确会议的最终决定和结果。

专栏

良好的处理议题行为的特征

- 会前应确定所有与会者是否了解开会问题及原因，提供信息、议程和目标。
- 如果讨论可能是冗长或复杂的，应建议制订讨论大纲，避免离题和重复以前的讨论。
- 防止对议题和发言观点的误解和混淆，如不清楚，应要求解释，如发现离题太远，应及早引导回正题。
- 在议题讨论中可允许偏题的插入，但不能过长，以活跃会议的思考气氛。
- 要求发言者提供尽可能多的意见和建议，并辅之以事实和材料说明，抓住重点做摘要。
- 适时控制会议的时间与进程，常见的毛病是不了解会议已有实际的结果，仍继续开下去。
- 当有下列情形出现时，应果断中止会议。

——需要更多的事实材料才能继续讨论。

——需要不在场人士的意见。

——与会者需要更多时间思考或与他人商议。

——事情正在发展中，有可能不久就会改变会议的决定。

——会议没有足够时间彻底讨论此事。

——会后几个人即可解决的事，无须浪费他人时间等。

- 会议结束时，应清楚概述会议决议，使与会者明确会议的最终决定和结果。

3. 会议中人际关系的协调

会场上，来自不同背景、部门、性格的同事集聚一起，就某项问题进行商讨，难免有些成员会做出“不理想”的行为，比如：不断地与邻座窃窃私语，利用地位、资格和工作资历就某个问题托辞争辩，或保持沉默。这就需要校长运用一定的人际交往技能，结合有效的会议主持技巧，协调冲突，并尽可能调动会议气氛，鼓励所有参会者积极参与，达成会议决议。表 10－1[①] 概括了与会者表现出的某些行为，并建议校长在开会时这样应对。

表 10－1　会议中经常遇到的情况和应对策略

情况/行为	应对策略
沉默且害羞的团队成员	这些同事可能极为害羞，但却能为团队做出不小的贡献，开会时尽量让其感到舒适。开始时可以问他们一些简单的问题，当他们回答时与其保持目光交流，让其知道自己的发言是受到重视的，及时并真诚地肯定他们的贡献并给予更多的鼓励。
支配欲强、自负且固执己见的成员	他们认为自己了解一切，经常操纵并企图控制每一次谈话。有时，他们本来有深刻的见地以供分享，但却不这样做。如果在会议上遭到质疑或反对，就只会寻求更多的控制并变得专横跋扈。校长要试着建立一个会议议程，为每个人提供相等的发言时间，这样就不用在会议上制止这些同事了。
争辩欲强、对抗或持怀疑态度的团队成员	团队中好争辩的成员常质疑一切，品头论足甚至针对他人进行人身攻击。他们希望得到别人的注意但不能通过其他方式达到目的，所以通常以冒失鬼的角色出现。他们能发现问题但很少主动提出解决方案。为了消除他们的消极反应，试着尽早给予他们必要的关注。请他们提出自己的想法而不要纵容他们对别人的观点品头论足、指手画脚。
心不在焉并分散人注意力的成员	这些人表现出他们对会议是不感兴趣的。他们忙于跟邻座讨论，阅读其他材料并且一般试图保持着事不关己的心态。基本上，这些团队成员迫切需要关注，所以不妨请他们谈谈对正在讨论问题的看法。这些最起码能使他们关注会议主题而非社会交际。

---

① 琼斯. 学校领导者的管理技能［M］. 阎力，李雅斯，译. 北京：中国轻工业出版社，2000：110.

续表

情况/行为	应对策略
冷漠的团队成员	他们从不在会议上发表意见，他们通常都打定主意要随波逐流，也不会参与会议讨论或对其他人提供支持、帮助。开会令他们疲倦发困——要使他们参与进来需要花很大力气和费不少心思。为了调动他们的参与性和兴趣，可以让他们筹划并主持将来的会议。
与邻座开小会的团队成员	这类问题可能发生在一个较大的团队会议中，可能是因为有人有话要说却窘于无法向全体与会者陈述观点，也可能是由于那些谨慎细致的人在向大会发表其看法前渴望首先在小范围内检验其观点。开小会并不是问题，除非他们无休止地进行。试着请这些人与大家分享正在讨论的内容，或者停止说话注视着他们。

4. 会议后的反馈和成果巩固

会议主持的成果巩固，也是会议的重要内容，尤其是告知性会议和执行性会议的重点工作是在会议后；会议质量的好坏更是通过会议的成果形式而显现出来。在会后，校长要及时跟进，交代具体部门，要求迅速整理会议记录并拟订工作进度报告，并在以后的必要场合重申会议指派的工作，以督促大家及时将任务付诸行动。

专栏

会后必做的工作

- 了解对会议的反馈信息，对与会者或非与会者的反应都要了解，对会议作出正确评价。
- 检查会议决议的执行情况，确保每件决议执行都落实到人。
- 采取必要的补救措施来弥补会议讨论的不足。
- 有的会议需要扩大其成果，那么就要及时跟进。
- 如果有必要，也要重视会议后的宣传工作。

三、校长如何“听会”

在校长的会议时间中，有很大部分是“听会”“参会”，代表学校去参加上级或相关部门的会议。校长也不要认为“听会”只是“走过场”“耗时间”

的，而是要争取在会议上汇报的机会，阐述学校发展的情况，使上级领导和兄弟学校了解、帮助学校，为学校争取资源。

1. 会前要做好准备

在参加会议前，一般都会提前通知会议时间、地点，特别是会议人员和议题。校长在参加会议前，要提前思考，并做好以下三方面准备工作。

（1）思想方面的准备。善于听会的前提，是要高度重视“听会”的作用，那些将参会作用定为应付敷衍、走过场的想法是错误的。会议是集中沟通的重要形式，也是校长宣传学校经验、争取办学资源的好途径。所以，校长要重视会议的作用，持一种吸取新精神、领会新文件、掌握新动态、捕捉新信息、找寻新举措的态度或者眼光，迎接会议、准备会议、融入会议。

（2）内容方面的准备。在开会前，校长要做好“功课”，将议题解决和本单位实际相结合。在参会时，首先要做到对本单位的情况心中有数：取得了哪些成绩，存在哪些问题，今后发展规划如何，当前工作重点是什么，最棘手的问题是什么……都要情况清楚，数据准确。也只有这样，才能确保有备而来、满载而归。

（3）物质准备。在开会时，要带好会议资料、笔等用品，最好能专门备一个笔记本做参会记录，这样形成系统备案，方便日后查证。

2. 听会时做好记录

会上领导讲话内容大多是提前准备的，体现了某个人及他所在群体的思想、思路和态度，是领导者平常调研、上级部门要求和站在全局的高度谋划发展全局的点滴观念的“集成”。校长在听会时，要设身处地地从组织会议者的角度想问题、看事情，将心比心，感受他们的良苦用心，弄清会议的目的、意义，会议传达的新的思路、举措等。要善于捕捉有价值的信息，理清并记录领导讲话的思路和要点，及时做好标注和记录，以便于会议后传达、部署工作。另外在听会时，自己有触类旁通、顿生灵感处，也应在适当地方及时记录，以防会议后遗忘。

3. 听会时要勤于思考

校长在听会时，不能只满足于被动地听取报告，要积极融入，始终关注会议主题，理清上级部门对相关问题的态度、观念，相关的政策和规章制度，以及对问题的处理策略、方法等。更要结合本单位情况，认真对照，思考如何因地制宜，如何传达会议精神，什么时候传达，怎样具体抓落实，这些问题都要在听会时有一个初步的思考。如有疑问，可以当场或会后向组织者提出。

第三节 惜时如金——校长的时间管理

时间是一种资源，而且是一种特殊的资源。彼得·德鲁克说："时间是最珍贵的资源，如果不能把它管理好，那么其他事情也就无从管理好。"跟对待其他资源一样，人们对时间既可能有效地管理，也可能管理不当。时间管理的关键是自我管理，校长要努力做一个优秀的时间管理专家，就要学会"运时"，掌握统筹方法，制订工作计划，消除"内耗"和"空耗"；也要从分析自己时间使用情况入手改进管理，让有限的时间应用于有价值的事情，增强工作的责任感和时间的紧迫感。

一、消除错误的时间观念

在中小学校园里，经常可以看到每天忙得焦头烂额的校长，天天都感觉时间不够用，并且梦想着要是自己一天 24 小时都能用来工作该多好。时间管理专家菲利普对人们的时间使用情况作了研究后发现，生活中，人们常常有一些浪费时间的行为，对实现自己的任务目标毫无贡献，从而降低了工作效率。所以减少时间浪费现象，树立正确的时间观念，便是跟上这种快速变化的节奏的一条途径。

专栏

三种错误的时间观念

视时间为主宰

那些视时间为主宰的人在做事时，常常更重形式而忽视实质。这些人常会把一切责任归咎于时间上，他们深信"这只是时间问题""岁月不饶人""时间是最好的试金石"等说法，总是以时间为行为准则而忽视其他一切。例如：长途电话的通话时间一超过 3 分钟，一些人就会感到极度不安，虽然增加的通话时间可以节省几天的旅途奔波或是代替冗长的会议。

视时间为敌人

一些人在做事时仅仅重效率而不重效能，经常将时间当作超越与打击的对象，设定难以完成的目标，努力去“打破纪录”。比如在任何约定时间的场合，这些人都会因早到而感到“胜利”、因迟到而感到“沮丧”。人们的这种“胜利”或“沮丧”的感觉，是针对时间的早晚而产生，并非针对时间的早晚所导致的结果而产生的。这种时间观念的优点在于，它能使人们洋溢着一种突破障碍的竞争精神。但其缺点也是显而易见的。当一个人的心理经常处于竞争状态之中时，他将难以充分体会经验、成就或喜悦带来的快感。再次，重效率而忽视效能，也会导致因目标无法实现而造成严重的资源浪费。

视时间为奴隶

他们往往长时间沉溺于工作，成为人们所谓的“工作狂”。具有这种时间观念的人其优点是，工作卖力，事无巨细，事必躬亲，很认真地做所有的工作。其缺点主要表现为：自己陷入到工作中抽不开身，影响到自己的身体健康，进而影响到工作效率和个人幸福。

二、时间管理法则

管理者在正确认识自己时间使用情况后，应着手找出非生产性的、浪费时间的活动，尽力避免将自己的时间“漂移”到一些无所谓的小事情上，造成浪费时间的行为。作为一名管理者，校长有必要学习和掌握管理时间的一般原则。

1. 丢掉一些事情

古语云：有所不为才能有所为。社会发展到了今天，社会联系与活动日益纷繁，摆在校长面前的任务真可谓千头万绪。如果事事都要抓、都要问，则势必陷入毫无成效的忙乱之中。但是，放弃一些事情，又不把金子当沙子丢掉并不容易。

丢掉一些事情不做的指导原则是，确定奋斗目标，划定自己的活动范围，制订对所遇到的事情是否值得花费时间的某种标准。如果某项工作不在自己的活动范围内，偏离了自己确立的目标，那就不值得花时间去做它，要学会说“不”。

2. 拖一拖再办

当某件工作会使你背离优先原则，但你又不能不做时，可考虑拖一拖再办。每当你正确地拖延一些事情，把它们变成非优先的工作时，就可以暂时把它们丢掉不管。这样可以集中时间和精力，把重要的事情做得更好更快。

3. 委托别人去干

校长可以将由别人代替同样能解决问题或者有可能做得更好的工作放心地委托给别人去做，这就是要善于在管理中“授权”的问题。有效委派的第一个先决条件就是对工作的性质、特点和问题，下属的能力和愿望，部门和学校的目标等都要有所了解。

有效委派的七个步骤：选定需要委派别人去做的工作—选择能胜任工作的人—确定委派工作的时间、条件和方法—制订一个确切的委派计划—具体委派工作—检查下属的工作进展情况—建立检查和评价委派工作的系统。

4. 亲自做重要的事情

校长应该善于集中时间和精力去做必须亲自去做的事情，并且首先做好重要的事情，这是科学运筹时间的一个重要方法。通过确定目标先后顺序，养成良好的讲究效率的工作习惯，便可以用较少的时间去完成更多的工作。节约下来的时间可用来做更多的工作，或用于娱乐、休息等。

三、时间管理方法

1. 合理规划时间

现代快节奏生活中，在事务繁杂的状态下，校长常常会在各种各样的压力的迫使下，去做一些毫无意义的事情，时间也自然地浪费掉了。为了提高时间的有效性，校长应尽可能从认识自己的时间使用情况着手，科学地运筹自己的时间，增加时间的有效性。为了便于全面了解时间使用情况，校长们首先要做好时间记录。具体方法有很多，既可以自己动手做时间日记，也可以让秘书或助手帮忙记录；既可以全年都做时间记录，也可以每次以一个月为阶段做时间记录。不管选用哪种方法，重要的是把真正的时间花费记下来，且尽量在事情发生的当时记下来，而不是在事后凭回忆去记录。只要坚持不懈这样去做，校长就可以重新考虑和重新安排自己的工作时间表，就能有效避免时间浪费，也就能真正管理和运用好自己的时间。

2. 分清事务的轻重缓急

时间管理的重要性在于，它影响了最后的成效。如果最重要的事情安排到最后去做，但到最后会发现可以支配的时间所剩无几，造成工作效果一般。校长工作往往是千头万绪、错综复杂的，但是每一件事情的轻重缓急各不相同。在现实生活中，校长往往被紧急的事情牵着鼻子走，先完成紧急的，而后完成重要的。其实紧急并不意味着重要。有些事情是重要的，但是从来都不是紧急的；有一些事情总是紧急的，但从来都不是重要的。时间管理的技巧就是将重要的事情列入紧急事件之列，而将不重要的但紧急的事情排到后面去做。[①] 因此，建议校长把各项工作按重要性和紧急度进行排序，然后将每天的注意力首先集中于重要的任务，其后再处理紧急的事情（见图 10－1）。在第二次世界大战中，艾森豪威尔将军也正是由于严格遵守了这条规则，才取得了巨大的成功，比如他每天将自己的注意力集中于只有他才能够处理的事情上，而其他事情则让他的下属去做。

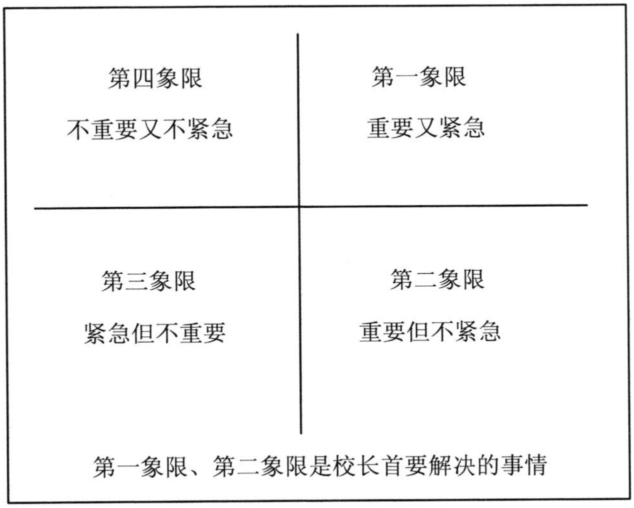

图 10－1　事务轻重缓急分布

3. 制订工作计划与列出工作清单

凡事预则立，不预则废。所以当你准备干今天的每一件事情之前，要在心里、纸上写下准备做的事情，以及做该事情需要花费的时间，即进行时间分配。

---

① 琼斯. 学校领导者的管理技能［M］. 阎力，李雅斯，译. 北京：中国轻工业出版社，2006.

校长抓好“五个战略时间”行动方案的制订，便可极大地提高时间利用率。“五个战略时间”及行动内容分别是：（1）“日之末”，拟订明天要达到的目标和主要活动提纲，使次日睡醒时就有明确的行动计划。（2）“周之末”，总结本周工作，拟订出下周各项主要工作的提纲，要求细到每天要达到的一项或多项目标。（3）“月之末”，总结本月重大事件，拟订出下月要达到的主要目标，要求细到每周完成的事情。（4）“季之末”，检查本季度的主要成绩，确定需要采取的补救措施或找出计划中需要改进的地方。（5）“岁之末”，检查本年度的主要事件，分析成功与失败之处，列出下年度的工作目标。为了完成以上“五个战略时间”的计划和记录，必须先准备好一个记录本，写好目标一览表、日志、记事簿等。最后把自己的工作结果与预期目标相比，如果相符，便说明时间已被有效利用。

4. 抓紧零碎时间

富兰克林曾经说过：“忽视当前一刹那的人，等于虚掷了他的所有的一切。”换句话说，如同储蓄一样，时间也是可以积零成整的。如何将时间积零成整，其诀窍就是要把工作化整为零。当某项工作需要占用较多时间才能完成，而我们的时间有限，难以找到这么多大块的时间时，建议校长这样做：只要能把这项工作合理地分解成若干部分，化整为零，就可以用一些零星分散的时间去做，积以时日，最终便可以完成。校长要始终带有这种强烈的意识去把那些零散的时间片段利用起来去做一些有用的事情，如查找资料、阅读、交流教学心得等。这样，在相同的时间里将会比别人完成更多的事情。

专栏

节省时间的小窍门

- 有选择性的阅读。将每天需要完成的事情列一个单子，不但要关注你今天要做的事情，而且要关注你每天要完成的事情。
- 将一个大的任务化整为零。
- 将最好的时段留给最重要的任务。在精力下降的时候去处理一些不重要的日常事务。
- 弄清自己是怎样利用时间的。建议用日历记日志的方法去记下每天所从事的活动，一般情况下，每半个小时或者一个小时就要记录一次。
- 用等待的时间去做一些有意义的事情，可以用这段时间完成阅读、计划、准备、检查等工作。

- 每天至少完成一件事情。一天下来，如果一件事情也没有完成会让人产生时间压力。
- 给自己留一些私人的时间。每个人都需要一段安静的时间。在这段时间内可以规划一下自己，或者确定任务的优先权，或者是放松自己。
- 不要持续不断地担心任何事情。
- 将互不冲突的多种事情放在同一时段中合并进行，可以提高效率，有效节约时间。
- 交叉工作，也就是将工作性质较难的和比较轻松的交叉起来，轮番做，使自己在做高难度工作时仍能有机会喘口气，不至于过分辛苦，又能将所有工作做完。
- 每件物品都有其固定的位置。随意摆放物品会使自己花费很多的时间在找东西上，这也会打断当前的工作。
- 设定最后期限。这有助于提高利用时间的效率。
- 将自己的长期目标写下来。这条规则可以使你保持任务和行动的一致性。

第四节　和而不同——校长的冲突管理

中国的传统管理思想主张以“和”为工具，避免“人与人之间冲突”，以维持社会和组织稳定。然而，现代管理理论认为，冲突管理通常是驱动变革的最大动力之一。只要处理得当，冲突能够给学校带来更多革新，帮助巩固组织内部的关系，帮助组建有效的团队。此节，我们将引导校长学习正确认识冲突和处理冲突的方法，从而达到双赢的目标。

一、正确认识冲突

1. 冲突是什么

学校冲突是指学校成员之间、内部各群体之间、成员与群体之间，由于目标、利益、需要、价值观等方面的不一致而在互动过程中发生的对立现象和行为。学校冲突是普遍存在的，包括如下几种。

（1）目标性冲突：当某个人或团体寻求达到截然不同于对方的结果时。

（2）认识性冲突：当某个人或团体持有与他人不同的观点时。

（3）情感性冲突：当某个人与团体的情感、情绪或态度与他人相互排斥时。

（4）行为性冲突：当某个人或团体的行为方式不被他人认可或接受时。

2. 冲突的成因

要处理冲突，首先要对造成冲突的成因进行诊断。学校组织冲突的成因较为复杂，有单一的动因，也有综合的多方面的动因。以下我们概括出组织冲突的几点原因。

（1）个性差异的客观存在。个性差异是指主体之间在稳定特征上的不同。在组织中，个体差异越大，共性就越少，主体间合作的可能性就越小，存在的分歧、矛盾就越普遍，工作和交往中的阻碍、争执也就越频繁。

（2）团队不同人的认识不同。人们以各自不同的方式来解释现实问题，对问题的严重性、原因和后果的认识存在分歧。不同的认识可能源于自我意识、他人认识、对形势认识的冲突以及对威胁感知的不同。

（3）不同人的价值观不同。价值观是人们认为很重要的信念和原则。当人们持有不和谐的价值观或价值观含糊不清时，价值观的差异很容易会引起主体相互之间主观判断的分歧和争议。

（4）个性的对立。有些教师可能“脾气很冲”，有些教师可能在以前工作中彼此有“矛盾”，充满敌意，这些也会导致冲突的爆发。

（5）组织沟通不畅。在封闭性文化组织中，缺乏沟通和交流，沟通不畅可能会使成员对问题的理解含糊不清。在组织信息沟通过程中的误解或传递无效，极易引起个人和群体之间产生隔阂，引发冲突。

（6）资源的稀缺性。当两个或两个以上的主体同时依赖于组织的稀缺资源时，双方极可能因为如何分配资源而发生冲突。

3. 冲突的价值

冲突如果处理不当，往往导致学校内部各群体的挫折感不断累积，组织氛围不断恶化，各种破坏性行为不断增加，最终降低整个学校组织的工作绩效，使学校运行进入恶性循环。但是现代冲突观认为，组织冲突是普遍存在、不可避免的，并且常常被认为是合理的。学校冲突并不是只能给学校带来各种问题，而若是对学校冲突实施有效管理，就能够促进学校组织的沟通，提升学校的良性运行能力，从而提高学校组织的工作绩效。

就学校组织中的个人而言，冲突的发生乃至解决可以满足个人的不同需求；可以激发个人潜能，提出创造性解决问题的方法；可以促进组织成员之间的沟通，宣泄不满与紧张的情绪；可以使组织成员对团体更加忠诚。

对于校长而言，有效地管理冲突可以增强组织的凝聚力和开放力，使校长对组织内部的关系能有一个清晰的把握，可以促进组织决策的科学性和有效实施。

就整个学校组织而言，对冲突的有效管理和合理解决，可以促进学校结构的合理性，有利于建立一套科学、合理和高效的规章制度和组织章程，促进学校组织和谐发展。

二、和而不同——如何面对冲突

1. 学校冲突的诊断

依据组织行为学理论，学校管理者应该采取适当策略使冲突维持在一定水平，并能够及时诊断该冲突是否属于功能性冲突，以此来促进学校发展。校长可以通过以下方式对学校冲突作出有效诊断：

（1）确定冲突的数量和水平

不同类型的冲突对学校的影响作用不同，而冲突也只有到达一定的水平才能促进组织健康发展，因此学校组织的冲突并不是越多越好，也不是越少越好。学校冲突过于频繁，会影响学校各项活动的正常开展和学校的正常管理；而学校冲突过少，则将导致学校成员冷淡，组织缺乏凝聚力。组织冲突只有达到适当水平，才能促进组织的健康发展，使组织绩效得到提高。因此，学校管理者必须能够及时掌握冲突的数量和水平。

（2）评估冲突的效果和影响

冲突既有积极的功能，同时也有破坏性功能。如果管理者能够正确评估冲突的功能，则有利于其更好地管理冲突。一般而言，有效冲突的效果必须是对学校组织内部的各个群体有利，如对教师整体、学生整体有利，而不应该是对个人或者特定的小团体有利。如果由于冲突的最终裁决影响了某部分小团体的利益，却维护了整个群体的利益，那么冲突的解决就被认定为是积极有效的。

2. 处理冲突的对策

冲突在团队发展的过程中是难以回避的，有些人甚至认为冲突是团队成长过程中不可或缺的一部分。应对冲突包含两层含义：一面是关于规避冲突赖以滋生的“条件”；另一面是关于化解（消除或削弱）冲突可能激起的敌意。下面是几种常见解决对策。

（1）回避矛盾

在冲突发生后，校长可能选择一种消极的处理办法，如忽视冲突的存在，希望双方自己通过减少群体间的相互接触次数来减少摩擦，或是希望时间来消除情绪的激动，前提是只要冲突没有严重到损害组织的效能。

（2）加强沟通，解决问题

可由校长召集冲突双方或代表，让他们把分歧讲出来，辨明是非，找出分歧的原因，提出办法，以及最终选择一个双方都满意的解决方案，就事论事地处理某个具体问题。这种面对面的沟通形式如果利用得好，可以促进相互理解，促进组织提升。

（3）建立更高的工作目标

在冲突爆发时，校长可以树立更高的工作目标，使双方冲突的成员感到有紧迫感和吸引力。在这种情况下，冲突双方必须合作才能达成目标，迫使双方相互谦让和作出牺牲，共同为这个超级目标做出贡献，从而使原有的冲突与超级目标统一起来。

（4）强制办法

强制性办法的实质是校长借助或利用组织的力量，或利用领导地位的权力形式，或利用来自联合阵线的力量，在解决冲突时，校长可以明确表示对某一种做法的支持，采取强行手段解决问题，排除其他干扰声音；校长也可以设法集合组织的其他力量组成联合阵线，强迫冲突中的一方接受另一方的立场。

3. 校长在处理冲突中的“应为”和“不应为”

校长在处理冲突时，最重要的是做到坦率和真诚，商讨并确定一些处理冲突情境的基本规则（见表 10 - 2）。

表 10 - 2 校长处理冲突情境的基本原则

校长应为	校长不应为①
尽快确定处理冲突的基本规则——召开会议实现此目的。 尽早在“安全”时候揭示冲突——当你感到团队能够以成熟的方式解决冲突时，寻找	希望冲突不会发生——抱着掩耳盗铃的心态是无济于事的。 强调冲突的消极面，忽视冲突的积极作用。

① 琼斯. 学校领导者的管理技能［M］. 阎力，李雅斯，译. 北京：中国轻工业出版社，2006：132 - 133.

续表

校长应为	校长不应为
适宜的“紧要关头”，如当拥有可行的解决方案时。	
保持公正——在调查情况时，应“保持中立”，不偏不倚。	回避冲突——校长最好迎难而上，回避不是最佳的解决方法。
鼓励团队为结果承担责任——为实现预期结果，能够参与和做出贡献的人会越来越多。 解决困难并令双方满意——不是“我赢你输”，而是“我们共同解决问题”。	将冲突的矛头对准个人——不要相互谩骂和诋毁。把问题局限于工作的范围内，就事论事，不涉及人格褒贬。
沟通——保持团队的交流。 以解决己见的方式来维护你的权利，但不要损害他人的权利。以成熟和理性的方式行事，体现出你能够意识和顾及别人的需要。	争议扩大——不要扩大争议，将更多的人卷入冲突中，领导者此时要将煽动者拉到一边，私下讨论那些根本性问题。
解决问题而不做人身攻击。 允许对方坦言陈词。 关注利益而不是立场——在彼此对立的立场背后存在共同的一致性利益，也存在不同的利益冲突，对问题应该不妥协，对人员则不该苛求。	轻视对方的愤怒或强烈情绪——问题对于校长来说无足轻重，但对当事人来说可能很严重。 增加问题情境的情绪化色彩——由个人决定问题的解决办法就可能意味着团队的分裂。需要每个成员增加凝聚力，共同促进组织发展。

第五节　张弛有度——校长的压力缓解

“压力好大”是目前诸多校长的心声，校长难当，好校长更难当。悬在头上的安全利剑、捉襟见肘的经济压力、求新求变的教育改革需求、事关生存发展的教育质量、应接不暇的迎检事务、难以实现的培训梦想……工作负荷量的增大，角色职责趋向复杂，压力沉重和挥之不去的困惑，使得校长们寝食难安、忧心忡忡，这无疑敲响了心灵警钟。因此身为校长，该如何透过认识压力，悦纳压力，并化压力为助力，将压力转变为成长动力，激发潜能并提升个人的抗压性，这是摆在校长面前的最重要问题之一。

一、校长的压力来源

1. 角色模糊或冲突，无所适从

有研究者曾指出，角色冲突和模糊是校长压力和职业倦怠的主要因素。当校长要扮演的角色之间有冲突或者校长角色应有的行为不明确、角色期望不清晰时，与角色相关的压力就会产生。当校长面临两种或者更多的角色冲突时，就会感觉到压力。比如：家长希望校长能成为“教学专家”，通过各种举措狠抓教学工作，能给予学生优质的教育；教育行政主管部门和学校教师，则希望校长能筹集到更多的经费和资源，改善办学条件，增加教师福利；提高升学率和减轻学生课业负担，也是困扰校长的现实难题之一。如果说行政事务使校长“身累”，由自身角色模糊或冲突带来的困惑，则使校长“心累”，不知道该如何适从。

2. 不宽松的教育管理环境，无限责任

首先，上级的干预太多。现实的地方教育行政部门普遍放权不够，统得过死，校长办学自主性受到种种制约。例如：教学方面很多问题都是教育局教研室来规定的；校长有人事权，但实际上的权力在教育局人事科，校长应有的一些权力实际上根本没有落实。其次，许多校长都感到社会其他部门对学校干预过多，并且他们认为自己把主要精力都放在了处理各种社会关系而不是教育教学上。再次，校园周边环境较差，安全问题防不胜防。学生多为独生子女，一旦在学校或在校外组织的参观、活动中有什么闪失，家长常常将责任归咎于学校，将学校告上法庭，这也给作为学校法人代表的校长带来巨大的精神压力。

3. 超负荷的工作，任务繁重

在学校中，校长往往身兼多职，工作量大，任务繁重。会议多，一周有时几次参加教育行政部门和其他部门各种各样的会议；文件多，每份都得及时批阅，认真写汇报写总结；检查评比多，除了教育教学工作的各种常规评比，还有诸如公安、计划生育、社会治安综合治理、安全卫生、物价、审计、工商等部门抽查、普查、复查。校长还要抓好教学这条生命线，处理好常规性的事务。此外，某些校长还要进修，参加继续教育等。事务烦琐，校长整日奔波劳碌，疲惫不堪。

4. 个体的因素

一是思维方式陈旧，管理水平不高。有的校长认为自己是一校之长，学校所有的事情都应该事必躬亲；有的校长尤其是老校长，盲目相信传统的管理经验，在学校管理中故步自封；有的校长不是以理服人，而是凭主观武断，滥用权力；有的校长则对管理目标价值要求过高，脱离本校实际。二是角色转换不当及适应不良。一些年轻校长对领导角色规范不够明确，未能准确把握新角色行为，上任初期出现一些工作失误，难以调整心态，造成心理困扰。三是缺乏自我心理保健的意识和知识。许多校长对心理健康的认识片面，关注程度不够。日常工作中不重视也不善于调整自己的心理状态和缓解心理压力。四是家庭内部的困扰。如家庭关系待调整、子女读书就业负担重等。

5. 面对冲突的困扰

上级对校长的工作负有领导和控制作用，所以上级的一些不良工作方式也容易给校长造成压力。如上级领导一直不给予校长应得的赞誉，则会使校长感到被轻视，挫伤工作的热情以及积极进取的精神；如上级领导不断找岔子，或不能授权，习惯性地插手校长的工作，从不赋予校长做决定的权力，这会伤害校长的创造性和热情，使校长常常怀疑自己的工作能力。

与同事的关系。如果学校同事之间疏远、冷漠，沟通不畅，则会加大组织的人际压力，继而造成整个组织氛围的恶化。如果教职工对校长充满怀疑或者怨气，则会将校长置于一个充满了指责与反指责、否定与反否定的氛围中。长期处于危险的戒备状态，这样的人际环境造成的压力不可低估。

二、如何来缓解压力——实现个人变化的大纲

1. 正视困难，感谢压力

压力并无好坏之分，一定的压力是生活必需的，这样才能保持兴奋和获得满足感。适当的压力是健康的刺激力量，最佳水准的压力正是促进我们取得成就的动力。有的校长面对困难和压力时，反而会激起奋战的热情，挑战和成功带来的满足感使自我感觉到实现了人生价值，获得愉悦。因此，压力管理的重点不在于消除压力，而是要找出最适合自己的方法。“压力就像一根小提琴弦，没有压力，就不会产生音乐。但是如果弦绷得太紧，就会断掉。你需要将压力控制在适当的水平——使压力的程度能够与你的心智相协调。”压力管理

就是要把压力控制在一个适当的水平，使其成为一个有益于人的身心健康的、令人愉悦的、激发人的潜能的刺激。

2. 查找压力：什么情况使你有压力？

“对症才能下药”，压力来自日常生活，在审视压力时，我们要把引发压力的主要原因找出来，这可以帮助我们清楚地意识到哪些事件或情境给我们带来压力，它们为什么会给我们造成压力。分析生活中的压力事件，便成为最基本也是最重要的步骤。唯有明辨压力来源影响程度的高低，才能集中心力和资源，针对高压力源进行压力管理。请校长拿起笔，试着做以下练习（见表 10－3）。

（1）列出私人生活中让你感受有压力的事件。

（2）列出职业生活中让你感受有压力的事件。

（3）这些压力事件中哪些是你必须承受的，哪些是可以施加部分影响的，哪些是完全可以控制的？重点关注可以施加部分影响的事情和必须承受的压力事件。

表 10－3　校长压力自查表

我必须承受的压力事件		我可以施加部分影响的压力事情		我可以完全控制的部分	
私人生活	职业生活	私人生活	职业生活	私人生活	职业生活

3. 积极处理压力：分析和解决问题

一般人面对自己无法顺利处理的压力时，经常采取不太理想的方式，如逆来顺受，这样做往往无法有效处理问题，反而徒增烦恼。查找到压力事件后，就需要认清压力事件的性质，理性地思考及分析问题事件的来龙去脉，确认个人是否具备解决问题的能力。在分析时，要采取系统的方法，思考如何寻求解决问题的资源，包括如何动用家庭及社会环境支持系统。

分析原因：什么导致了压力的产生？

有些问题的原因不止一个。如果有多个，那么请找出所有的原因。

个性。找出个性中有哪些因素导致了压力事件。如完美主义、工作狂、好胜心等。

态度。找出你无力改变但可以通过改变处理方式减轻压力的压力事件(如将疲于应付改变为积极应对)。

能力。查找哪些压力事件是因为你目前的能力不足而导致的（比如：管理能力、时间管理、沟通能力、知识等)。

行为。找出通过你的应对方式或者行为的改变能减轻压力的压力事件。

无法改变的。作为校长，你觉得目前有哪些压力事件你无法改变（比如：学校财政资源)。

按照导致压力产生的原因重新排列以上压力事件。

⇩

相应的解决方法：我能做什么？

个性。分析由于个性问题而导致的压力源。什么样的个性引起了问题的产生？你如何改变个性特点？或者说，如何使自己的个性和工作有效地结合起来？

态度。分析那些能通过改变态度而缓解压力的压力源。你能用什么样的新的态度来减轻压力？比如：面对一件必须做的事情，不妨将其作为挑战，乐于接受。

能力。什么样的能力缺陷导致了压力的产生？校长该如何通过学习来增长技能？比如：参加校长培训班、向有经验的老校长请教、阅读书籍。

行为。哪些压力可以通过改变你的应对方式或者行为而减轻？找出一种你能做到的行为改变。

无法改变的。这些不可改变的事情在多大程度上给你带来了压力？你能容忍吗？或者你需要离开这个工作环境吗？如果离开，你有哪些选择？请慎重思考。

多重原因的。有时候压力的产生是多重原因的。比如：个性特点和行为，既追求完美又一次性接受很多任务。①

---

① 布罗克，格雷迪．摆脱校长职业倦怠：校长解压自助手册［M］．王文秀，译．北京：中国轻工业出版社，2006.

4. 行动计划：我要如何处理压力事件？

如果能够理性地对待压力事件，客观地看待必须面对的压力事件，那么克服压力并不是件困难的事。所以，建议校长在理清压力源和分析压力事件后，遵循以下思路处理，可能会更为高效些：

给每个问题选择最佳的行动路线，思考该如何才能最好地解决压力问题。

给表上的压力事件安排优先顺序，优先解决可以改变的和必须改变的事件。

一次解决一个问题，不要试图在有限的时间内解决所有的问题，因为那是不现实的。

5. 缓解压力的长效机制

为了避免压力所造成的负面影响，校长必须培养一套缓解压力的有效策略，或改变自我，适应环境，或寻求社会支持系统，调节自我情绪。校长们可以依不同的情境，做弹性的运用。

（1）提升工作能力

直面弱点

再小的压力也能压碎比它更小的事物，这几乎是一条准则，但也道出了压力产生的另一种真相，那就是并不是压力有多大，而是自身太弱，承受力太小。

弱点是导致个体害怕压力的根源，是产生心理困扰的根本原因。校长如果能了解自己的弱点，并正视它们，克服它们，或者避开自己的弱点，就不会受到压力的伤害。校长作为领导者，管理学校时首先要进行自我管理，认识自己的弱点，坦然接纳自己的弱点。只有弄明白自己到底“弱”在哪里，才能够对症下药，困扰才能够得到控制。

行政运作要运用适当的技巧

提高效率：校长应以理性的态度来衡量事情的轻重缓急，果断地处理事务与作决策，不拖泥带水，以提高工作效率。尝试进行科学的时间管理，唯有将时间做最适当的分配，才能最有效率地工作。

充分授权：善用社会资源，寻求他人的支持与支援，对组织成员充分授权，做好规则制定及监督的工作，以减轻工作上的压力与负担。校长要抓住重要而紧急的、重要但不紧急的事情来做，适当忽视不重要但紧急的、不重要也不紧急的事情，交给其他成员来处理。

培养逻辑思考、分析评估、解决问题能力

分析解决、寻求支持是校长最常用的压力缓解策略，因此要多培养逻辑思考、分析评估、解决问题与寻求支援的能力。有经验的行政者应该知道如何睿智地使用时间，妥善地处理压力，解决冲突，做好时间及压力管理，稳住心境与情境，勇于面对和承担；直接找出压力源，按照轻重缓急与优先顺序来处理，逐步化解，但有时却必须“急事缓办”，“事缓则圆”。

（2）重视沟通培训，寻求社会支持

培养情感基础，寻觅沟通渠道

校长虽然在学校日理万机，随时随地都会和人碰面交谈，然而却也可能是全校最孤独的人，在学校难以寻觅适当的渠道，来缓解因工作压力导致的情绪反应。当个人面对工作困境时，常造成自己的压力与情绪低落，这时，特别需要他人的支持与协助，因此，寻求适当的社会支持是非常重要的。但是，在寻求支持前，必须建立良好的人际关系，培养情感基础，别人才可能适时伸出援手。因此，与他人相处，态度要真诚坦白，更要积极助人。

重视经验分享，增进管理知识

在工作中，可以向专家、有相同经验的人或亲友商谈，建立起属于自己的校长对话平台，特别是本校的老校长或相同境遇的校长，透过彼此的经验分享，以寻求问题解决的支持或精神上的支持。同时，也要勇于向上级教育行政部门或学校教职工坦诚说出自己的心理困境，以求得大家对自己工作的理解和支持，获得良好的人际关系氛围，校长的压力才会大大得到缓解。

正确认识培训进修，树立终身学习的观念。校长的压力来自对实践的困惑，而学习理论能增进此方面的技能。校长可以利用培训机会，多学习管理知识和技能，向专家请教，掌握教育理论知识，增进自我专业知能，尤其是理论联系实践，以增进办学技巧，减轻工作压力。

（3）心理行为调适

运动减压术

适度而有趣的运动可使人的身心处于舒畅、和谐、愉悦之中，从而转移快节奏的现代生活带来的压力源。虽然运动不能改变压力源，之后也还要面对压力与紧张，但运动可暂时转移压力，并将不利于人体的能量物质清除。当人们以较舒畅和愉快的心情面对压力时，就会以超越的态度面对压力的挑战。

在工作之余，建议校长选择自己喜欢并能享受的运动，如网球、羽毛球、足球、乒乓球、篮球、高尔夫球、太极拳、气功等。同时，能够兼有活动身体和清脑、静心的运动，其缓解压力和促进健康的效果更佳。

享受独处，冥想减压术

内心的平静与祥和也有助于保持精神愉快。校长要善于享受独处，努力从日常工作中挤出一些时间留给自己，或闭目养神，或独自思考。独处能够使精神得以休息、重新唤醒灵魂、再次激活创造力。

独处时采用冥想减压术也是不错的方式，能对心智和行为产生正面作用，同时，使人减少氧气消耗，减缓心脏跳动。冥想是通过人体在一种精神深邃的休息状态下，来消除或减少压力所造成的负面作用，进而减轻人体所承受的压力。

专栏

冥想减压法

选择一个不太可能被打搅的时间和地点，关掉电话。坐在椅子上，双腿交叉盘坐于硬垫之上，双手轻握放在大腿上，整个过程保持上身直立，别让头部及肩部倾斜或背部朝后倾，保持这种姿势，同时尽可能让肌肉放松。闭上双眼，把注意力集中于呼吸，别紧张，保持一切轻松自然。让自己对呼吸的感觉占据全部意识，别让注意力随呼吸而转向全身，选择一个焦点，例如：鼻孔或腹部，让你的注意力在你的关注点上静止下来。

6. 定期的评估：审视动态的压力水平和压力源，保持身心平衡

没有什么事情可以固定不变。校长的生活、工作、问题和压力来源也是如此。所以，校长要定期审视自己的生活和工作，审视压力水平和压力来源，并相应评估应对，将压力控制在适受程度下，这样才能激情面对困境，实现自我超越。

第六节　知人善用——校长的合理授权

在前面谈到时间管理和压力缓解时，我们都建议校长要学会授权，这节就和校长共同探讨，如何做到合理授权、知人善用。

一、授权的准确含义

“授权”是指由上级授予下级一定的权力和责任，使其能够自主地对相应工作进行处理和决断的一种施权方式。“授权”是领导者智慧和能力的扩展和延伸，是实现领导活动目标的重要措施。优秀的领导者大多能巧妙地运用“授权”艺术，调动下属的积极性和创造性，从而取得工作的主动性。

当我们知道授权是什么后，还要知道“授权不是什么”。

① 授权不是放任：切忌不管不问，要适时监督。

② 授权不是参与：要给予下属充分的决策权。

③ 授权不是弃权：要做好“让人把事情做好，自己实施有效的控制”。

④ 授权不是授责：校长仍对授权的和未授权的所有任务负有同样的责任。

⑤ 授权不是代理：代理是被代理人有其他重要事务或者外出时，由代理人对日常事务进行管理，并负全部职权和责任；而授权是明确的上下级关系，针对具体的工作任务。

⑥ 授权不是分工。对于校长来说，恰当地为下属分工，是将工作任务合理切割的过程，校长处于任务中心，工作重心是协调下属的工作，以保证任务被恰当地完成；授权则是校长作为独立于任务的上级，听取有关工作的报告，解决超出下属能力权限的各种困难，和被授权者有上、下之间的监督和报告关系。很多时候，校长将分工和授权相提并论，混为一谈，这是不严谨的。

二、怎样才能成功授权

1. 分析任务：哪些事务可以授权

作为学校的最高领导者，校长首先要将工作分析、分类，确定有哪些事务是“重要、核心且只能自己来做”的任务（A 类任务）、“重要、常规但可以且应该授权”的任务（B 类任务）、“不重要”的任务（C 类任务）。利用这个技术精简不必要处理的任务，委派可授权的任务，然后集中精力处理那些只有校长才能完成的任务（见图 10－2）。

“授权”适当就是要适度，“过”或“不过”都难以达到目的。“授权”过分，校长失去了应当行使的权力和责任，就会大权旁落，失去对大局的控制；“授权”不及，则调动不起下属的积极性，校长依然陷在事务堆中不能自拔。所以在授权第一步，确定好授权内容，明确哪些权可授、哪些权不可授，就显得尤为重要。一般来说，重要、核心且不可授权的事务（A 类任务）主要包括以下几类。

（1）人事和财权。人和钱的问题是最重要的问题。因此，领导者要把握对直接下属和关键部门的人事任免权（即组织人事权和学校财务的控制权）。

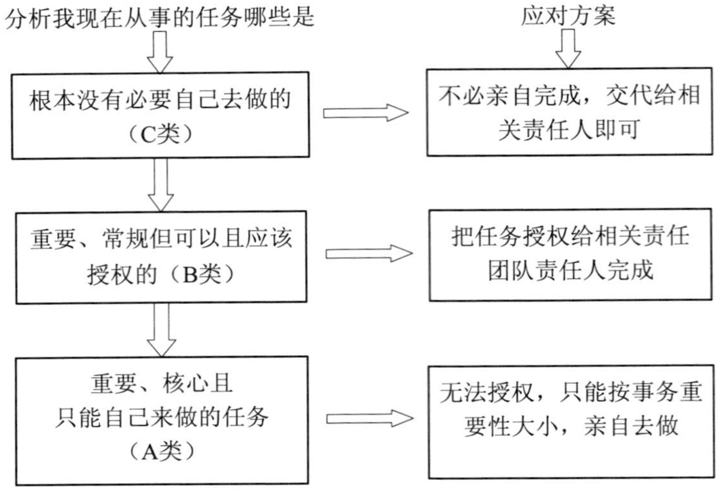

图 10－2　如何选定可授权的任务

这样就能保证领导机构的运转正常和高效。

（2）制定决策的事务。制定决策的事务，其影响面很广，属于非常重要的事情，校长最好亲自关注。在制订学校发展规划过程中，在收集整理汇总各种意见之后，校长要做决策工作，引导组织发展。对部门的近期、中期、长期的规划不能授权，关于决策制定的事务不能授权，因为这些都是校长作为团队领导的责任。

（3）对校内关键任务的沟通协调与约束、评估。

（4）危机问题。如果危机发生了，那么校长必须肩挑这个重担，找到合适的解决方案，切不可放权。当处于危机时，要确保自己在现场起一个领袖的作用。

（5）涉及学校机密的事务。对于高度机密的事务，也必须由领导者亲自完成，否则领导者就有逃避责任的嫌疑。

（6）需要发挥自己独特视角和特殊才能的工作。

（7）“热土豆”式的工作。所谓“热土豆”式的工作，是指那些处于最优先地位并要求校长马上亲自处理的特殊工作。例如：上级教育行政单位非常感兴趣的某件具体工作就是“热土豆”式的工作。

2. 分析人：谁能够或谁需要接受授权

“职以能授，爵以功授”，授权就是选择合适的人，力求把权力和责任授给能力相应、专业对口的最合适的人，并且所授工作是被授权人感兴趣、乐意干的。如果选不准被授权者，那么校长不但无法实现“授权”的目的，反而会增添麻烦。假如一时没有合适的人选，那么宁愿缓授也不可强授。

在授权前，校长可以试着列出一张任务工作表，根据下属所从事工作相关的经验、知识和积极性，选择每一项任务分配给最合适的下属，这也将指示校长使用不同级别的监督和不同形式的授权。通常有如下几种（见表10－4）。

表10－4　校长授权分析

有工作能力——有工作意愿 这是理想的被授权者，因为他们乐于接受委任工作的全部责任，也乐于与其他人讨论交流并采纳合适的建议。	**有工作意愿——无工作能力** 在承担被授权的工作责任之前，可能需要接受相对多的鼓励和培训，以弥补工作经验的缺失。
有工作能力——无工作意愿 极不情愿学习或接受其他人的建议，经常抱怨领导者对他们的授权。	**无工作能力——无工作意愿** 既缺乏工作动力又缺乏工作能力，需要得到集中培训，甚至是能力测评。

在考虑人选时，应避免使胜任者超负荷工作，同时不敢放手让其他人接受授权。也应留意在某些时段有空的人，寻找能够有效利用其能力的事务授权给他。在授权时，校长要有意识发掘人才、培养人才，特别是需要在工作中成长的教师，校长要在其力所能及的范围内提供机会，促进其较快地成长。

选好人之后，要根据各人办事能力不同，确定其授权限度，通过对所授权力的限制，使被授权者得到指导和帮助，同时使工作圆满完成。下面是如何针对不同对象来确定授权限度的分类（见表10－5）。

表10－5　校长授权权限与对象分析

层次	授权权限	适用情况
Ⅰ	要求别人调查和收集各种材料并向你汇报，由你来决策。	这种情况适合于那些刚刚接触所授权的工作的人，而你希望保留决策权。
Ⅱ	要求别人去了解问题症结在什么地方，考虑解决方案并分析各方案的优缺点，然后选择其中之一报你批准。	在你希望培训、培养能分担任务的人的时候，采用这种授权，以了解他解决问题的思路，并最终仍由你决策。

续表

层次	授权权限	适用情况
Ⅲ	要求别人就某项工作了解情况，汇报其解决方案，但在采取行动前与你商量。	在你希望培训、培养能分担任务的人的时候，采用这种授权，以了解他解决问题的思路，并最终仍由你决策。
Ⅳ	要求别人就某项工作了解情况，汇报其解决方案，但在采取行动前与你商量。	如果你已经初步信任被授权者，但由于一些来自上级的限制，或者该项工作需要在行动前与他人交流通报，则可以按此方式授权。
Ⅴ	了解别人解决问题的方案，然后要求其按原来思路去做，除非你让他停止，否则不要停。	这种情况适合那些你基本信任的人，你并不想保留决策权，只是希望在其行动前再审慎一点，最后检查一次行动方案的各种可能性和结果。
Ⅵ	要求别人采取行动后告诉你做了什么事。	对于那些你已经充分信任的人，不必再要求其行动前与你商量，你只需要了解结果。
Ⅶ	要求别人自行采取行动，没有必要再与你进一步联系。	如果你有完全信任的人，那么你就让他拥有充分的行动权力，同时也不必向你汇报结果。

从Ⅰ到Ⅶ是循序渐进的，根据你对被授权者能力的判断而提出授权要求。这表明，在授权开始前，必须清楚意识到你的授权对象是属于哪一种类型的人，以免出现授权不当的现象。同时也在提醒你，无论哪一种方式，都要明确告诉他在接受任务的同时享有多大的权限。

3. 分解任务：如何来授权

授权不是简单的任务下达，而是个磋商的过程，最核心的环节是授权者和被授权者之间的交流。授权的工作能否被高质量地完成，取决于双方的交流和双方关系的融洽程度。重要、大型的授权最好是通过公开的方式，来达到指定被授权人、落实人、信息公开的作用。通常，一次成功的授权过程包括四部分。

（1）陈述授权原因和传达信息

校长的优势，在于掌握全局、掌握信息。在授权时，校长要充分利用自己的优势，传达信息，尽可能详细地描述你所授权工作的有关内容，或者告诉被授权者在何处可以获得这些信息。同时，还要清楚地把授权原因告诉被授权者，因为这样他们更能明白领导的期望。在授权时，校长要克服两种倾向：一是有的校长心里会不自觉产生一种印象，好像学校仅仅是一个很小的单位，总以为自己已经了解的情况别人也会了解，所以常常省略了许多其实别人不知道的细节。二是有的校长刻意不把完成工作所需的信息告诉有关人员，以便让他们离不开自己的指导、协调，以此保持权威。

需要交代清楚的内容：说明他的特殊才能可以胜任此项工作，强调你对他的信任，承担此项工作的重要责任，使他了解完成任务对他目前和今后在学校中的地位有直接影响。对于最后一条，有时暗示的作用比直截了当明说会更有好处。

（2）表述工作目标和明确完成时限

确定目标是有效授权的灵魂。在授权时，校长要把期望的目标清楚、明确地表述出来，只有清晰的目标向导才能促使被授权者更有动力、更好地完成工作。如果目标不明确，不但起不到激励的作用，还会使被授权者茫然、无所适从。

作为负责人，校长要规定工作完成的最后硬性期限，不可拖延，但同时要尊重下属意见，因为授权的工作可能是下属的额外工作。在授权时，校长与被授权者商量一个比较合理的时间进度表是很重要的，这样就能促使他更了解工作的要求和自身的责任，同时使校长更能把握工作反馈的时间频度。

（3）了解需要和提供资源

很多工作需要一定的条件才能完成，而且根据不同的情况需要不同的支持。比如：校长作为学校领导者亲自完成某件事可能很顺利，但同样的事授权给他人完成就有困难，因为他缺乏校长所拥有的影响和威望。

为了帮助下属更好地完成工作，校长要事先明确给予什么样的资源，并在公开场合予以确认，要求大家协助，包括合作与协助人员、设备、资金、场地等。

对于缺乏知识和经验的人，需要事先提供培训。比如：校本课程开发就需要对教师进行培训。这就需要校长在授权时，还要了解下属需要什么样的帮助。

（4）监督和控制

授权不是不加监控的授权，在授权的同时应附以有效的控制措施，这样才能使授权发挥更好的作用。监督和控制不力，特别是在开始阶段，可能意味着一个极小的错误也会导致工作完全的失误。有效的监督能使你及早发现错误并在错误前及时纠正。

监督过程要跟学校绩效管理程序结合，建立一个授权、定期检查、会议和报告系统，形成固定的计划—执行—监督系统。在授权过程中，校长要及时跟进项目，根据授权人的"熟练"和"能力"程度，掌握工作进展信息，提供不同的支持和监督——对执行优秀的，给予奖励和表扬，并希望其再接再厉；对偏离目标的行为要及时进行引导和纠正；当被授权者由于主观不努力而没有很好地完成工作任务时，必须给予纠正；对不能胜任工作的下属要及时更换；对滥用职权、严重违法乱纪者，要及时收回权力，并予以严厉惩处；对由于客观原因工作无法按时进展的，必须进行适当协助。

监督是至关重要的，但是要以指导而不是干涉的形式。在监督过程中，校长要避免以自己的思维来控制别人，当看到别人不是以"你的方式"来处理任务时，要努力克制自己想干涉的欲望。要相信，一个运行良好的监督系统，完全可以保障工作的顺利开展，要关注工作的成果。

推荐阅读

1. 琼斯. 学校领导者的管理技能［M］. 阎力，李雅斯，译. 北京：中国轻工业出版社，2006.
2. 布罗克，格雷迪. 摆脱校长职业倦怠：校长解压自助手册［M］. 王文秀，译. 北京：中国轻工业出版社，2006.
3. 科里. 火线赢家：化压力为竞争力的创新领导策略［M］. 辛一立，译. 台北：美商麦格罗－希尔国际股份有限公司台湾分公司，2005.

出 版 人　所广一
责任编辑　刘明堂
版式设计　沈晓萌
责任校对　曲凤玲
责任印制　叶小峰

图书在版编目（CIP）数据

校长管理智慧／褚宏启，刘传沛主编．—北京：教育科学出版社，2011.12（2023.9 重印）
（中国教育管理文库．管理实务系列／褚宏启主编）
ISBN 978-7-5041-6091-1

Ⅰ．①校… Ⅱ．①褚… ②刘… Ⅲ．①校长—学校管理 Ⅳ．①G471.2

中国版本图书馆 CIP 数据核字（2011）第 219373 号

中国教育管理文库·管理实务系列
校长管理智慧
XIAOZHANG GUANLI ZHIHUI

出版发行	教育科学出版社		
社　　址	北京·朝阳区安慧北里安园甲 9 号	市场部电话	010-64989009
邮　　编	100101	编辑部电话	010-64989363
传　　真	010-64891796	网　　址	http://www.esph.com.cn
经　　销	各地新华书店		
制　　作	北京金奥都图文制作中心		
印　　刷	唐山玺诚印务有限公司		
开　　本	720 毫米×1020 毫米　1/16	版　　次	2011 年 12 月第 1 版
印　　张	22	印　　次	2023 年 9 月第 7 次印刷
字　　数	376 千	定　　价	78.00 元

如有印装质量问题，请到所购图书销售部门联系调换。